Rainer W. Ernst (Hrsg.)

Stadt
in Afrika, Asien und Lateinamerika

Colloquium Verlag Berlin

Herausgegeben von der Pressestelle der Hochschule der Künste Berlin im Auftrag des Präsidenten
Verantwortlich: Rainer E. Klemke

Herausgeber dieses Bandes: Rainer W. Ernst

Redaktion: Rainer W. Ernst
　　　　　Wolf-Rüdiger Gericke
　　　　　Ursel Kroog-Hrubeš

Die vorliegende Publikation ist anläßlich der Ausstellung „Andernorts – Aspekte städtischen Wohnens in Afrika, Asien und Lateinamerika" zum Berichtsjahr 1984 der Internationalen Bauausstellung Berlin 1987 entstanden. Diese Ausstellung wurde im Auftrag des Senators für Bau- und Wohnungswesen Berlin in Zusammenarbeit mit der Hochschule der Künste Berlin realisiert.

Hochschule der Künste Berlin

CIP-Kurztitelaufnahme der Deutschen Bibliothek

Stadt in Afrika, Asien und Lateinamerika:
[d. vorliegende Publ. ist anläßl. d. Ausstellung
„Andernorts – Aspekte städt. Wohnens in Afrika,
Asien u. Lateinamerika" zum Berichtsjahr 1984 d.
Intern. Bauausstellung 1987 entstanden] / Rainer
W. Ernst (Hrsg.). [Hrsg. von d. Pressestelle d.
Hochsch. d. Künste, Berlin im Auftr. d. Präsidenten.
Diese Ausstellung wurde im Auftr. d. Senators für
Bau- und Wohnungswesen, Berlin in Zusammen-
arbeit mit d. Hochsch. d. Künste, Berlin realisiert].
– Berlin: Colloquium-Verlag, 1984.
　ISBN 3-7678-0641-X

NE: Ernst, Rainer W. [Hrsg.]; Ausstellung Ander-
orts – Aspekte städtischen Wohnens in Afrika,
Asien und Lateinamerika <1984, Berlin, West>;
Internationale Bauausstellung <1984–1987, Berlin,
West>

© 1984 Colloquium Verlag GmbH, Berlin
Satz: Gleißberg & Wittstock, Berlin
Druck: Color-Druck, Berlin
Schrift: Rockwell
Umschlagentwurf: Ludwig Thürmer · Günther Illner
Zeichenarbeiten: João E. Lima · Sarah Niebuhr · Dietmar Täubner, Konzeption: Hans Imesch
Layout: Rainer W. Ernst · Wolf-Rüdiger Gericke · Ursel Kroog- Hrubeš · Dietmar Täubner
Printed in Germany

Stadt
in Afrika, Asien und Lateinamerika

Inhalt

Stadtvisionen

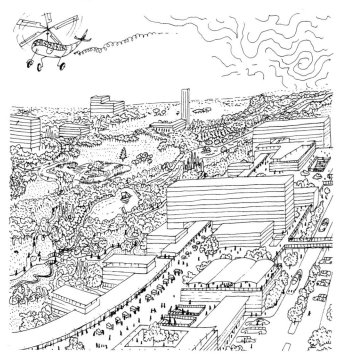

„Die Grünfläche, als Teil der Landschaft, ist die Mitte der Stadt und bildet das Gerüst ihrer Gliederung."
(Aus dem Begleitheft zur Ausstellung „Die Stadt von morgen" der Internationalen Bauausstellung Berlin 1957)

Einleitung

„Das urbane Leben ermöglicht die direkte Teilnahme am kulturellen Geschehen und hat ein totales ‚environmental control' zur Folge. Beides – Natur und Kultur – gleichzeitig zu erhalten, ist nicht mehr möglich."
(Aus dem Entwurfsseminar Berlin 1995, O. M. Ungers, TU Berlin 1969)

Die Öko-Stadt.
(Zeichnung aus: Lane de Moll/Gigi Coe [Hrsg.], Stepping Stones. Appropriate Technology and beyond. New York 1978)

Die Diskussion um die Urbanisierung in der „Dritten Welt" ist in den letzten zwei Jahrzehnten im wesentlichen durch Darstellungen der weltweiten und explosionsartigen Urbanisierung, der dramatisch anwachsenden Wohnungsnot, durch die Beschreibung von Elendsvierteln (wie Slums, Squatters, Stadtrandsiedlungen etc.) und durch Analysen von Ursachen der Landflucht bestimmt worden. In der internationalen Diskussion standen deshalb einerseits verschiedene Projekte zur Lösung dieser Wohnungsprobleme (wie Low-cost Housing, Site & service-Selbsthilfe, Kooperativen, angepaßte Bautechnologie, neuerdings Projekte der integrierten Stadtentwicklung etc.) und andererseits Projekte zur ruralen Entwicklung im Vordergrund. Während versucht wird, mit dem Vorantreiben der ländlichen Entwicklung und der Stärkung von Mittelstädten die Attraktivität der Großstädte zu verringern, sollte und soll gleichzeitig die Entwicklung von größeren Ballungsräumen durch Stadt- und Regionalentwicklungspläne und schließlich durch den Aufbau von Planungsabteilungen gesteuert werden.

In diesem Prozeß haben sich die Vorstellungen über die „richtige Stadt" trotz aller gegenläufigen Bewegungen, die auf dezentralisierte Verfügbarkeiten und Entwicklung lokaler Ressourcen abzielen, internationalisiert. Die Anforderungen an die Verfahren der Vergabe von Grund und Boden, Organisationsstrukturen zum Bau von Wohnungen, Inhaltsverzeichnisse von Stadtentwicklungsplänen, Wohnungsstandards, Standards für Infrastruktur und der räumlich funktionalen Gliederung der Städte und die Forderung nach der Anwendung alternativer Technologien, die im internationalen Rahmen entwickelt werden, machen das deutlich. Die Internationalisierung der Standards ist überall als praktische Handlungsanweisung für die Modernisierung von Städten vorhanden. In manchen Fällen wirkte sie als pure Fiktion, in anderen wurde sie als ideologische Rechtfertigung für die Durchsetzung von Projekten benutzt.

Die ideologische Wurzel dieser Stadtvorstellungen ist in der von einem starken Modernitätsgefühl getragenen Urbanisierungseuphorie der zwanziger Jahre zu finden. Wenn Le Corbusier 1925 schrieb: „Wir sind keine Nomaden mehr, wir müssen Städte bauen"[1], so sollte damit auch die Notwendigkeit und die Möglichkeit propagiert werden, Städte insgesamt neu zu planen und zu bauen. In Westeuropa ließ sich dies nicht durchsetzen, als Exportartikel dagegen wurde z. B. die von Le Corbusier geplante Stadt Chandigarh international gefeiert.[2] Noch 1982 hat ein namhafter Architekt mit der Weltbank über die Durchführung eines internationalen Wettbewerbs diskutiert: Mit europäisch-professoraler Ernsthaftigkeit schlug er als Aufgabe vor, eine „lineare Stadt" für 250 000 Einwohner als weltweites Modell für die Lösung der Urbanisierungsprobleme zu entwerfen. Die internationale Planungsdiskussion gibt sich inzwischen erheblich pragmatischer, wie in einem Arbeitspapier der Weltbank zur Planung in Entwicklungsländern aus dem Jahre 1983 zu lesen ist: „Efforts should be directed more at improving the data base needed for policy analysis and decisionmaking and less toward preparing detailed long-term economic projections."[3] Es war jedoch nicht nur der Glaube an eine Gesamtplanung (deren realisierte Vorläufer die Kolonialstädte der Antike sind), sondern auch die Vorstellung, daß die „moderne" Stadt räumlich-funktional gegliedert sein müsse, die bestimmend für die Stadtideologie der Avantgarde der zwanziger Jahre waren. In der CIAM-Erklärung von La Sarraz wurde Stadtbau als „Organisation sämtlicher Funktionen des kollektiven Lebens in der Stadt und auf dem Lande" verstanden und als erste Aufgabe „das Ordnen der Funktionen" gesehen. Als Funktionen wurden bezeichnet: „a) das Wohnen; b) das Arbeiten; c) die Erholung (Sport, Vergnügen)", und als „Mittel zur Erfüllung dieser Funktionen" wurden genannt: „a) Bodenaufteilung; b) Verkehrsregelung; c) Gesetzgebung".[4]

Nach dem Zweiten Weltkrieg wurden diese Vorstellungen über die funktional gegliederte Stadt Grundlage verschiedenster Planungen in den Industrieländern, insbesondere in den sozialistischen Ländern. Mit unbeirrbarem Fleiß wurde diese Konzeption für Stadtentwicklungsplanungen (Masterplan, scheme directeur etc.) von Großstädten in Afrika, Asien und Lateinamerika vermittelt bzw. verkauft. Gemäß europäischem Stadtverständnis war jedoch trotz des Gesamtplanungsansatzes und der Durchgrünungsfiktionen der Gegensatz zwischen Stadt und Land selbstverständlicher Grundsatz. Erich Kühn schrieb 1957 im Katalog zur Interbau über die Ausstellung „Die Stadt von morgen": „Wir meinen, in diesem Gebilde ‚Stadt' lägen gerade wegen der Konzentration im Baulichen auch Werte der Konzentration im Bereich der Kultur, des Sozialen und der Form. Man kann auf sie nicht verzichten. Die Welt würde ärmer, wenn das Spannungsfeld zwischen städtischer Konzentration und ländlicher Weite verlorenginge."[5] Dieser Auffassung entsprechen die noch heute gängigen Entwicklungs- und Modernisierungstheorien, in denen die Stadt als Zentrum des Wandels bezeichnet wird.

Diese Bejahung der Stadt steht durchaus im Gegensatz zu der inzwischen behaupteten Auflösung des Stadt-Land-Gegensatzes in Mitteleuropa. „Die ganze Bundesrepublik ist eine Stadt", ist eine gängige Formulierung geworden, wenn auch hier unter „Stadt" sicher etwas anderes verstanden wird. Mit der Problematik der Verwendbarkeit dieser Begrifflichkeit setzt sich William Rauch in seinem Beitrag über „Metropolen" auseinander. Zwar löst sich die Metropole als Stadt durch ihre Verflechtung mit der internationalen Wirtschaft und durch ihre uferlose Ausdehnung und Zergliederung auf, doch gleichzeitig ist ihre deutliche soziale und ökonomische Abgrenzung vom Land konstituierendes Merkmal. Im Kontrast zu diesen Entwicklungstendenzen stehen zum Beispiel die starken sozioökonomischen und kulturellen Verflechtungen zwischen Stadt und Land in vielen Regionen Afrikas, die aber ebenfalls nicht den europäischen Stadt-Land-Gegensatz hervorbringen.

Die aus dem Kolonialstatus befreiten Länder als Entwicklungsländer zu bezeichnen, entspricht dem arroganten Selbstverständnis, das die in Europa und Nordamerika entwickelte Urbanität zum weltweiten Maßstab erhebt. Obwohl in den westlichen Industrieländern die verschiedenen genannten Konzepte – wenn überhaupt – nur fragmentarisch angewandt werden und die entstehende Situation der Städte immer wieder heftig problematisiert wurde und wird, ist es verwunderlich, daß in den zeitgenössischen Rezeptionen der Geschichte der Stadt bzw. des Städtebaus z. B. bei Mumford[6] nicht einmal die kolonialen Gründungen im 19. Jahrhundert erwähnt wurden, daß Egli[7] die Darstellung der Städte außereuropäischer Kulturen 1850 beendet und daß von ihm ähnlich wie von Benevolo[8] aus der Neuzeit lediglich Chandigarh und Brasilia erwähnt werden. In gewisser Weise entspricht sogar der Aufbau des Buchs von Benevolo dem genealogischen Prinzip der linearen Entwicklungstheorie. So stellt er die Behandlung der Städte des fernen Ostens zwischen die Kapitel „Ursprung der Stadt" und „Die freie Stadt in Griechenland" und den Abschnitt über islamische Städte zwischen die Kapitel „Rom: Die Stadt und das Weltreich" und „Die mittelalterlichen Städte in Europa". Die Abbildungen aus neuerer Zeit täuschen nicht darüber hinweg, daß diese Stadtformen nur als historisches Ereignis vorgestellt werden: „Aufgrund dieser Merkmale sind die islamischen Städte eher mit den orientalischen Städten der vorhellenistischen Epoche vergleichbar."[9]

Die aktuelle baulich-räumliche Struktur der Städte in Afrika, Asien und Lateinamerika ist ebenso wie der dortige Umgang mit Stadt heterogen. Diese Heterogenität setzt sich einerseits aus Elementen der verschiedenen Phasen der mehr oder weniger linearen europäischen Entwicklung zusammen – so wird z.B. in einer Stadt das gleiche Produkt sowohl in handwerklicher, industrieller als auch automatisierter Produktionsweise hergestellt, oder es kommen gleichzeitig Wohnverhältnisse vor, die auf feudalem Großgrundbesitz wie auch auf staatlich organisiertem Massenwohnungsbau gründen – als auch aus Elementen verschiedener Kulturen, die nicht in einer genealogischen Beziehung stehen – so werden in einer Stadt z.B. gleichzeitig Waren nichtmonetär, geregelt über Verbandsstrukturen, getauscht als auch über Großhandelsunternehmen und Supermärkte vermarktet, oder es gibt gleichzeitig Privateigentum an Grund und Boden und Verfügbarkeiten, die über Stiftungen an soziale Auflagen gebunden sind.

Eine typologisierende Unterscheidung der heutigen Städte wird sich in der Verschiedenheit von Bedeutung und Ausprägung der einzelnen Strukturelemente begründen. Kulturspezifischen Lebens- und Bauformen, geographischen Besonderheiten und der nach Zeit, Zweck und Gewichtigkeit unterschiedlichen kolonialen Stadtgeschichte gilt dabei besondere Aufmerksamkeit. Dieser für eine sachgerechte Stadtanalyse notwendigen Komplexität kann nur ein interdisziplinärer und ganzheitlicher Ansatz gerecht werden. Eine vergleichende Differenzierung der verschiedenen Stadtentwicklungsprozesse setzt zunächst Fallstudien voraus, in denen Architektur und Stadt nicht nur aus semiotischem Blickwinkel und als verdinglichte Orte historischer Ereignisse betrachtet werden, sondern Raum in seiner ambivalenten Beziehung zur Gesellschaft untersucht wird. Stadt und Architektur sind sowohl als gesellschaftliches Produkt, aber auch als Lebens- und Arbeitsbedingung zu sehen. Derartige Fallstudien können nur auf der Grundlage spezieller Felduntersuchungen erarbeitet werden. Sie sind bislang rar, exemplarisch sei daher auf eine beispielhafte Untersuchung von Friedrich Schwerdtfeger[10] hingewiesen.

Mit der Erarbeitung von vier parallelen Fallbeispielen, die im Mittelpunkt des Buches stehen, wurde versucht, diesem Ansatz gerecht zu werden. Auf der Grundlage von Felduntersuchungen werden Wohnquartiere in Aleppo von Gennaro Ghirardelli und Annegret Nippa, in Banjul[11] von Karlheinz Seibert und Ursula Tripp-Seibert, in Salvador von Johannes und Moema Augel und in Surabaya von Bernd Multhaup und Surjadi Santoso im Kontext der jeweiligen Stadtgeschichte dargestellt.

Die historischen Stadtentwicklungsprozesse der vier Stadtbeispiele unterscheiden sich nicht nur wesentlich in ihrem Gründungsdatum (Aleppo im 2. Jahrtausend vor Christi, Banjul/Bathurst 1816, Salvador 1549, Surabaya vor dem 14. Jahrhundert), sondern vor allem in Hinblick auf die Bedeutung ihrer kolonialen Elemente. Ist Salvador selbst eine koloniale Gründung der Portugiesen, wobei das alte Stadtzentrum zur Peripherie der modernen Großstadt geworden ist, so sind koloniale Stadtstrukturen in der jahrhundertelangen Umbaugeschichte Aleppos so gut

wie nicht vorhanden. Auch Surabaya ist eine Gründung aus vorkolonialer Zeit, jedoch ist die alte Stadt nach und nach von den Holländern umgebaut worden. Demgegenüber haben sich parallel und räumlich getrennt, aber in funktionaler Beziehung zueinander Banjul – von den Engländern als Handels- und Militärstützpunkt Bathurst gegründet – und ein Netz von Dörfern zu einer städtischen Agglomeration entwickelt.

Diese unterschiedliche Geschichte hat oberflächlich betrachtet durchaus verwandte Stadtstrukturen und Probleme hervorgebracht. Die noch vitalen Unterschiede und ihre tatsächliche und mögliche Bedeutung für die Stadtentwicklung lassen sich nur auf den Ebenen Stadtquartier und Haus entdecken. In der Darstellung der vier Beispiele wird daher das Augenmerk auf städtische Elemente und Strukturen gerichtet, die sich gegenüber den international übergreifenden Modernisierungskonzepten als lebensfähig erweisen und durch eine kulturhistorische Eigenständigkeit auffallen. Es sind einerseits besondere eigentumsrechtliche Strukturen wie Stiftungen (Waqf) in Aleppo oder das Vergaberecht von Land durch Dorfälteste (Alkalolu) in Banjul, wobei in beiden Fällen die ursprünglichen Rechte im Zuge der staatlichen Modernisierung modifiziert wurden. Zum anderen sind es besondere Spezialverbände wie Verbandsstrukturen in Aleppo, Banjul und Surabaya oder halböffentliche Institutionen in Salvador, die prägend für den Quartiersalltag sind, oder auch besondere räumliche Elemente wie Quartierstore (Surabaya), Gassen bzw. Erschließungswege als quartiersbezogene Nutzflächen (Surabaya und Banjul) oder Gassen zur sozialräumlichen Differenzierung (Aleppo).

Das Haus weist in Banjul durch die Gruppierung im Compound eine besondere Flexibilität auf, während es in Surabaya und Aleppo durch seine Aufteilungskonzeption eine eindeutige Form hat. In Salvador stehen die alten Herrenhäuser mit bürgerlicher Fassade in einem Teil der Altstadt als billige Wohnraumreserve inoffiziell zu Verfügung. Im angrenzenden Quartier verbleiben die alten Bewohner weitgehend in den kleineren Reihenhäusern. Diese Aufzählung ist nur ein erster Hinweis auf bestehende Unterschiede. Ein systematischer Vergleich steht noch aus.

Mit der vorliegenden Sammlung von Beiträgen aus verschiedenen Blickwinkeln wird ein erster Schritt getan, eine längst fällige Anthologie über Städte in Afrika, Asien und Lateinamerika zu beginnen. Die Notwendigkeit, dieses Thema zunächst in Beziehung zu der bislang dominierenden europäischen Perspektive zu setzen, gab die Veranlassung, nicht nur einige Fallstudien vorzuführen. In der Geschichte der eigenen verbalen und bildhaften Vorstellungen über „fremde" Städte und in der Verwendung mitgebrachter exotischer Versatzstücke in der Architektur findet diese europäische Perspektive ihren konkreten Ausdruck. Dieser Überlegung entsprechen die beiden Beiträge von Annegret Nippa („Deutsche Ansichten orientalischer Städte" und „Orientalisierende Architektur in Deutschland") und der Beitrag von Jan Pieper („Die Schaulust an der exotischen Architektur").

Dem Senat von Berlin (West) und der Hochschule der Künste Berlin danken wir für die Unterstützung der Forschungsarbeiten, die dieser Publikation zugrunde liegen. Unser besonderer Dank gilt der Vielzahl von Personen (s. am Ende des Buches), die uns ermöglicht haben, unseren Blick für die Realitäten der Städte Afrikas, Asiens und Lateinamerika zu schärfen.

Rainer W. Ernst

Anmerkungen

1 Le Corbusier, Städtebau, übers. und hrsg. von Hans Hildebrandt, 2. Aufl. (Faks.-Wiedergabe der 1. Aufl. von 1929), Stuttgart 1979. S. 24.
2 So z.B. bei Leonardo Benevolo, Die Geschichte der Stadt. Frankfurt/New York 1983. Auf der Seite 1018 wird über Chandigarh ausgesagt: „Aufgrund des außergewöhnlichen Engagements des Auftraggebers, der Architekten und der übrigen Planer kann diese Stadt als die bedeutendste der neuen Städte gelten, die seit dem Ende der europäischen Kolonialisierung bislang in der ‚dritten Welt' gebaut wurde."
3 Ramgopal Agarwala, Planning in Developping Countries, World Bank Stuff Working Papers Number 576, Washington 1983. S. 22.
4 Zitiert nach: Ulrich Conrads, Programme und Manifeste zur Architektur des 20. Jahrhunderts. Gütersloh/Berlin/München 1971. S. 104 f. Als CIAM (Congrès Internationaux d'Architecture Moderne) schlossen sich 1928 Architekten-Delegierte verschiedener nationaler Gruppen zusammen. Bekanntestes Ergebnis der CIAM sind die Beratungsergebnisse von 1933, die von Le Corbusier in Überarbeitung 1941 in der Charta von Athen niedergelegt wurden.
5 Erich Kühn, Bekenntnis zur Stadt, in: Interbau 1957, Amtlicher Katalog der Internationalen Bauausstellung Berlin 1957. S. 325.
6 Lewis Mumford, Die Stadt, Geschichte und Ausblick, Bd. 1 und 2. Köln/Berlin 1963.
7 Ernst Egli, Geschichte des Städtebaus, Bd. 1, 2 und 3. Winterthur 1947.
8 Benevolo, a.a.O.
9 Benevolo, a.a.O. S. 306
10 Friedrich W. Schwerdtfeger, Traditional Housing in African Cities. Chichester/New York/Brisbane/Toronto/Singapore 1982.
11 Mit „Banjul" wird im folgenden der Einfachheit halber die „Greater Banjul Area" bezeichnet.

Deutsche Ansichten orientalischer Städte

Annegret Nippa

Abb. 1: Tempel, Adoraten und üppige Vegetation (Schinkel, 1847).

„Man kann jetzo in Beschreibungen der orientalischen Länder den Leuthen nicht mehr so grosse Brillen verkaufen/als wol vor diesem geschehen/da nunmehr fast alle Oerther der Welt durch die Schifffahrten und Handelungen also durchkrochen/dass sie dem Europäer seltsam bekannt sind."
Dies schreibt Mandelslo in seiner Vorrede zu Olearius' Morgenländischer Reyse-Beschreibung (1696), und er täuschte sich wie alle, die die Zunahme von Information mit der Zunahme von Verständnis verwechseln. Da sich im Laufe der vergangenen Jahrhunderte der Sprachgebrauch verändert hat, trifft zumindest seine Schlußbetrachtung auch heute noch zu: „s e l t s a m bekannt" sind den Europäern die Länder des Orients.

In den mehr als dreihundert Jahren, die seit der ersten Veröffentlichung des Olearius von 1647 vergangen sind, vermehrten unzählige Berichte das Wissen über die orientalischen Regionen, Information wurde akkumuliert – doch immer blieben es A n s i c h t e n, für die Daheimgebliebenen in Wort und Bild vermittelt.
Diesem Aufsatz liegt eine Untersuchung zur Genese deutscher Ansichten orientalischer Städte zugrunde, die in der Zeit zwischen zwei großen Kriegen in Mitteleuropa, dem 30jährigen Krieg und dem Ersten Weltkrieg, entstanden sind. Es erwies sich, daß einige Grundmotive in der Vorstellung der orientalischen Stadt die gesamte, auch die mittelalterliche europäische Bildtradition begleiten, die

im Zusammenhang geschichtlicher Veränderung vergessen oder wieder zitiert werden. Wirklich neue Ansichten entstehen selten. Das Thema meiner Arbeit ist also weder die Wirklichkeit orientalischer Städte noch eine Konfrontation von fremder Wirklichkeit und Imagination, sondern ist der Versuch, die Wirklichkeit der Imanigation zu beschreiben.

Die Konstanten der Imagination hängen als durchgängige Motive von den allgemeinsten menschlichen Lebenssituationen und -fragen ab, sie handeln von Liebe und Tod, beruhen auf dem Wissen des einzelnen, Mitglied einer hierarchisierten Gesellschaft zu sein, und sind Ausfluß eines gemeinschaftlichen Bedürfnisses, sich von der Außenwelt abzusetzen. Themen des eigenen Lebens werden in der Fiktion als orientalische Lösung verklärt und diffamiert. So beschreiben viele Berichte die orientalische Gesellschaft mit den Kategorien der eigenen; allein aus Herrschern werden Despoten, aus Kaufleuten Wucherer, aus frommen Männern Fanatiker, aus Helden blutrünstige Krieger und aus Familienvätern geile Haremsbesitzer, Nichtstuer, träge oder aufgebrachte Massen. Doch wird der Orient auch als Wiege der Zivilisation, Geburtsland der Religionsstifter, als Hort von Wissen, Weisheit und Reichtum gepriesen und verehrt. Die Tendenz zur Verklärung oder zur Diffamierung entspricht dem Interesse des Redenden bzw. dem Wunsch des Zuhörers und bestimmt oft gleichzeitig die Charakterisierung einer orientalischen Stadt.

Abb. 2: „Der Kaffeeausschank ist der Lieblingsaufenthalt der Männer des Morgenlandes." (E. Banse, 1926).

„Heilige Städte", deren Heiligkeit durch Amoral und Handelsgeschäfte ihrer Bewohner in Frage gestellt wird, und „reiche Städte", in denen die Ursache des Reichtums nicht Beten und Arbeiten, sondern eine Art von Glück und damit verwerflich ist, gehören zu den wesentlichen Orient-Assoziationen. Die Betonung von Korruptions-, Schmutz-, Armuts- und Dritte-Welt-Assoziationen bilden die entsprechend der Bildtradition umgedrehten Grundlagen aktueller Bilder orientalischer Städte, wo dann kleine Zeichen von Heiligkeit, Schönheit und Reichtum – sei es auch nur ein Reichtum an Formen – entdeckt werden. Der Orient, der seinen Reichtum nicht verdient hat, wie der Orient, der seine heiligen Traditionen verkom-

men läßt oder mißbraucht, gehören in die Reihe der Grundmotive, die als Spielarten eines langtradierten Glaubenskrieges den jeweiligen politischen Situationen im Ablauf der Zeit angepaßt werden:
Nach dem 30jährigen Krieg waren die Städte wirtschaftlich und politisch zusammengebrochen und die Bürger von der gesellschaftlichen und politischen Bühne verbannt. In Deutschland regierten die Fürsten, „von denen dreiviertel kaum gesunden Menschenverstand haben und die Schmach und Geissel der Menschheit sind".[1] Sie und ihre feudale Clique sind zur Zeit des Absolutismus die wesentlichen Initiatoren einer Orient-Imagination. Ansichten orientalischer Städte finden sich bei Hof und Höfchen in Büchern, auf Wandgemälden und -teppichen und als Theaterkulisse. Und natürlich war die Darstellung eines höfischen Orient beliebt: „Der Kaiser von China" als Wandbehang, „der Großmoghul" als silberner Tischaufsatz etc. sind an einen fürstlichen Lebensstil angepaßte Zierde. Die Städte bleiben, in der kleinstaatlichen Wirklichkeit wie in den fürstlichen Ansichten, von den Höfen distanziert.
Das Volk jener Zeit machte sich kaum bleibende Vorstellungen vom Orient, auch nicht im aktuellen Zusammenhang der Türkenkriege, in denen sich die Fürsten auf seine Kosten verwickeln ließen. Die eingepökelten Türkenköpfe auf der Leipziger Messe im Winter 1683 mögen wohl kurze Zeit Gesprächsstoff sächsischer Bürger und Bauern gewesen sein, doch populäre Bild-Traditionen zum Thema Orient gab es nur wenige. Die in Kirchenbildern und Krippen vorgeführten Städte des Neuen Testaments, Jerusalem, Nazareth, Gezemaneh und Kana'a galten so sehr als Schauplatz eines alle Menschen betreffenden Ereignisses, daß die meisten Krippenbauer bis weit ins 19. Jahrhundert nicht daran interessiert waren, sie als orientalisch zu kennzeichnen. Die „heiligen drei Könige" dagegen wurden mit altbekannten Attributen als Orientalen in Szene gesetzt: mit Turban, dunkler Haut, Kamel, reichbestickten Kleidern und kostbaren Gaben ihrer Heimat. Die „Weisen aus dem Morgenland" entsprechen dem Grundmotiv des verheißungsvollen, Waren und Weisheit versprechenden Orients.
Mit zunehmender Verbürgerlichung der Gesellschaft, die in Deutschland langsamer, privater und weniger selbstbewußt als in anderen Gebieten Westeuropas vor sich ging, finden die widersprüchlichen romantischen Erkenntnisse und Forderungen Eingang in die Bilder orientalischer Stadtgemeinschaft: Häusliche Genreszenen werden immer beliebter und verquickt mit privaten Luxusphantasien, in deren Nähe die Vorstellung vom vermeintlichen Reichtum orientalischer Städte gehört. Die Bilder orientalischer Städte variieren in dieser Zeit die antiaufklärerischen gegenrevolutionären Tendenzen der Romantik, sie sind empfindsam, auch kitschig mit „Heiler Welt"-Stimmung. Dazu gehören die Schule der Nazarener und die in ihrer Folge entstandenen populären, viele Zeichner und Reisende im Orient beeinflussende Bibelillustrationen, die der Geschichte Jesu einen geographisch zu benennenden Ort zuweisen. Eine andere Idee der Zeit macht den Orient zum Ziel romantischer Hoffnung auf Freiheit, auf eine Möglichkeit, die engen Grenzen der

Abb. 3: „Die Audienz" – Wandteppich in Schloß Schlobitten, Ostpreußen, 1743.

Abb. 4: Ninive in der Vorstellung des frühen 18. Jahrhunderts.

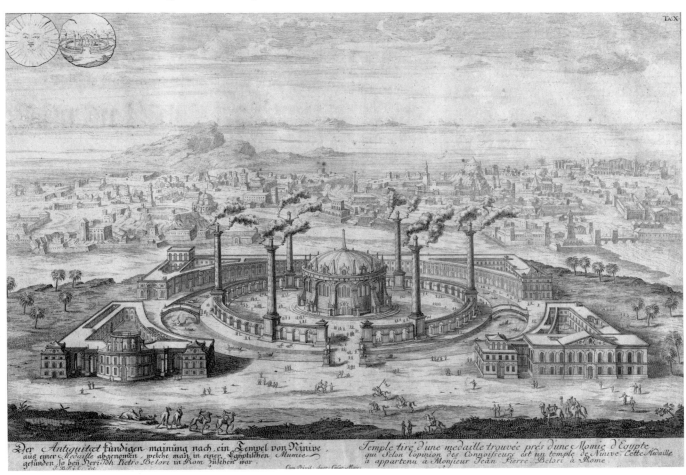

Abb. 5: Die heiligen drei Könige als Krippenfiguren des Münchner Krippenbauers Ludwig (gest. 1830).

kleinen Territorien, der feudalen Organisation und der festgesetzten Rollen zu überschreiten.

Auch in der zweiten Hälfte des 19. Jahrhunderts bleibt das romantische Erbe tonangebend für die Darstellungen orientalischer Städte. Feudale Interessen werden durch Adlige und Kaiser auf ihrer Suche nach dem verlorenen Gottesgnadentum tradiert, und der bürgerliche Standpunkt findet seine Entsprechung in einer neuen Vorliebe für die Darstellung der orientalischen Waren- und Handelswelt. Mit der Werbung, mit der Entwicklung des Filmes und mit der leichteren Reproduzierbarkeit der alten Medien wird die Grundlage für die Verbreitung und Popularisierung der Orient-Vorstellungen geschaffen, wie sie heute in einer kaum gliederbaren Fülle alle Grundmotive und deren Entwicklungen nebeneinander präsentieren.

Viele der möglichen Stadtvorstellungen ordnet ein neuer, phantasiereicher und präziser Roman[2], dessen Titel allein wie eine Anspielung auf dieses Thema wirkt: In den „unsichtbaren Städten" entwickelt Italo Calvino eine erzählte Theorie zur Imagination fremder Städte, und seine Kategorien der verschiedenen Aspekte bestimmte die hier vorgelegte Auswahl des gesammelten Bildmaterials. Was Calvino zu sagen hat, kleidet er in 55 Stadtportraits, die in einer Rahmenhandlung ihren Sinnzusammenhang erhalten. Nach dem Vorbild einer Scheherazade, die mit Märchen ihren Herren in der Nacht besänftigt, entwickelt Calvino die Figur eines Berichterstatters (Marco Polo) und die eines Zuhörers (Kublai Khan,

Kaiser von China). In den nächtlichen Diskussionen zwischen diesen beiden Männern entstehen zwei wesentliche Einsichten, die man Überlegungen zu den Ansichten orientalischer Städte voranstellen kann: Die Summe aller Ansichten ergibt die Wirklichkeit einer Stadt, die die Heimat des Erzählers ist. Die Figur des Marco Polo erklärt den logischen Prozeß der Imagination und erinnert an den Weg eines, der reist und später darüber berichtet, so er sich dazu aufgefordert sieht. Was und wie er es sagt, hängt außer von seiner individuellen Fähigkeit von drei Faktoren ab:
– von dem, was er sieht,
– von dem, was er weiß, und
– von dem, der ihm zuhört.

Von dem, was man weiß und sieht

Da die Vielfalt des Sichtbaren in einer Stadt den Besucher überfordert, trifft er eine Auswahl. Seine Wahrnehmung, in der Heimat geschult, gleicht einem Wiedererkennen oder Vermissen vertrauter Dinge. Diese Subjektivität der Wahrnehmung wurde in der Romantik mit der Entfaltung eines neuen Individualismus entdeckt und betont. Medium der subjektiven Wahrnehmung sind auch die A u g e n des Betrachters:
Er sieht, was er zu sehen erhofft, Schönes oder Häßliches, Vertrautes oder Unvertrautes. Etwas nicht betrachten, in Augenschein nehmen zu dürfen, ver-

ärgert viele Reisende, und sie finden leicht Argumente, mit denen sie denjenigen diskreditieren, der ihnen die Sicht nimmt. In der „verbotenen Stadt", in „nicht zugänglichen Quartieren", in „geschlossenen Häusern" vermutet man Drogenorgien oder schreckliche Manifestationen „orientalischer Despotie". So erklären sich auch die Vorwürfe europäischer Reisender zu dem Schleiergebot der Frauen im islamischen Orient.[3]

Das Verschleiern in der allegorischen Sprache des 18. Jahrhunderts dient als Attribut der Ewigkeit, die weder dem Ablauf der Zeit mit ihren Blicken folgt noch, wie die „Justitia", Menschen in ihrer individuellen Persönlichkeit wahrnimmt. Verschleiert war die Allegorie der Ewigkeit, und als verschleiert galten die noch nicht erschlossenen Länder, an deren Geschehen Europa keinen Anteil hatte. Eine Region zu erschließen, bedeutete, sie zu entschleiern. „Das entschleierte Lhassa" heißt das Kapitel über die militärische Eroberung der Stadt im „Jahrbuch der Weltreisen" von 1905. Der Sprachgebrauch legt nahe, daß militärische Eroberungen eine Spielart des Reisens waren und daß das Entschleiern von Städten, Ländern und Frauen männlichen Machtgelüsten entspringt; Untertanen dürfen sich den Blicken ihrer Herren nicht entziehen. Im Sinne der allegorischen Figur kennt die noch nicht entschleierte Welt keine Geschichte, keine Entwicklung und keine Individua-

Abb. 6: Zeit und Ewigkeit – Allegorie des Porzellanmachers Chr. Meyer, 1766.

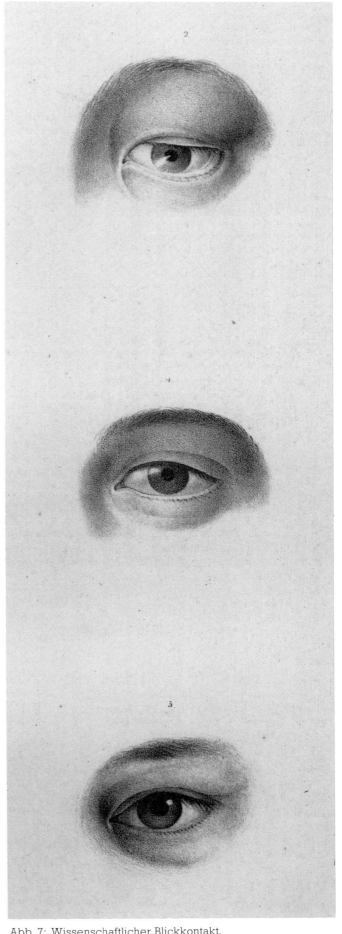

Abb. 7: Wissenschaftlicher Blickkontakt. Aus dem Nippon-Archiv des Ph. von Siebold, 1832.

Abb. 8: Begräbnisplatz von Nangasaki, 1860–1862.

Abb. 9: Ein Narrengrab – „Grabmal des türkischen Eulenspiegels Nasr-eddin Chodscha in Akschehir", 1916.

Abb. 10: „Wie eine Raßbutische junge Witwe in einer ansehnlichen Procession zum Fewr gieng/und sich gutwillig verbrand."

lität. Der reale Schleier der Orientalinnen führte in allegorischer Denktradition mit zu der geläufigen Ansicht, daß sich in der orientalischen Gesellschaft seit Jahrhunderten nichts verändert habe und es nur Herrscher und Massen von unterschiedslosen Individuen gebe.

Die Einwohner jener Städte sind, wie Bauten und Waren, Objekte der Wahrnehmung. Zugleich sind sie aber auch Subjekte, die den Betrachter zum Objekt eigener Beobachtung machen könnten und sicher auch machten. Dieses Wechselspiel war in den dreihundert Jahren deutscher Stadtansichten ein seltenes Thema: Von Siebold[4] archivierte in einer eigentümlich verwissenschaftlichen Manier die Werkzeuge subjektiver Wahrnehmung seiner „Objekte": Er katalogisierte Variationen linker Augen. Dieser Rest japanischer Gesichter erzählt nichts über eine mögliche Beziehung zwischen zweien, die erst Blicke und dann Worte austauschen, und ist Zeugnis eines traurigen, einseitigen Subjektivismus.

Von dem, der zuhört

In der Figur des Kublai Khan stellt Calvino uns einen der zentralen Auftraggeber für die Herstellung jener Stadtansichten vor. „Wenn jede Stadt wie ein Schachspiel ist", denkt nicht nur der Kaiser von China, „so werde ich an dem Tag, da ich seine Regeln entdeckt haben werde, endlich mein Reich besitzen." Zu diesem Behufe lassen Herrscher reisen, forschen, Pläne zeichnen, karthographische Expeditionen ausrüsten und lieben alles, was nach exakter Wissenschaft aussieht. Mit Marcos Anliegen, in jeder Stadt „die erkennbaren Spuren von Glück aufmerksam zu betrachten", um so „dessen Fehlen zu ermessen", hat der Kaiser nichts gemein. Glück ist weder eine Kategorie der Herrschaft noch der Wissenschaft.

Konstanten …

In vielen seiner Portraits geht Marco Polo auf die allgemeine Neugier an fremden Städten ein und entwickelt seine Bilder gemäß den konstanten Fragen, ob in anderen Städten die Menschen auch lieben, sterben und arbeiten müssen und worin der Unterschied zwischen der eigenen und der fremden Gesellschaft liege, welcher die Grenzen begründe. Auffallend viele Berichte über die Städte des Nahen und Fernen Ostens bringen Bilder jeweiliger Begräbnisstätten oder -zeremonien, sie zeigen die Stadt und ihre Toten. Die Angst vor der eigenen Endlichkeit verführt zu Spekulationen und Fragen, wie eine orientalische Gesellschaft, der ohnehin besondere Fähigkeiten transzendentaler Art zugeschrieben wird, damit umgeht. Die Enttäuschung oder Erleichterung, nichts anderes als auch Sterbliche getroffen zu haben, verbirgt sich hinter Bildern „uralter" Friedhöfe, deren Botschaft es ist, wenigstens das Andauern menschlicher Werke zu verheißen oder das liebliche Motiv vom letzten Frieden zu bemühen. Sie schwingt auch in Abbildungen von Narrengräbern mit, von Hinrichtungen oder Selbsttötungen, welche die Vorstellung unterstreichen sol-

Abb. 11: Schiras in Persien.

len, daß Orientalen eine irgendwie geartete perverse Haltung Leben und Sterben gegenüber haben. Um die Mitte des 17. Jahrhunderts wohnt der Reisende Mandelslo einer Witwenverbrennung in Cambaja/Indien bei und betont, er sei „erschrokken" gewesen, besonders da die Frau auf dem Scheiterhaufen freudig wirkte, wenngleich es sich doch um etwas handle, „wovor die Natur sich sonst entsetzt". Zu Pferd, in sicherer Distanz, überblicken die Fremden das Geschehen, diskutieren mit häuslicher Argumentationsstrategie die möglichen Beweggründe und finden eine dem europäischen Reisenden offensichtlich naheliegende Ursache: Rauschgift, „Opium", wie Mandeslo vermutet, mache die Frau so freudig im Tod. Bis heute hat sich in Haltung und Rationalisierungslust der reisenden Zuschauer nicht viel verändert, und so erklären sich die Männer die gesamte Situation:
„Dieser Brauch, daß die Weiber sich mit verbrennen, soll daher gekommen seyn: weil die Indianer mehr als ein Weib nehmen, geschiehts da, wenn sie wegen grosser Geilheit, von Männern nicht so offt, als sie es wol gerne sehen, besuchet werden, oder der Mann sich mehr zu der einen als zu der anderen hält, sie dem Mann gram geworden, und ihn mit Gift umbracht, daß man in einem Jahr viermal mehr Männer als Weiber Leichen gehabt. Darumb hat der König in Indien dieselbe Verordnung gethan, daß, was ehrliche Weiber seynd, sich mit ihres Mannes Leiche verbrennen sollen ...."
Z e i c h e n und N a m e n sind die Stützen der E r i n n e r u n g. Namen wie Bagdad, Shanghai, Casablanca signalisieren wie Minarette, Turban und Wasserpfeife „Orient", genau genommen „orientalische Stadt". Selten sind Namen von Beduinenstämmen oder Fischerdörfern bekannt, selbst Ländernamen verschwinden in der Erinnerung hinter Städtenamen.[5]
Zur bildlichen Kennzeichnung orientalischer Städte reichen wenige Elemente aus, die einfach in ein heimatliches Konzept eingebaut werden können. Bereits vor dem 30jährigen Krieg verlangte der Betrachter von einer Stadtansicht bestimmte Informationen, die das Stadt-Land-Verhältnis und deutliche Phänomene der Stadtgestaltung betrafen: man sah, wie der landwirtschaftlich genutzte Boden um die Stadt geordnet liegt, sah Mauern, Tore, Kirchtürme und unzählige Dächer. Die zentrale Bedeutung einer Stadt, bereits in Wehranlage und Kirchturm angedeutet, wird durch eine Gruppe von Männern, die mit oder ohne Waren auf dem Weg zur Stadt sind, unterstrichen. In diesem durchgängigen Bildtyp werden nun einige Zeichen ausgetauscht: Statt der Felder breitet sich die Wüste aus, statt der Kirchtürme überragen Minarette, Pagoden o.a. die Dächer, und Palmen ersetzen Laub- und Nadelwälder, auch die in die Stadt Reisenden oder auf sie Weisenden fehlen nicht. In den allein reisenden Männern erkennen wir gelegentlich den Autor, ansonsten nähern sich Züge von Karawanen oder Kriegern der Stadt. Im Naturalismustrend des 19. Jahrhunderts vermehrt sich diese Art der Bilder, und wie in den frühen mitteleuropäischen Stadtbildern scheint „die Lust auf Städte" groß gewesen zu sein.

Abb. 12: Gardaia – Luftbild.

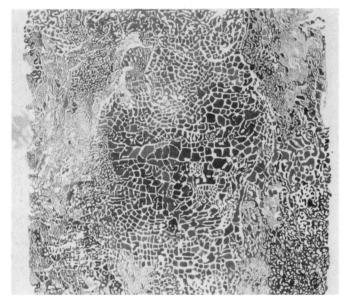

Abb. 13: Gardaia II – I. Dillier, 1981.

Wird diese erwartungsvolle Haltung Städten allgemein gegenüber mit einer Idee der orientalischen
Gesellschaft als stagnierender Massengesellschaft
verbunden, werden die Stadtansichten zu Kulissen.
Die typischen Silhouetten, sei es für Zigarettenre-
klame, sei es für Varietéaufführungen, sind in ihrer
andauernden Wiederholung von Minarett-Kuppel-
Minarett über kubischen Häusergruppen simpel
und einprägsam, das Publikum meint ohne Zögern
orientalische Städtebilder zu erkennen. Häuser und

Abb. 14

Menschen werden in der Kulissenproduktion zur
entpersönlichten Massenerscheinung, da mit zunehmendem Abstand ein Haus dem anderen, ein Minarett dem anderen und ein Mensch dem anderen
gleicht. Die Textur nordafrikanischer Stadtarchitektur gerinnt in der erst in jüngerer Zeit möglichen
Distanz der Luftbildaufnahmen ins Ornamentale. Die
Funktion der Häuser als Wohnhäuser individueller
Familien wird unwichtig, sie ordnen sich als bloße
Formen der Struktur des Bildes unter.

... im Ablauf der Zeit

Zwei der im 19. Jahrhundert neu aufgearbeiteten, mit
alten Werturteilen versehenen Themen beschäfti-
gen ein Gutteil der literarischen Portraits Calvinos.
Wunsch und Austausch nennen präzise das bürgerliche Interesse an Städten als Ort aller denkbaren Waren, auch der kostbaren oder verbotenen, so
daß mit Vorliebe Märkte, Waren, junge Mädchen
und Hafenstädte abgebildet werden.
Die Orte des Handels, Bazare, sind wie Moscheen
fast ein Synonym für Orient. Bazare stehen für ein
Interesse am Orient als Absatzmarkt und Warenlie-
ferant, die Moscheen erinnern an die auch durch
Austausch nicht aufhebbaren Glaubensgrenzen.
In der Kaiserzeit gelang einer kleinen Gruppe von
Zeichnern und Architekten im Auftrag deutscher
Unternehmen eine Orient-Inszenierung von erstaun-
lichem Ausmaß. Im Treptower Park wurden anläßlich
der Gewerbeausstellung von 1896 auf einem
Gelände von 34 000 m² Teile von Kairo im Maßstab
1:1 nachgebaut. Heute findet diese dreidimensiona-
le, Kindern und Erwachsenen aus Krippen geläu-
fige Stadtdarstellung im Kleinen distanzierte Aufnahme in Museen oder ähnlichen Ausstellungen, nur
lassen sie dem Bildungsbedürfnis eines Freizeit-
Bürgertums entsprechend die Vorführung von
Waren aus.
Zu den ersten Messen in Deutschland erscheinen
Kompendien mit Ratschlägen, wie und über wen
ökonomische Kontakte zum Orient herzustellen
seien. In kurzer Zeit wird eine Fülle von auf den in-
terkontinentalen Verkehr spezialisierter Banken,
Schiffahrtsgesellschaften, Reisebüros und Konsulate gegründet. Als größtes Projekt gilt der Ausbau
eines den gesamten Vorderen Orient überziehen-
den Eisenbahnnetzes, an dessen Ausführung die
meisten europäischen Staaten beteiligt waren und
das mit seinem journalistischen Kürzel als „Bagdad-
bahn" Thema anspruchsloser Belletristik wurde.
Unternehmen wie Krupp und Siemens & Halske
investierten in den möglichen Austausch mit dem
Orient und, da die Reichsregierung auf ökonomi-
schem Sektor so „zögerlich" war, folgten mehr und
mehr Privatleute diesem Engagement.
„Ohne Fleiß, kein Preis" erinnert auf einer Werbung
der Jahrhundertwende ein kleines Fahnenband denjenigen, der eine fremde Sprache erlernen will. Mit
einer biblisch anmutenden Szene preist die Firma
ihre diversen Lexika an: Langenscheidt steht auf
einem Berg und empfängt das Neue Buch wie einst
Moses die Alten Gesetze, die nun nicht mehr gelten.
Zweck des Sprachenstudiums ist, im internationalen
Austausch eine bessere Chance zu haben, auch auf

Abb. 15

Abb. 16: Der Blick ins Fenster – aus einer Postkartensammlung um 1900.

den Märkten der orientalischen Stadt, wie sie unterhalb des Propheten im Flußtal zu sehen ist.

Marktcharakter tragen auch die Bilder der frühen Photographie, da die Meister, dem technischen Vorgang entsprechend, ihre Objekte sorgfältig aufbauten. In einer Andeutung von Vertrautheit zwischen dem Betrachter und dem dargestellten Objekt suggerieren die ersten Photos eine Scheinnähe. Das Objekt schaut in die Kamera und macht den Betrachter glauben, es sei mit ihm in freundliche Beziehung getreten. Doch handlungsfähig ist allein der Betrachter, er kann sich dem Schauen hingeben oder entziehen. Da das Betrachten eines Gegenstandes meist auch den Wunsch aufkommen läßt, ihn zu besitzen, haben diese Photographien junger Mädchen, wenn nicht Käuflichkeit, so doch die Möglichkeit der Aneignung zum Thema. Sie sind dekoriert, zur Schau gestellt wie andere Waren auch.

Mit verstärktem Handelsinteresse ging in Europa auch die militärische Expansion in den Orient einher, an der Deutschland sich erst spät und wenig erfolgreich beteiligte. Die städtebaulichen Spuren politischer Einmischung europäischer Staaten in orientalische Länder waren auch für deutsche Rei-

sende Anlaß, im Vergleich „traditioneller" orientalischer und „moderner" europäischer Form alte Glaubenskriegdebatten wieder aufzunehmen. Es ist kaum möglich, die v e r b o r g e n e n Städte, wie Calvino dieses Motiv der sich im Lauf der Zeit ablösenden Alt- und Neustädte nennt, in der einfachen Bildsprache der Genreszenen, Werbung und Buchillustration angemessen vorzuführen. Gelegentlich

Abb. 17: Aufrechte Architektur in ärmlicher Nachbarschaft, 1880.

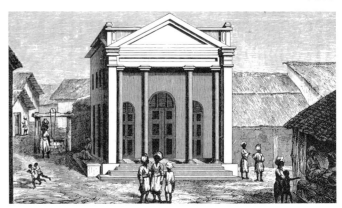

19

Abb. 18: Straßenbild – „... Und nun tritt uns Indien entgegen in seiner ganzen Schönheit und Fremdheit."

Abb. 19: Straßenbild – „... hier liegt die englische Regierung... hier das moderne Zentrum des Landes."

dient die Gegenüberstellung zweier Bilder dieser Idee, oder die Darstellung einer kolonialen Stadtgründung erläutert mit der dazugehörigen Bildunterschrift die Urteile über die Reste der orientalischen Stadt: Die neue Stadt Delhi z. B. „hat lange, außerordentlich breite Straßen, und elegante, reichverzierte Häuser mit großen Säulenhallen und Gärten", die alte Hindustadt dagegen zeichnet sich durch ein „Gewirr enger, krummer und ungemein schmutziger Gassen, armselige Hütten aus Ton und Backstein"[6] aus. Der Orient gilt als altes Kulturland, das lange vor Europa eine Stadtkultur entwickelt hat. Die Vorstellung, die Städte des Orients könnten die Städte des Okzidents überdauern, scheint vielen ebenso befremdlich wie die Vorstellung, der Islam oder eine andere der orientalischen Religionen könne ernsthaft mit Christentum und Kapitalismus konkurrieren. Die Zuschreibung von Charaktereigenschaften, die auf formalen Kriterien beruhen, bietet da einen beruhigenden Ausweg: Mit Hilfe der Erfindung des „Volkscharakters" konnte – anscheinend entsprechend dem Eindruck, den die okzidentale bzw. orientalische Stadt vermittelt – der Abendländer mit „geraden, klaren, rationalen, ...", der Orientale jedoch mit „engen, krummen, chaotischen, ..." Eigenschaften und Merkmalen versehen werden. Diese Einteilung in überlegene und unterlegene Kulturen findet sich in jenen rassistischen Entwürfen, deren Verfechter die Geschichte der Menschheit in alte, verbrauchte und junge, überlebensfähige Traditionen einteilten. Vereinfacht in der Beurteilung nichtabendländischer urbaner Gesellschaften angewendet, führt diese Ideologie offensichtlich bis heute zu dem Schluß, daß nur die nach westlichem Vorbild errichteten Städte „überlebensfähig" seien.

Subtil nennt Calvino Städte, in denen sich nichts weiter als Alltagsgeschichten ereignen. Diese Fähigkeit, unspektakulär Raum für Glück und Traurigkeit zu geben, gehört zu den seltenen Assoziationen der Ansichten orientalischer Städte. Das Alltägliche wird in schlichten Zeichnungen, Aquarellen und privaten Photographien mit der wenig populären Botschaft, daß die Menschen einander so ähnlich sind, angemessen vorgeführt. Solche Bilder können erst nach Überwindung höfischer Allüren und romantischer Sehnsucht entstehen. Ihre Autoren zeichneten sich durch selbstbewußte Bescheidenheit und Anteilnahme aus.[7]

Wann immer über orientalische Städte berichtet wird, erkennen wir die Unfähigkeit des einzelnen, die Komplexität urbanen Lebens einzufangen. Erst das Zusammensetzen aller Aspekte und Versatzstücke ermöglicht eine Entsprechung zwischen Vorbild und Vorstellung. Wert und Urteil, mit dem diese Vorstellungen versehen werden, liegen in der politischen Denktradition des Betrachters begründet.

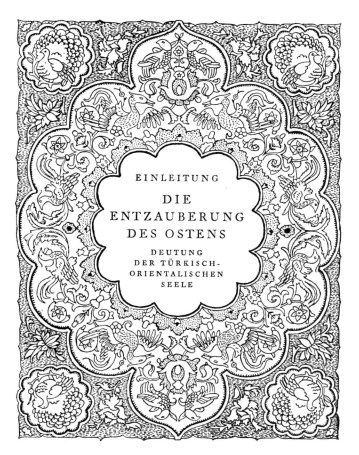

EINLEITUNG

DIE ENTZAUBERUNG DES OSTENS

DEUTUNG
DER TÜRKISCH-
ORIENTALISCHEN
SEELE

Abb. 20: Vignette aus Arnim Wegener, Das Zelt.

Orient ist eine Fremdbezeichnung und verweist im weitesten Sinne auf Gebiete im Osten. „Orient", so kann man in Meyers Großem Konversations-Lexikon* lesen, „ist zunächst eine Himmelsgegend, wo die Sonne scheinbar aufgeht ... obwohl der Begriff Orient im Laufe der Geschichte je nach dem Standpunkte des Betrachters ... Wandlungen erfahren mußte, ist es im ganzen üblich gewesen, die alte Welthauptstadt Rom als Ausgangspunkt zu nehmen". So halten es die Nordamerikaner, wenn sie Korea, Japan, Vietnam „Orient" nennen. Auffallend im internationalen Vergleich ist der Zusammenhang zwischen kolonialen oder kriegerischen Auseinandersetzungen eines westlichen Landes in Gebieten des Nahen bis Fernen Ostens und der jeweiligen Bezeichnung jener Gebiete als Orient, was sich m. E. nicht nach dem „Standpunkte des Betrachters" richtet, sondern nach dem Ziel eines meist militärisch Handelnden, eines Ziels, das im Osten Roms, des als Quelle westlicher Zivilisation verehrten Ortes, gelegen ist.

Die Orientpolitik deutscher Duodezfürsten war im Verhältnis zu England, Frankreich und Österreich peripher und selten eigenständig, man schloß sich an. So können sich hinter dem Adjektiv „orientalisch" nahezu alle Gebiete Asiens, Teile von Südosteuropa und Nordafrika verbergen.

In dem Wort „orientieren", einer Ableitung von Orient, schwingt bereits der Geruch von Heiligkeit mit, diesem durchgängigen, wenngleich immer unterschiedlich gewerteten Motiv: „In der Kirchenbaukunst ist Orientierung die Richtung der Längsachse der Kirche von Westen nach Osten", deren Verlauf man auch als „heilige Linie" bezeichnete.*

Im Gegensatz zu anderen Fremd-Imaginationen wird die orientalische mit städtischer, zumindest höfischer Gesellschaft gleichgesetzt. Der Exotismus, von dem der Orientalismus eine Spielart ist, legt im allgemeinen keinen Wert auf die den Originalen angemessenen Unterscheidungen, doch die Herausbildung von städtischer Gesellschaft wurde allein dem Orient, dem ältesten fremden Nachbarn, zugestanden.

*Meyers Großes Konversationslexikon. 1909. Siehe Orient, orientieren.

Anmerkungen

1 Graf Manteuffel in einem Brief an den Philosophen Wolff. Zitiert nach: Karl Biedermann, Deutschland im 18. Jahrhundert, o.O., 1880. Bd. 2, 1, S. 140.
2 Italo Calvino, Die unsichtbaren Städte. Roman. München 1979.
3 Der Schleier der orientalischen Städterinnen gab nicht immer Anlaß zu emotional bewegten Interpretationen. In der Zeit vor dem 30jährigen Krieg z.B. wurde er, wie andere Kleidungsstücke auch, mit ethnographischer Kühle beschrieben.
4 Ph. von Siebold, Nippon-Archiv zur Beschreibung von Japan und dessen Neben- und Schutzländern ..., Leyden 1832.
5 In einer Fragebogenaktion, die u.a. die Frage enthielt: Welche Städte bzw. welche Länder kennen Sie im Orient?, wurde Bagdad z.B. häufiger genannt als der Irak, dessen Hauptstadt es heute ist. Ebenso bei Kairo, Damaskus und Surabaya, da diese Städte im Zusammenhang von Märchen oder Brecht (Surabaya-Johnny) erinnert werden.
6 Stoddard, Im Fluge durch die Welt, o.J., o.O. S. 221.
7 Armin T. Wegner, Das Zelt. Aufzeichnungen, Briefe, Erzählungen aus der Türkei. Berlin o.J. – Julius Euting, Tagebuch einer Reise in Inner-Arabien. Leiden 1896/1914. Zu seinen Aquarellen siehe: Julius Euting. Kalender 1984, Attempto-Verlag, Tübingen.

Die Urbanisierungsform Metropole am Beispiel Bangkok, Kairo und Mexiko-Stadt

William Rauch

Tokio, London, Paris, New York sicherlich, Berlin vielleicht; aber auch Mexiko-Stadt, Kairo und Bangkok werden ohne weiteres zu den Metropolen gezählt. Die Kombination von Städten aus so unterschiedlichen Regionen der Welt und mit so verschiedenen kulturellen Hintergründen legt die Frage nahe, was es erlaubt, sie unter dem einen Begriff „Metropole" zu fassen. Der Bestimmung und dem Inhalt des Begriffs Metropole gilt es hier nachzuspüren.

Diese Städte sind tatsächlich sehr groß und beheimaten jeweils mehrere Millionen Einwohner. Betrachtet als bauliche Verdichtungen bzw. überbauter Raum, sind sie immer wieder über ihre administrativen und Planungsgrenzen hinausgewachsen. Mit dem Begriff „Metropole" wird aber viel mehr als räumliche und demographische Größe assoziiert. Metropole ruft unweigerlich das Bild eines hierarchisch geordneten und abgegrenzten menschlichen Siedlungsraumes hervor, worin die Metropole selbst eine dominante Rolle spielt. Begriffe wie „Hierarchie" und „Dominanz" berühren auch den etymologischen Sinn des Wortes Metropole, d. h. einer „Mutter-Stadt". Die Namen dieser Städte und ihre Identität sind eng mit der nationalen Geschichte verbunden. Sie sind Sitze der Macht, wenn ausnahmsweise nicht politischer, dann in jedem Fall wirtschaftlicher. Entscheidungen, die das Alltagsleben im ganzen Land direkt berühren, werden in diesen Städten getroffen. Sie strahlen als kulturelle Zentren ihren spezifischen Charakter auch durch die häufig dort situierten Medienanstalten aus; sie ziehen an: man fährt von weitem hin, auch von Übersee, um an ihrem Leben teilzunehmen oder um sie zu bewundern.

Charakter der urbanen Entwicklung von Metropolen in Afrika, Asien und Lateinamerika

Die bisher beschriebenen Ähnlichkeiten der Metropolen in Nord und Süd beruhen auf der klassischen Rolle wichtiger Städte als Kern einer Zivilisation. Gegenüber den größten Städten der frühindustrialisierten Länder weisen die südlichen Metropolen jedoch offensichtliche und ausschlaggebende Unterschiede auf. Manche der urbanen Hauptzentren Lateinamerikas, Asiens und Afrikas zählen zu den größten der Welt; aber es ist weniger ihre absolute Größe als vielmehr die Geschwindigkeit ihres demographischen und räumlichen Wachstums, das ihre Entwicklung von derjenigen in anderen Ländern abhebt. Dieses Phänomen, das manchmal als chaotisches Wachsen, manchmal als dynamische Entwicklung aufgefaßt wird, ist vielleicht nur das auffälligste an der Urbanisierung in ehemaligen Kolonien. Gleichzeitig ist es für sie charakteristisch und steht im direkten Zusammenhang mit ihrer späten Industrialisierung.

Die Metropolen in Lateinamerika, Asien und Afrika wurden manchmal als kulturelle Fremdkörper, auch als Brückenköpfe moderner westlicher bzw. kapitalistischer Zivilisation beschrieben. Die Herausbildung dieser Städte als Standorte industrieller Produktionsanlagen ausländischer Kapitalinteressen begleitet die Abgrenzung des urbanen Raumes von seinem traditionellen Umland. Neben ihren nationalen und kulturellen Bedeutungen bzw. Produktions- und Verteilungsfunktionen sind sie an einem über nationale Grenzen hinweg organisierten Produktions- und Handelssystem beteiligt und sind deshalb gezwungen, eine Doppelrolle zu spielen, deren Ausübung eine Reihe räumlich struktureller Konflikte zur Folge hat. Ihr städtisches Gefüge wird durch das Nebeneinander von Elementen zweier Systeme geprägt: Industrieanlagen und Kleinstproduktionseinheiten der Handarbeiter, Villenviertel von Regierenden und ausländischen Führungskräften und Squatter- und Slumsiedlungen, Autobahnen und Wohngassen. Gleichzeitig wird in diesen Großstädten der Alltag zunehmend durch sogenannte Agglomerationsfolgen, wie Wohnungsnot, Überbelastung des Verkehrs und des Infrastruktursystems sowie der Umwelt, bestimmt.

Ziele und Vorgehensweise

Hauptziel dieser Arbeit ist es, an Hand von drei Fallbeispielen ähnliche Urbanisierungsmerkmale zu veranschaulichen, die im Zusammenhang des

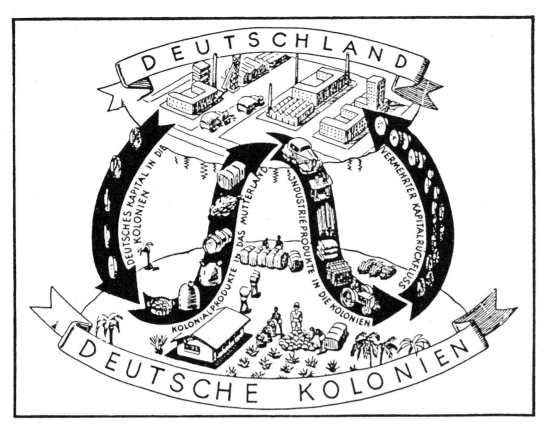

Der Kreislauf der nationalen Wirtschaft zwischen Mutterland und Kolonien spart Devisen, erhöht unsere Unabhängigkeit vom Auslande und sichert deutschen Arbeitern Lohn und Brot

Abb. 1

gegenwärtigen Wachstums von Metropolen und von Industrialisierung auftreten. Wir gehen davon aus, daß die urbanen Entwicklungen dieser Länder grundsätzlich verschieden sind. Ihre Städte sind in den jeweiligen nationalen historischen Zusammenhängen entstanden, und ihre wichtigsten urbanen Zentren entwickelten sich entsprechend den unterschiedlichen Beziehungen zu den Handels- und jeweiligen Kolonialmächten. Es geht uns nicht darum, eine Konvergenz der urbanen Entwicklung auf drei Kontinenten nachzuweisen, sondern vielmehr die augenfälligen Parallelitäten ihrer Entwicklungsprobleme und deren Rahmenbedingungen zusammenzufassen. Auf dem Hintergrund der gegenwärtigen Form internationaler Wirtschaftsbeziehungen soll die Bedeutung augenscheinlich universaler Tendenzen der urbanen Entwicklung relativiert werden. Wir gehen davon aus, daß die erkennbaren strukturellen Ähnlichkeiten dieser urbanen Gebilde weniger einen Typus von Stadt bezeichnen als vielmehr Ausdruck ihrer Einbindung in die „internationale Teilung der Arbeit" sind.

Wir betrachten die Metropolenbildung unter fünf Aspekten, die beispielhaft für eine Zahl anderer denkbarer Erscheinungsformen sind. Wir halten sie für besonders ausschlaggebend für die städtische Entwicklungsplanung:
– die räumliche Konzentration von Bevölkerung und Investitionen,
– das dynamische Wachstum der Metropolen,
– die räumliche und funktionelle Zergliederung des städtischen Gebiets,
– das Vorkommen „internationaler" baulicher Elemente und
– die wichtigsten Probleme der räumlichen Stadtentwicklung.

Selbstverständlich können wir durch das Herausarbeiten und Vorstellen von Parallelen in der Entwicklung keine kausalen Beziehungen identifizieren. Nützlich sind sie jedoch bei der Formulierung von Fragestellungen über mögliche Ursachen und bei der Identifizierung unserer Wissenslücken.

Auswahl der Beispiele

Die Großstädte Bangkok, Kairo und Mexiko-Stadt gehören zu den urbanen Zentren, die das Sinnbild von der nicht-westlichen Metropole bestimmen. Während Kairo und v.a. Mexiko-Stadt zu den größten städtischen Agglomerationen zählen, weist Bangkok die extremste demographische Primarität (d. h. Größenverhältnis zum nächstgrößten Siedlungsraum im Land) der Welt auf. Durch die Medien wird von allen drei Städten das Bild überragender sozioökonomischer Gegensätze und chaotischen Wachstums vermittelt. Mexiko, Thailand und Ägypten spielen wichtige und wachsende Rollen im internationalen Handel, wobei ihre Hauptstädte außerordentliche Bedeutung als Sitze multinationaler Firmen, ihrer Anlagen und Angestellten gewinnen. Um den internationalen Zusammenhang solcher Agglomerationsfolgeprobleme hervorheben zu können, wurden Fallbeispiele in kontrastierenden historischen, nationalen und geographischen Kontexten gewählt. Die Tatsache, daß alle drei eine längere

Geschichte zentralistischer Regierungsformen kennen, schien uns zwar eine Eigenschaft, die die Herausbildung der Hauptstädte als Metropolen begünstigte, für die charakteristischen Entwicklungen aber nicht bestimmend war.

Die Metropole im Kontext der Dynamik der „dependenten Urbanisierung" und der internationalen Arbeitsteilung

Die offensichtlichen und ausschlaggebenden Unterschiede zwischen der strukturellen Entwicklung der wichtigsten Städte der früh-industrialisierten Länder und der Hauptstädte von Ländern wie Mexiko, Ägypten und Thailand können nur auf dem Hintergrund der kolonialen bzw. quasi-kolonialen Geschichte dieser Länder erklärt werden. Das Konzept der „dependenten Urbanisierung" ist ein Modell zur Erklärung dieses Verhältnisses. Es impliziert, daß „Urbanisierung in der kolonialen und neokolonialen Gesellschaft stattfindet, aber daß die Industrialisierung, die historisch die Urbanisierung begleitet, in der metropolitanen Gesellschaft vollzogen wird"[1] (Abb. 1). Diese wirtschaftsgeschichtliche Auffassung von „metropolitaner Gesellschaft" und abhängiger Urbanisierung spiegelt hier das erwähnte hierarchische Verhältnis der Metropole zu Umland und Nation wider.

Auch eine nur flüchtige Kenntnis der wichtigsten Städte vieler ehemaliger Kolonien überzeugt jedoch, daß dort gegenwärtig ein Industrialisierungsprozeß im Gange ist. Dieses Phänomen ist auch maßgebend für die auffälligsten Merkmale der urbanen Entwicklung, nämlich des radikalen und weitgehend unkontrollierbaren demographischen Wachstums der Metropolen. Wie vielfach beschrieben, sind diese Erscheinungen Folgen einer Wirtschafts- und Raumplanung, die in erster Linie eine Industrialisierung durch die Attraktion ausländischer, d.h. transnationaler Kapitalinvestitionen zum Ziel hat.

Die räumliche Aufgliederung der Aktivitäten einer Anzahl transnationaler Firmen, wobei vor allem ihre industrielle Produktion in die neu industrialisierten Länder ausgelagert wird, ist als die neue internationale Arbeitsteilung beschrieben worden.[2] Während der wirtschaftlichen Erfolgsjahre der späteren Nachkriegszeit war es möglich, in den traditionellen Industrieländern die Hierarchie unter den Siedlungsräumen, insoweit als sie auf materiellen und strukturellen Vorteilen beruht, tendenziell zu reduzieren; das räumliche Gefälle technischer und sozialer infrastruktureller Ausstattung wurde in bedeutungsvollem Umfang geebnet. Während desselben Zeitraums fand jedoch in den neu-industrialisierten Ländern eine Verstärkung des wirtschaftlichen Gefälles zwischen Stadt und Land statt. Der konjunkturelle Aufschwung in Europa, Amerika und Japan ermöglichte Kapitalinvestitionen – z. T. in Form von abgeschriebenen Industrieanlagen –, die bevorzugt in bestehenden Zentren, wo billige Arbeitskräfte und Infrastruktur am reichlichsten vorhanden sind,

angelegt wurden und werden. Darüber hinaus gilt es, Handelspräferenzen auszunutzen und die örtlichen Märkte zu erschließen.

Der Wunsch, ausländische Kapitalinvestitionen anzuziehen, verbunden mit der Hoffnung, Exportchancen zu steigern und die Zahlungsbilanz zu verbessern, bringt die betroffenen Länder miteinander in Konkurrenz. Andererseits können öffentliche Investitionen der nationalen Regierungen, die die Attraktivität der Metropole als Industriestandort steigern, nur zum Nachteil anderer Städte und Regionen geleistet werden. Deren Ausstattung mit öffentlichen Investitionen bleibt hinter den Erfordernissen zurück, was wiederum auch die privaten Investitionen begrenzt. Kapitalinvestition in eine industrialisierte monokulturelle Landwirtschaft steigert zwar die exportorientierte Produktivität, trägt jedoch zur Arbeitslosigkeit und Lebensmittelknappheit auf dem Land bei. Die damit verbundenen räumlichen Disparitäten haben eine erhöhte Motivation zur Migration in die Metropolen zur Folge. Diese Wanderung, zusammen mit dem starken allgemeinen Bevölkerungswachstum, sind die demographischen Bestandteile der sogenannten „urbanen Explosion".

Die Fähigkeit dieser Länder, ihre wirtschaftliche Entwicklung selbst zu bestimmen, ist zunehmend eingeschränkt.[3] Es sind vor allem die Produktionsanlagen, nicht aber die für die Strategien der internationalen Firmen verantwortlichen Führungskräfte noch der Entscheidungsapparat der internationalen Finanz, die sich in den neu-industrialisierten Ländern befinden. Sobald diese an Auslandsinvestition interessiert sind, sind sie gezwungen, anstelle einer nationalen Wirtschaftspolitik, die die regionale, sektorale und kommunale räumliche Planung koordiniert, Subventionen in Form von Handelsbegünstigungen, maßgeschneiderten Industriestandorten mit entsprechender Infrastruktur und Arbeiterwohnungen nach den Bedürfnissen der multinationalen Investoren bereitzustellen. Wie die Praxis zeigt, sind die komplexen Aufgaben der räumlichen Entwicklungsplanung der Metropolen unter solchen Voraussetzungen nicht zu bewältigen. Dezentralisierungsprogramme, die die Förderung regionaler Zentren oder neuer Städte und die Einschränkung von neuen Investitionen in den größten Ballungszentren beabsichtigen, sind in der Regel nicht mit den Investitionszielen ausländischer Firmen zu vereinbaren. Haben große international organisierte Wirtschaftsinstitutionen sich einmal angesiedelt, haben sie eher als einheimische Geschäftsleute die Möglichkeit, nationale Politik und Regelungen zu unterlaufen oder ihnen zuwiderzuhandeln.[4]

Städte wie Mexiko-Stadt, Kairo und Bangkok scheinen unaufhaltsam und entgegen rationalen Zielen zu wachsen. Ihre Entwicklung wird häufig als chaotisch, unwirtschaftlich und sozial nachteilhaft problematisiert. Von einem anderen Interessenstandpunkt aus betrachtet, wird jedoch zumindest die für sie typische Konzentration der nationalen Bevölkerung und der Produktionsmittel sowie die folgliche Diskrepanz zwischen städtischem und ländlichem Lebensstandard als gesetz- und zweckmäßige Folge der Entwicklung und als Mechanismus ihrer Fortsetzung in Kauf genommen. So ist z. B. die wachsende Konkurrenzfähigkeit der heutigen industriellen „Schwellenländer" auch damit zu erklären, daß der „zu schnelle Anstieg (von niedrigen Löhnen) durch den Zustrom billiger Arbeitskräfte vom Land in die Stadt verhindert wurde".[5] Solch ein Erfolg wird an den Größen des Exports und des Pro-Kopf-Einkommens gemessen und tritt im internationalen Vergleich in Tabellen günstig in Erscheinung. Eine nationale Planung, die regionale und örtliche Bedürfnisse und Ressourcen mit einer ausgewogenen Verteilung von Kosten und Investitionen berücksichtigt, dürfte bei demselben Maßstab schlecht abschneiden. Dies deutet auf den grundlegenden Widerspruch hin, der zwischen den Entwicklungsinteressen transnationalen Kapitals und einzelner Staaten, die gesellschaftlich bestimmten eigenen Zielsetzungen folgen, besteht.[6]

Neben ihrer neueren Bedeutung als Standorte international finanzierter Industrieanlagen bilden die Metropolen ein traditionelles Glied der nationalen Wirtschaft in komplexen Beziehungen mit anderen Städten und Regionen. Damit „liegen sie an der Kreuzung der Interessen der Weltwirtschaft und der des nationalen Staates".[7] Die charakteristischen Entwicklungsprobleme dieser Städte müßten deshalb im Licht dieses Interessenkonfliktes analysiert und angegangen werden.

Die Art und Weise, in der eine städtische Region in das Weltwirtschaftssystem integriert ist, läßt sich u. a. durch folgende Fragestellungen bestimmen: „Inwieweit dient sie als Hauptsitz für transnationale Firmen; inwieweit ist sie ein sicherer Ort für die Investition ,überschüssigen' Kapitals z. B. in Immobilien geworden; ihre Bedeutung als ideologisches Zentrum; oder ihre relative Stärke als Weltmarkt."[8] Hierzu zählt auch das Ausmaß ihrer Eingliederung in das Weltverkehrsnetz.

Aspekte der Metropolenbildung

Konzentration

Im nationalen Kontext tritt die Metropole am auffälligsten als räumliche Konzentration von Bevölkerung und verschiedenen Ressourcen in Erscheinung (Abb. 2–7). Letztere – z. T. ausgewählt aufgrund der Verfügbarkeit von Daten – vermitteln zusammen ein Bild des Ungleichgewichts, das der Metropolenbildung zugrunde liegt. Die Elemente dieses Bildes sind: Siedlungsstruktur, Verkehrsnetz, die regionale Verteilung der Bevölkerung und der Arbeitsplätze im industriellen Sektor, die wichtigsten Ströme der Migration und die natürliche Topographie.

Das allgemeine Bild der Siedlungsverteilung in den drei Beispielen ist grundsätzlich verschieden. In Thailand kommt eine große Zahl mittlerer und kleinerer Orte vor, die einen relativ dicht besiedelten landwirtschaftlichen Bereich versorgen. Auffallend ist das Fehlen von Städten der zweiten Größenordnung (zwischen 50 000 und 3 000 000 Einwohner). Bangkoks außerordentliche demographische Dominanz gegenüber anderen Städten ist in der Grafik

der Stadtgrößen (Abb. 8) zu erkennen. Mexikos Siedlungsstruktur spiegelt die extensive Nutzung und ungleichmäßige Verteilung des landwirtschaftlichen Bodens wider. Während die Hauptstadt als größter Siedlungsraum unangefochten ist, gibt es mehrere über das ganze Land verteilte Millionenstädte. Im starken Kontrast zu diesen beiden Fällen und wahrlich einmalig ist das Gebilde der ägyptischen Siedlungsstruktur, die südlich von Kairo das alte auf den Nil konzentrierte und von Wüste eng begrenzte Kulturland überlagert. Nördlich der Stadt weist das Delta neben der Metropole Alexandria eine große Zahl von Mittel- und Großstädten auf. Kairos Standortvorteile zwischen den Hauptsiedlungsräumen am mittleren Nillauf und im Delta einerseits und am Scheidepunkt der Verkehrsachsen, die sich im Delta aufteilen, andererseits sind die stark von der Topographie geprägten Hintergründe seiner Konzentration.

Die Verkehrsnetze sowie das auf der Karte nicht dargestellte Verkehrsaufkommen, ist in allen Fällen stark auf die Metropole gerichtet. Bangkoks Bedeutung als Hafen wie Kairos natürliche Lage verstärken ihre Funktion als Knotenpunkt der Verkehrswege. Mexiko-Stadt besitzt eine wichtige zentrale Stellung in einem weit ausgedehnten Netz von Fernstraßen, die die im Hochland gelegene Metropole mit Häfen an zwei Ozeanen und mit dem wichtigsten Handelspartner im Norden verbinden.

Eine Betrachtung der regionalen Verteilung von Arbeitsplätzen im industriellen Sektor, im Vergleich zu derjenigen der Bevölkerung in den drei Ländern, vermittelt am direktesten einen Eindruck der nationalen wirtschaftlichen Dominanz der Metropolen. Über ihr großes demographisches Gewicht hinaus sind diese Städte disproportionale und ausschlaggebende Konzentrationen von mit hohen Kapitalinvestitionen geschaffenen industriellen Arbeitsplätzen. Die überragende Bedeutung Bangkoks in dieser Hinsicht spiegelt sich in der relativen Größe dieser Stadt im Verhältnis zu anderen städtischen Zentren des Landes. Im Gegensatz dazu ist die räumliche Konzentration in Ägypten durch zahlreiche größere Städte im Nildelta relativiert.

Die Richtung und das Ausmaß der Migrationsströme stehen im direkten Verhältnis zur Konzentration materieller Ressourcen und den wachsenden Defiziten außerhalb der Ballungszentren. Diese Migrationsströme sind jedoch sehr oft nicht direkt und auch nicht ausschließlich auf die eine Metropole gerichtet. Im Fall Ägypten richten sich die Gegenströme der Migration von Kairo aus auf die zweite wichtige Stadt, Alexandria, in Mexiko auf das Grenzgebiet zu den USA. Der gestrichelte Pfeil vom Berggebiet in Nordwest-Thailand nach Bangkok (Abb. 6) steht für eine nicht offiziell verzeichnete Wanderungsbewegung von vorwiegend Frauen, die sich seit den 70er Jahren verstärkt. Laut Schätzungen sollen sich 50 000 Frauen aus diesem Gebiet in der Metropole aufhalten.

Abb. 2: Ägypten – Räumliche Konzentration von Bevölkerung und Investitionen.

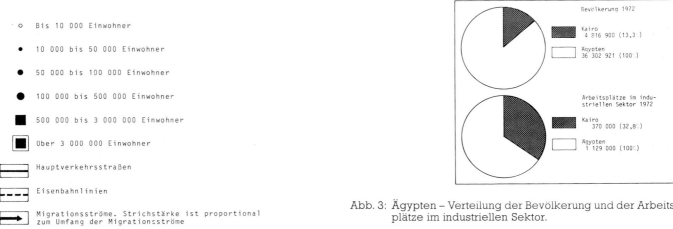

○ Bis 10 000 Einwohner

● 10 000 bis 50 000 Einwohner

● 50 000 bis 100 000 Einwohner

● 100 000 bis 500 000 Einwohner

■ 500 000 bis 3 000 000 Einwohner

■ Über 3 000 000 Einwohner

Hauptverkehrsstraßen

Eisenbahnlinien

Migrationsströme. Strichstärke ist proportional zum Umfang der Migrationsströme

Bevölkerung 1972

Kairo
4 816 900 (13,3)

Ägypten
36 302 921 (100)

Arbeitsplätze im industriellen Sektor 1972

Kairo
370 000 (32,8)

Ägypten
1 129 000 (100)

Abb. 3: Ägypten – Verteilung der Bevölkerung und der Arbeitsplätze im industriellen Sektor.

27

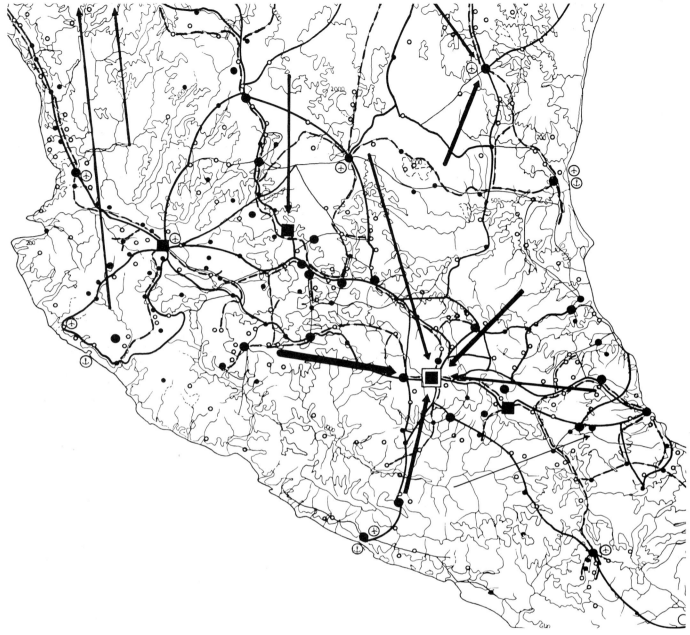

Abb. 4: Mexiko – Räumliche Konzentration von Bevölkerung und Investitionen.

○ Bis 10 000 Einwohner

● 10 000 bis 50 000 Einwohner

● 50 000 bis 100 000 Einwohner

● 100 000 bis 500 000 Einwohner

■ 500 000 bis 3 000 000 Einwohner

■ Über 3 000 000 Einwohner

━ Hauptverkehrsstraßen

- - - Eisenbahnlinien

➡ Migrationsströme. Strichstärke ist proportional
   zum Umfang der Migrationsströme

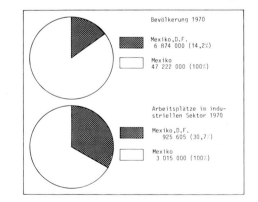

Bevölkerung 1970

Mexiko,D.F.
6 874 000 (14,2%)

Mexiko
47 222 000 (100%)

Arbeitsplätze im indu-
striellen Sektor 1970

Mexiko,D.F.
925 605 (30,7%)

Mexiko
3 015 000 (100%)

Abb. 5: Mexiko – Verteilung der Bevölkerung und der Arbeitsplätze im industriellen Sektor.

Abb. 6: Thailand – Räumliche Konzentration von Bevölkerung und Investitionen.

○   Bis 10 000 Einwohner

●   10 000 bis 50 000 Einwohner

●   50 000 bis 100 000 Einwohner

●   100 000 bis 500 000 Einwohner

■   500 000 bis 3 000 000 Einwohner

▣   Über 3 000 000 Einwohner

▭   Hauptverkehrsstraßen

▭   Eisenbahnlinien

➡   Migrationsströme. Strichstärke ist proportional
     zum Umfang der Migrationsströme

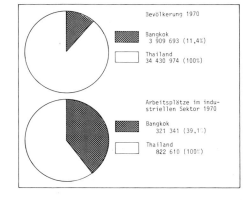

Bevölkerung 1970

Bangkok
3 909 693 (11,4%)

Thailand
34 430 974 (100%)

Arbeitsplätze im indu-
striellen Sektor 1970

Bangkok
321 341 (39,1%)

Thailand
822 610 (100%)

Abb. 7: Thailand – Verteilung der Bevölkerung und der Arbeits-
        plätze im industriellen Sektor.

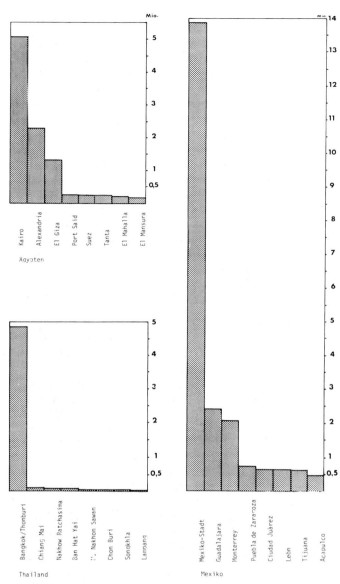

Abb. 8: Rangordnung der wichtigsten Städte in Ägypten, Thailand und Mexiko nach Einwohnerzahl.

Dynamik

Die Darstellung der flächenmäßigen Ausbreitung der Metropolen während dieses Jahrhunderts vermittelt ein Bild des dynamischen Wachstums (Abb. 9 und 10). Während desselben Zeitraums weist die demographische Entwicklung eine ähnliche, z. T. noch schnellere Zunahme auf. Diese Dynamik in ihrem räumlichen Charakter zu bestimmen, setzt eine Untersuchung des Zusammenhangs zwischen historischen, die Stadtentwicklung beeinflussenden Ereignissen und der Flächen-, Bevölkerungs- und Dichteentwicklung voraus. Im Rahmen dieser Arbeit ist die dazu notwendige Analyse der vorliegenden Daten und ihrer Quellen nicht möglich. Die exponentiellen Kurven, die für das beschleunigte Wachstum der Metropolen neuerer Zeiten stehen, sind nur die am leichtesten meßbaren Komponenten der sogenannten „urbanen Explosion" und dem dazu gehörenden Katalog städtischer Entwicklungsprobleme (s. hierzu letzter Teil). So erkennt

man z. B., daß das räumliche Wachstum in den vorliegenden Beispielen durch die stück- und sprungweise Erweiterung der bebauten Flächen erfolgt. Dieser Prozeß vollzieht sich mit der Ansiedlung neuer großflächiger Industrieanlagen sowie der spontanen bzw. kommerziellen, aber trotzdem ungeregelten Parzellierung und Wohnbebauung im Stadtrandbereich. Die zersiedelnde Erweiterung der Stadt ist ein wichtiger Faktor bei der Herausbildung eines zergliederten gesamtstädtischen Raumes (vgl. den nächsten Abschnitt).

Hinter dem stetigen urbanen Wachstum steht die Veränderung bestehender Stadtteile. Unterschiedliche bauliche Veränderungen begleiten die Bevölkerungskonzentration in den Innenstädten von Kairo und Bangkok, wobei Wohndichten von mehr als 1000 Einwohner pro Hektar erreicht werden. In Kairo, im Gegensatz zu Bangkok und vor allem Mexiko-Stadt, gibt es eine geringere Ausbreitung des überbauten Raumes durch eine dichtere Nutzung auch im Stadtrandbereich. Wahrscheinlich hängt das mit „dem stark begrenzten Bodenmarkt" zusammen, der „eine Folge hoher Agrarlandpreise und dem Zurückhalten von Wüstenland durch staatliche Stellen ist".[9] Illegale Wohnbebauung im Stadtrandbereich erfolgt zwei- bis viergeschossig auf privatem Agrarland.[10] Eine informelle Nutzung des Wüstenlandes wird von den Behörden dagegen konsequent bekämpft.[11]

Am Stadtrand von Mexiko-Stadt gibt es eine exten-

Abb. 10: Bevölkerungswachstum von Bangkok, Kairo und Mexiko-Stadt 1900–1980.

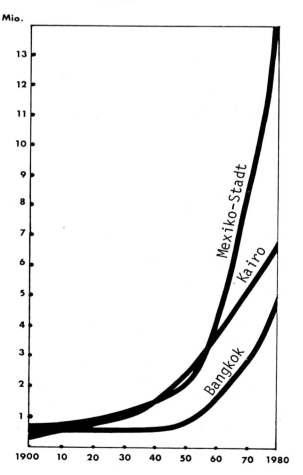

sive Bautätigkeit in einer großen Zahl kleinerer Siedlungen. Das Vorhandensein günstigen Baulandes mit guten topographischen Voraussetzungen und geringem landwirtschaftlichen Wert, staatlich begünstigte Industrialisierungsaktivität und die Entscheidung zur Verlagerung der städtischen Entwicklung an den Stadtrandbereich haben eine dynamische Wohnbebauung zur Folge. So wuchs z.B. in dem Zeitraum zwischen 1960 und 1970 eine einzige Großsiedlung am nordöstlichen Stadtrandgebiet von 106 000 Einwohnern auf 797 000 Einwohner. Die Stadterweiterung in Bangkok dagegen erfolgt unter viel härteren wirtschaftlichen und ökologischen Bedingungen. Durch ungehinderte und sehr intensive spekulative Erschließungsaktivitäten spezialisierter Immobiliengesellschaften drängt sich die Stadt in wertvolle bewässerte Anbaugebiete hinein. Infolge der damit verbundenen Kosten und der Struktur des Arbeitsmarktes bleiben Squattersiedlungen und Slums in Bangkok vorwiegend ein innerstädtisches Phänomen. Die Verdrängung solcher Siedlungen durch kommerzielle Nutzungen im innerstädtischen Bereich hat teilweise eine Abnahme der Einwohnerdichte zur Folge.[12]

Zergliederung

Die Aufteilung des städtischen Raums in sozial segregierte, funktionell und baulich heterogene Elemente ist ein hervorragendes Merkmal der Metropolen (Abb. 11–16). Das Gebilde dieser zergliederten Stadträume ist ähnlich dem der Großstädte der Industrieländer, es weist jedoch noch größere Gegensätze, z.T. auch gravierende funktionelle Widersprüche auf. Der zergliederte Stadtraum ist Ausdruck zweier Prozesse, die sich vor allem in den Metropolen, als Enklaven der „modernen" westlichen Gesellschaft und Schwerpunkt kapitalistischer Produktion, abspielen.
Die Herausbildung strukturell gesonderter Teile des Stadtraumes für die unterschiedlichen urbanen Prozesse, wie Dienstleistungen, Gewerbe und Reproduktion, und die Differenzierung von städtischen Leistungen in Krankenhäusern, Schulen etc. begleiten einen allgemeinen Prozeß der gesellschaftlichen Arbeitsteilung, die einer Tendenz zur Optimalisierung der industriellen Produktion entspricht. Öffentliche und private Investitionen gliedern die Stadt in Standorte unterschiedlicher Vorteile für industrielle und kommerzielle Nutzung. Diese unterschiedlichen Vorteile wiederum bestimmen auch den Verwertungsprozeß in Form von Umnutzung und Erweiterung des Stadtraumes, wobei die vorhandene Parzellierung insbesondere bei Privateigentumsverhältnissen prägend ist.
Staatliche Maßnahmen zur Erstellung von technischer Infrastruktur, u.a. der Bau von Großanlagen wie Autobahnen und Eisenbahnen in Schneisenbauweise und der Bau von Flughäfen, zählen zu den bedeutendsten zergliedernden Elementen des Stadtraumes. Ihre Wirkung wird dadurch verstärkt, daß die Verwertung des Stadtraums, wenn nicht durch ausländische Investoren, dann in einer Bauweise und mit einer Technologie stattfindet, die der Stadt und dem Land fremd ist.

Am vehementesten ist die stückweise Verwertung und Entfremdung der Stadt vielleicht in Bangkok. Durch die für diese wie für andere Städte epidemisch gewordene „Warmsanierung", vor allem in zentral gelegenen Altstadtteilen mit hohen Grundstückspreisen, wird mangels Abrißgenehmigung durch Brandstiftung Platz geschaffen. Anstelle kleinerer Bauten (typischerweise Reihenhäuser mit gemischter Nutzung) entstehen rentablere Hochhäuser.
Auch im Stadtrandgebiet, in der unmittelbaren Nähe von Reisfeldern, sind Betontürme keine Seltenheit. Trotz des spekulativen Bodenmarktes können untere Einkommensgruppen Unterkunft auf marginalen Flächen zwischen Gebäuden, entlang von Kanälen und Eisenbahnlinien finden. In Bangkok ist an solchen Stellen eine große Zahl kleinerer Siedlungen entstanden. Mehr als 80 Prozent der Bewohner auf diesem staatlichen oder Privatland haben einen legalen, wiewohl oft kurzzeitig befristeten Status.[13]
Der Verwertungsprozeß in Kairo erfolgt vor allem durch die Verdichtung des innerstädtischen Bereichs. Dies vollzieht sich 1. durch die Besiedlung von Freiflächen und Grünflächen durch öffentliche und private Hände und auch die spontane Umnutzung größerer Friedhofsbereiche für Wohnzwecke; 2. durch die Aufstockung vorhandener Baustubstanz, die in Kairo mehr als die Hälfte der privaten Wohnungsbauaktivitäten ausmacht; 3. durch die Bebauung mit Hochhäusern und die Umnutzung von z.B. Gewerbegebäuden zu Wohnzwecken.[14] – Diese für Kairo charakteristische kommerziell betriebene Verdichtung ist eine Belastung der sozialen Struktur und des Baubestandes, behindert die typische funktionelle Mischung des Wohnquartiers und begünstigt seine spekulative Umnutzung.
Die Auslagerung der industriellen Entwicklung aus dem innerstädtischen Raum von Mexiko-Stadt auf ihr weiteres Umland hin bewirkte nicht die erhoffte Entlastung der Stadtmitte, trotz des massiven Wachstums der Stadtrandsiedlungen. Im Gegenteil, der Druck zur Verwertung innerstädtischen Bodens, des Zentrums des erweiterten und immer wichtiger werdenden Wirtschaftsbereichs der Metropole und damit des ganzen Landes ist stark gestiegen. Diese Verwertung erfolgt am effizientesten auch hier durch monofunktionale Hochhäuser. Die für Mexiko-Stadt charakteristische Blockbebauung mit gemischter Nutzung wird zunehmend verdrängt.

Internationale Bauelemente

Metropolen sind nicht nur Geschäfts- und Industriezentren. Die Schaffung der Metropole in ihrer charakteristischen Erscheinungsform durch die Akquisition und Beseitigung des Alten, die Erstellung und den Verkauf des Neuen, sowie den Handel mit Baumaterialien (Stahl, Beton, Kunststoff etc.), durch Baugeräte und Arbeitskraft ist selbst ein sehr großes Geschäft. Die internationalen Wirtschaftsinteressen, die die Metropole als Standort ihrer Produktions-, Handels- und Verwaltungsaktivitäten benutzen, sind auch häufig an diesem Erstellungsprozeß geschäftlich beteiligt. Das Wachstum und die Erweiterung

| 1900 | 1936 | 1953 |

Abb. 9 a: Räumliches Wachstum von Bangkok.

| 1903 | 1935 | 1947 |

Abb. 9 b: Räumliches Wachstum von Kairo.

| 1900 | 1930 | 1950 |

Abb. 9 c: Räumliches Wachstum von Mexiko-Stadt.

1958

1971

1981

1956

1966

1976

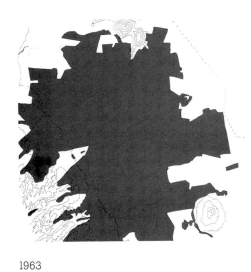

1963

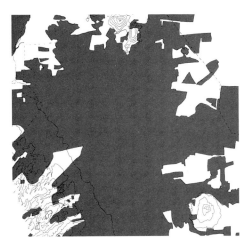

1970

1977

Die Kantenlänge der quadratischen Pläne entspricht ca. 60 km.

33

Maßstab 1 : 200 000

Industrie

Wohnen mit hoher Dichte

Eisenbahnlinien

Wohnen mit niedriger Dichte

Hauptverkehrsstraßen

Dienstleistungen, öffentliche Institutionen und
Anlagen, Ausbildung und Kultur

Schnellstraßen

Central Business District, Handel, Mischnutzung

Abb. 11: Räumliche und funktionale Gliederung von Bangkok.

34

Abb. 12: Zergliederter Stadtraum von Bangkok.

Maßstab 1 : 200 000

▦ Wohnen mit mittlerer und hoher Dichte, sehr oft mit kommerzieller Nutzung gemischt

▦ Wohnen mit niedriger Dichte

▦ Ländliches Wohnen

▦ Dienstleistungen, Bildung, Kultur, Gesundheit, Sport, Verwaltung, technische Infrastruktur

▦ Central Business District

▦ Industrie

├┼┼┤ Eisenbahnlinien

▭ Hauptverkehrsstraßen

▬ Schnellstraßen

Abb. 13: Räumliche und funktionale Gliederung von Kairo.

Abb. 14: Zergliederter Stadtraum von Kairo.

Maßstab 1 : 200 000

▦ Wohnen mit mittlerer bis höherer Dichte

▦ Wohnen mit niedriger bis sehr niedriger Dichte

▦ Dienstleistungen

▦ Urbane Zentren mit gemischter Nutzung

▦ Industrie

+++ Eisenbahnlinien

▭ Hauptverkehrsstraßen

▬ Schnellstraßen

Abb. 15: Räumliche und funktionale Gliederung von Mexiko-Stadt.

Abb. 16: Zergliederter Stadtraum von Mexiko-Stadt.

Abb. 17: Bangkok.

Abb. 18

Abb. 20: Kairo

Abb. 21

Abb. 19

Abb. 22

Abb. 23: Mexiko-Stadt

Abb. 24

Abb. 25

des Zentrums sowie sein Ausbau in einer möglichst standardisierten und industrialisierten Bauweise mit selbst importierten Materialien und Technologien liegen deshalb in ihrem Sinn. Die charakteristische Fassade der Metropole aus Glas und Stahl, manchmal als „internationaler Stil" der Architektur verstanden, ist – wenn so betrachtet – nur so international wie das Wirtschaftssystem, aus der sie entstanden ist.

Indem die Metropolen Größenordnungen erreichen, die bei weitem das Ausmaß von menschlichen Ansiedlungen aller früheren Zeiten übersteigen, sind neue und aufwendige Technologien und bauliche Lösungen erforderlich, um ihr inneres Funktionieren zu einem Mindestmaß zu ermöglichen. Wasser- und Kraftwerk, Straßen, Bahn und Flughafen, Krankenhaus und Schule sind mehr oder weniger notwendige Elemente jeder Stadt. Ihre funktionsgerechte Ausführung in den Dimensionen, die den Bedürfnissen der Riesen-Agglomeration genügen, erschwert ihre Integration in das bisherige Stadtbild und stellt technische Bedingungen, die tatsächlich vielfach modernes internationales Know-how erfordern (Abb. 17–25).

Probleme

Die Stadtentwicklungsplanung konstatiert immer wieder dieselben Probleme für die Metropolen und in gewissem Maß für andere Städte, die von der Industrialisierung berührt werden. Die bisher

Abb. 26: Bangkok - Fahrtzeitvergleich 1967/68 und 1972.

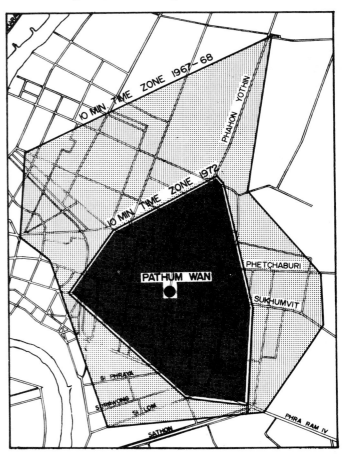

41

behandelten Ähnlichkeiten einiger Erscheinungsformen der Verdichtung und der Expansion sind durch die Überlagerung, Umwandlung und z. T. Zerstörung von völlig unterschiedlichen Stadtstrukturen entstanden. Die sozialen und die Umweltprobleme teilen dabei eine gemeinsame Ursache, denn beide sind Folgen eines unkontrollierten, im Spannungsfeld sozio-ökonomischer Disparitäten angefeuerten Wachstums, das nur zufällig und indirekt Vorteile für die meisten Betroffenen mit sich bringt.

Wir greifen zum Schluß die Problemfelder auf, die die Qualität des alltäglichen Lebens für den größten Teil der Bewohner direkt beeinflussen; sie stehen für eine längere Liste neuralgischer Bereiche, die den Metropolen gemeinsam sind.

Wohnversorgung: Die Geschwindigkeit des Bevölkerungswachstums erfordert in allen Fällen eine Erweiterung des Wohnbestandes, die mangels Ressourcen durch staatliche Programme nicht ansatzweise gewährleistet werden kann. Ein großer Teil des Wohnungsbedarfs wird in Eigeninitiative sowie durch illegale oder unregulierte private Bebauung gedeckt. In Mexiko-Stadt sind 65 Prozent der Wohnungen nicht durch staatliche oder private Institutionen gebaut, sondern als Selbstbau ohne Bezahlung und oft ohne geklärte Bodenbesitzverhältnisse.[15] – Diese Behausungen entsprechen nur ausnahmsweise den vom Staat vorgegebenen Standards. Daraus entstehen dann in einschlägigen Berichten Problemfeststellungen wie Illegalität, Überbelegung und Baufälligkeit. Häufig steht diese Betrachtungsweise in direktem Gegensatz zur Perspektive der Betroffenen. Den Bewohnern geht es um gesichertes Nutzungsrecht, erweiterten Wohnraum, Ausstattungs- und infrastrukturelle Verbesserungen. – Von 106 Slumsiedlungen, die 1975 von Thailands Nationalem Wohnungsministerium untersucht wurden, sollten 20 abgerissen werden; 50 Siedlungen (mit 9007 Familien) wurden als temporär klassifiziert und 36 (mit 11 072 Familien) als permanent anerkannt.[16] – In Kairo haben 29 Prozent aller Wohnhäuser keinen Wasseranschluß und 20 Prozent keinen Zugang zu Abwasserleitungen.[17] Im Jahre 1978 lauteten vergleichbare Angaben für Mexiko-Stadt: 13 und 22 Prozent.[18]

Verkehr: Die enorme Verdichtung und die fortschreitende Trennung von Arbeit, Wohnen und Dienstleistungen im Zusammenhang mit der Zergliederung des städtischen Raumes lassen den Verkehrsbedarf steigen. Im Jahre 1981 gab es in Mexiko-Stadt 1,66 Mio. Autos, ihre Zahl nimmt jährlich um 10,2 Prozent zu. 28 Prozent der Stadt sind Verkehrsflächen gewidmet.[19] Dem adäquaten Ausbau von Massenverkehrssystemen und Straßen sind bauliche und finanzielle Grenzen gesetzt. Aufgrund des unbewältigten Aufkommens von Pkw, Lkw und Omnibussen verstopfen die Straßen. Der damit verbundene Aufwand bedeutet eine versteckte und unbezahlte Arbeitszeit sowie eine große psychische und körperliche Belastung aller Verkehrsteilnehmer.

Umwelt: Die Konzentration von Produktionsanlagen und Verkehrssströmen sowie wachsende Abfall- und Abwässermengen sind Ursache der gravierenden Umweltbelastungen in den Metropolen. Derartige Mißstände bleiben aus Kostengründen vielfach auch in den Industrieländern unbewältigt. Topographische Bedingungen wie Mexiko-Stadts Kessellage oder Bangkoks hoher Grundwasserspiegel setzen der Bewältigung der Umweltprobleme bei weiterem Anwachsen der Agglomerationen enge Grenzen. Hohe Wohndichte, Mangel an Frei- und Grünflächen und die Zerstörung der natürlichen Umwelt innerhalb und außerhalb der Stadt bewirken gesundheitsgefährdende Lebensbedingungen. Diese destruktive Seite stellt in Gegenwart und Zukunft ein Leben in der Metropole in Frage.

Anmerkungen

1 Alexander D. King, The World Economy is Everywhere: Urban History and the World System, in: Urban History Yearbook, Leicester 1983. S. 183.

2 R.B. Cohen, The New International Division of Labor, Multinational Corporations and Urban Hierarchy, in: Michael Dean/Allen J. Scott (Hrsg.), Urbanization and Urban Planning in Capitalist Society, New York 1981. S. 293.

3 Ebenda, S. 308.

4 Ebenda.

5 Peter Miović, (Rezension von) Michael Beenstock, The World Economy in Transition, in: Finanzierung und Entwicklung, Nr. 1, März 1984, 21. Jg. S. 50.

6 John Friedmann/Goetz Wolff, World City Formation: An Agenda for Research and Action, in: International Journal of Urban and Regional Research, 6/1982. S. 312.

7 Ebenda.

8 Ebenda, S. 310.

9 (Vorläufiges Exemplar) Greater Cairo Region Long Range Development Scheme, Ministry of Development, State Ministry for Housing & Land Reclamation, Cairo 1982. S. 1.23.

10 Janos S. Zimmerman, Neue Städte in Ägypten, in: Geographische Rundschau, Heft 5/36, Mai 1984. S. 231.

11 Greater Cairo Region, a.a.O. S. 1.25.

12 Housing in Bangkok, Institute for Housing Studies BIE, Rotterdam 1982. S. 88.

13 Ebenda, S. 126–7; sowie Policies towards Urban Slums, United Nations Economic & Social Commission for Asia & the Pacific, Bangkok 1980. S. 86.

14 Hierzu siehe: Eckart Ehlers, Ägypten, in: Geographische Rundschau, Heft 5/36, Mai 1984. S. 220–228. Auch: Janos S. Zimmerman, a.a.O. S. 230–235.

15 Sistema de Planificación Urbana del Distrito Federal, Departamento del Distrito Federal/Dirección General de Planificación, Mexiko-Stadt 1982. S. 13.

16 Housing in Bangkok, a.a.O. S. 110.

17 Institute for Housing Studies, BIE: Excursion to Egypt, Rotterdam 1983. S. 38.

18 Sistema de Planificación Urbana, a.a.O. S. 13.

19 Ebenda, S. 13–14.

Aleppo: Tradition und Gegenwart einer urbanen Gesellschaft

Gennaro Ghirardelli · Annegret Nippa

Abb. 1

Ein Bild der Stadt

Annegret Nippa

Aleppo, sicher einer der ältesten Städte, ist nach der Hauptstadt Damaskus die zweitgrößte Stadt Syriens. Offiziöse Schätzungen nennen eine Einwohnerzahl von etwa 1 200 000, von denen ein Viertel in der Altstadt lebt. 1978 hat die UNESCO die Altstadt von Aleppo zum Weltdenkmal erklärt, nachdem bereits einige Teile davon im Rahmen moderner Stadtplanung planiert worden waren. Selbst ein Fremder, welcher nur für kurze Zeit die Stadt besucht, ist beeindruckt von dem offensichtlich hohen Alter die-ser Stadt, von dem urbanen Selbstbewußtsein ihrer Einwohner und der Tradition, die dem Geschäfts- und Handelsleben heute noch eine gewisse Eleganz und Würde verleiht.

Da eine Stadtansicht stark durch den Standpunkt des Betrachters geprägt wird, zogen wir es vor, einen Einheimischen um sein Bild von Aleppo zu bitten. Zuerst fanden wir ein Bild, dann fanden wir seinen Maler: Taher Bunni, Lehrer an einer Mittelschule in Aleppo, der uns bereitwillig half.

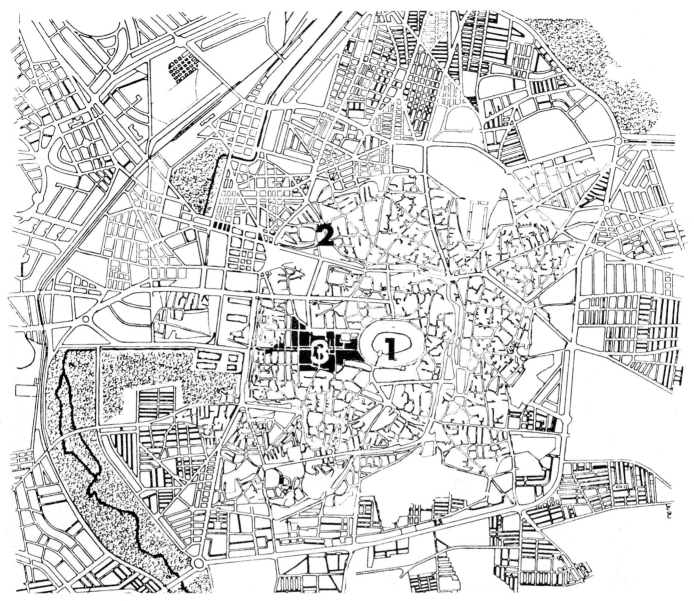

Abb. 2: Stadtplan, Zustand 1980, 1 : 25 000, Stephano Bianca.
1. Zitadelle, 2. Ǧudaida mit Waqf Ipšir Paša, 3. Madina.

Abb. 3: Ein Maler und sein Bild. Taher Bunni, 1983.

„Geschichte, Macht und Schönheit meiner Stadt" seien sein Thema gewesen, bekennt Taher Bunni einleitend. Das Bild erinnert mit einzelnen Versatzstücken an das, was Aleppo groß und bedeutend machte, was Aleppo zwar nicht unbedingt von anderen Städten Syriens unterscheidet, was aber allen orientalischen „Städten im Gegensatz zur beduinischen Lebensweise gemeinsam ist". Diesen Gegensatz betonen bereits mittelalterliche, arabische Überlieferungen, wenn sie die typischen städtischen Einrichtungen aufzählen, die auch in unserem Bild wieder auftauchen. Ein ausgewähltes Thema einer eigenen arabischen Literaturgattung ist das sogenannte „Städtelob", und Taher Bunnis „Aleppo-Allegorie" ist ein solches Städtelob, nicht in Versen hintereinander, sondern in Bildern nebeneinander. Seine Komposition zerlegen wir in acht Bild-Gedanken-Gänge durch die Stadt.

Traditionelles Ornament und neue Perspektive

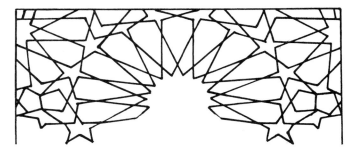

Morgenland – Levante – Orient sind europäische Fremdbezeichnungen, die eine Richtung im Osten (oriens) angeben, wo am Morgen die Sonne aufgeht (lever). Diese simple Ortskennzeichnung verarbeitet der Maler in einem überlieferten Ornament. Die über Sternenketten miteinander verbundenen Sonnensysteme sind die „moderne Variation" eines Ornaments, das besonders von den Sufimystikern ausgearbeitet und mit islamischer Bedeutung aufgeladen wurde. Die „neue Perspektive", so erklärt der Maler, liegt in der wissenschaftlichen Beschreibung des Himmels als „umkreisende Sonnensysteme", was die „runde Anordnung" der Ornamentelemente unterstreicht. Sein Vorbild war ein in gleichen Reihen angeordnetes Sternmuster, das im ganzen Nahen Osten als Verzierung verschiedener Gegenstände bekannt war und auch heute noch in das Ornamentrepertoire der Kunsthandwerker gehört. In reichen Stadthäusern der Altstadt waren Wände, Böden und Türen mit Variationen dieses Musters geschmückt, und einer der teuersten Tischler der Stadt liefert neue Türen der alten Art an seine wohlhabenden Kunden in den westlichen Vorstädten.

Abb. 4

Religionsgemeinschaften und ihre Feste

Abb. 5: Minarett der Großen Moschee.

Zu der gelobten „städtischen Lebensweise" gehören Einrichtungen und Funktionen, denen ein bestimmter Bautyp entspricht: 1. die nach dem Hauptfeier- und Versammlungstag der islamischen Gemeinde benannte Freitagsmoschee, zu der meist die Errichtung öffentlicher Bäder gehörte, 2. ein fest eingerichteter Markt und 3. ein Regierungsbezirk. Wohnquartiere wiederholen mit eigenen Moscheen, Bädern und kleinen Märkten das Stadtmodell. Unser Bild zeigt das Minarett der Großen Moschee, die zusammen mit den ausgedehnten Marktanlagen das Zentrum der Altstadt bildet. Von den Minaretten werden, heute über Mikrophon oder Tonband, die Gebetszeiten ausgerufen, die für alle spürbar den Tag in mehrere Abschnitte gliedern. Oft geschieht es, daß Männer, mit denen wir im Gespräch waren, uns mit einem Lächeln auf die Zeit hinwiesen, d. h. mit dem Kopf in Richtung einer nahe gelegenen Moschee nickten und sich verabschiedeten. Kaufleute gehen in kleinen Gruppen davon, verschließen ihre Läden oder bitten ihren Nachbarn, auf das Geschäft zu achten, oder richten sich vor ihren Buden für das Gebet ein.

Abb. 6: Blick über die Kirchen von Ǧudaida.

Die Gebetszeiten liegen wie eine Ruhepause erholsam über den lauten Märkten.

Einige Moscheen in der Stadt gehen auf die Zeit der muslimischen Gemeindegründung zurück und wurden auf einem bereits in vorislamischer Zeit heilig gehaltenen Ort errichtet. Die „Große Freitagsmoschee" dagegen steht auf dem Marktplatz der hellenistischen Gründung, auf der Agora.

Die Bürger von Aleppo haben eine 2000 Jahre alte Tradition, sich in ihren unterschiedlichen Religionszugehörigkeiten zu arrangieren. Der jeweilige Gemeindezusammenhalt erscheint nach außen durch bestimmte öffentliche Kundgebungen recht geschlossen, wobei die Segregation innerhalb der hauptsächlichen Gemeinden, der islamischen, der jüdischen und der christlichen, jeweils anderer Art sind. Juden, deren Gemeinde seit der Gründung des israelischen Staates nicht mehr groß ist, kennen keine, Muslime wenige und Christen auffallend viele Fraktionierungen. Das durch die religiösen Bräuche geordnete Leben der beiden großen Religionsgemeinschaften ist in der Stadt oft angenehm spürbar. So findet man an allen Wochentagen geöffnete Geschäfte, denn Moslems schließen freitags und Christen sonntags. Die hohen religiösen Feiertage sind jeweils ein Ereignis für die ganze Stadt. Am Karfreitag begeben sich viele Aleppiner Christen in das Zentrum der alten Vorstadt, um im Laufe des Nachmittags oder Abends an einer „7 Kirchen Prozession" teilzunehmen. Es gibt keinen im Sinne mitteleuropäischer Prozessionen geordneten Pilgerzug, welcher die Teilnehmer von einer Station zur

anderen führt. Vielmehr kommen die Teilnehmer, wann immer sie wollen, und jede Familie entscheidet die Reihenfolge der einzelnen Stationen selbständig, wobei sie die Wahl zwischen mehr als sieben Kirchen hat. In Ǧudaida und den anschließenden Straßen finden sich u.a. die Kirchen der griechisch-orthodoxen, der melekitischen, der syrisch-katholischen, der armenisch-gregorianischen und der lateinisch-katholischen Gemeinden. Erst im Hof einer Kirche ordnet sich die Familie in die Reihe der Gläubigen ein und vollzieht gemeinsam die vorgeschriebenen Riten. Draußen zerstreut man sich wieder, kauft Kekse oder Popcorn oder redet mit Freunden. Karfreitag ist für alle, d.h. für die nichtchristlichen Bewohner der Stadt wie für das christliche Selbstbewußtsein, eine anschauliche Demonstration e i n e r christlichen Gemeinde, die sich über all den unterschiedlichen Richtungen zusammenfindet.

Allerdings dient die Karfreitagsprozession auch der Selbstdarstellung der einzelnen Kirchen: An jedem Ausgang warten Männer (die unserem Kirchenvorstand entsprechen) auf die Mitglieder ihrer Gemeinde, von denen sie einen Umschlag mit Geld erhalten. Das Geld wird auf silbernen Tellern ausgestellt, und Höhe und vorherrschende Farbe des Geldscheinhaufens machten jedem Kirchgänger sinnlich begreifbar, welche Unterschiede es sozial und ökonomisch zwischen den christlichen Gemeinden gibt. Karfreitag liefert zugleich eine Demonstration der Einheit wie der Trennungen.

Ebenfalls im Zusammenhang mit einer Prozession

Abb. 7: Gasse in der südlichen Altstadt.

Abb. 8: Geschmücktes Zimmer für die Rückkehr der Pilger aus Mekka.

Abb. 9: Syrische Geldnote: Tänzerin, Azam-Palast und Minarett der Ommayaden Moschee in Damaskus.

steht das sogenannte „Große Fest" der islamischen Gemeinde. Es ist das Ende der Pilgerfahrt nach Mekka, welche die Einheit aller Moslems bekräftigt. Das Fest der Rückkehr ist stark an Haus und Nachbarschaft des Pilgers gebunden, doch in der ganzen Stadt herrscht Festtagsstimmung. Die Daheimgebliebenen haben Haus und Gasse mit Fahnen und Girlanden geschmückt, und an den Hauswänden begrüßen Inschriften in der heiligen Farbe Grün den, der zurückkommt, und heißen alle, die vorbeikommen „im Haus des Pilgers willkommen". Gäste zu empfangen ist auch außerhalb so exponierter Festtage ein hohes Anliegen jeder Familie, und die traditionellen wie modernen Häuser sind in ihren Einrichtungen darauf eingestellt.

Bürgerhäuser und private Feste

Der ausländische Beobachter orientalischer Lebensgewohnheiten und die einheimische Erziehung betonen beide eine räumliche Trennung der Geschlechter oder, anders ausgedrückt, ein Bewußtsein der eigenen Geschlechtlichkeit: die Märkte draußen, die freien Plätze und Straßen sind die von allen kontrollierbaren und zu beobachtenden Räume der Männer, Frauen sind die Herrinnen ihrer Häuser. Die „im

Hof eines reichen Bürgerhauses tanzenden Frauen versinnbildlichen das Motiv der reichen Frauen in schönen Häusern", interpretiert der Maler die kleine Szene. Vor nicht allzu langer Zeit konnten Frauen bei ihrer Eheschließung vertraglich auf dem Recht bestehen, einmal im Monat ein Fest für sich und ihre Gäste auszurüsten. Zu dieser Zeit war den Männern das Betreten des Hauses untersagt, und die Feste, die auch heute noch veranstaltet werden, dauern bis in den frühen Morgen. Da diese Feste viel Geld kosten, so daß sie meist nur reiche Frauen veranstalteten, seien die Tanzenden, so betont der Maler, „ein Zeichen von Großzügigkeit, Großmut und eleganter Lebensart".
Anders als die syrische 10-Pfund-Note unterstreicht Taher Bunni, der statt einer einzigen, wie auf der Bühne tanzenden Frau eine Gruppe von Tänzerinnen abbildet, die in vielen Bereichen des Alltags wichtigen Frauengemeinschaften.

Das Haus

Der Grundriß eines reichen Bürgerhauses aus Ǧudaida, einem im 16. und 17. Jahrhundert ausgebauten Viertel in der nördlichen Vorstadt, zeigt die wesentlichen Elemente eines Stadthauses: Um einen geräumigen Hof werden eine Reihe von Zimmern angeordnet (vgl. den Typ der „Madrase"), die im Ablauf des Jahres unterschiedlich genutzt werden. Fast alle traditionellen Häuser weisen im Süden des Hofes einen nach drei Seiten geschlossenen und nach Norden offenen Raum auf: den sogenannten Iwan. Die im Schatten liegenden Räume werden im Sommer, die in der Sonne liegenden Räume im Winter bewohnt, die von der Abendsonne beschienenen Räume das ganze Jahr über. Diese Einteilung entspricht den Klimaunterschieden von heißen trockenen Sommern und empfindlich kühlen, manchmal regenreichen Wintern. Der Eingang des traditionellen Hauses sollte so angelegt sein, daß es dem Besucher nicht unmittelbar möglich ist, in den Hof zu sehen; das Betreten wird „verzögert", wie die Übersetzung der arabischen Bezeichnung dieses Elementes, der „Ataba" besagt. Vom Hof aus gelangt man in alle Zimmer und meist auch auf das Dach.

Bevorzugter Aufenthaltsort sind im Sommer der kühle Iwan und der Hof mit einem Wasserbecken und einem Bassin, in dem Blumen und schattenspendende Obstbäume, Jasmin oder Wein gepflanzt werden. In besonders luxuriösen Häusern gehörte noch eine Tribüne für die die großen Feste begleitenden Musikvorführungen dazu. Waren Männer des Hauses mit ihren Gästen im Hof oder Iwan, konnten die Frauen von ihren Räumen, d. h. der Küche oder dem der Familie vorbehaltenen Teil, über Teppenhäuser auf das Dach steigen, von wo aus sie den Ereignissen im Hof zuschauen oder weitere Teile des Hauses erreichen konnten.

Dem Iwan gegenüber lag häufig ein mit Türen und Holzläden verschließbarer Raum, die mit Holz getäfelte Qa'a. In diesem nach innen gewendeten repräsentativen Winterraum wiederholt sich die Struktur der Hausanlage im Kleinen. Die „Ataba, die

tiefer als die drei angegliederten Raumteile auf demselben Niveau wie der Hof liegt, stellt, wie der eigentliche Hauseingang, eine „Verzögerung" für den Besucher dar; er betrit nicht direkt das Zimmer, sondern eine Art Verlängerung des Hofes. Hier entledigt er sich seiner Schuhe und besteigt den eigentlichen, höher gelegenen Wohnteil. – Nicht allein in der Gestaltung des Eingangs zeigt sich eine Wiederholung des Hauskonzeptes. In einigen Häusern stand mitten in der ʿAtaba eine kleine Fontaine, die zusammen mit den auf die Holzpanele gemalten Blumen und Früchten die Erinnerung an den Hof und den Sommer belebt. In neueren Wohnhäusern, die keinen Hof mehr haben, müssen teilweise andere Räume die alten Funktionen übernehmen: Der Flur wird ʿAtaba, der Salon wird wie Iwan und Hof zusammen genutzt und gestaltet.

Zwei wesentliche Kennzeichen – die Raumketten um einen Hof mit Brunnen und die Vorliebe für Blumen (im Sommer als Erholung von Sonne und Staub, im Winter als sehnsüchtige Erinnerung an Frühling und Sommer) – finden wir in der für die Aleppiner Textilproduktion typischen Kopftüchern wieder, denen trotz Material-, Form- und Qualitätsvariationen ein bestimmtes Grundmuster gemein ist: Bandartige Randmuster bilden ein Viereck, in dessen Mitte eine runde, vieleckige oder auch viereckige Figur steht. In den vier Ecken der Umrandung befinden sich Einzelmuster von Blüten oder Blättern, gelegentlich werden die Freiflächen ganz mit kleinen Streublumen ausgefüllt. Bei der arabischen Bezeichnung der einzelnen Elemente dieses Musters fällt auf, daß die Begriffe aus der Hausarchitektur mit denen des Dekors identisch sind. Der „Rand", die „Mauer" oder „Grenze" stellen den Rahmen für das „Becken", den „Brunnen". Da auf den Tüchern fast immer Blüten und selten konzentrische Ringe oder andere, Wasser darstellende Motive in das zentrale Motiv, die „burka" (d. h. Becken), gezeichnet werden, ist eher das Blumenbecken des Hofes bzw. die Kombination beider Becken gemeint. Die Tücher sind abstrahierende Wiedergaben von Haus, Hof und Zimmer – worauf eine der Frauen, die diese Tücher besticken, hinweist: „Stehen nicht in jedem Salon Blumen in den Ecken, genau wie auf dem Tuch?" Tatsächlich ist die Her-

Abb. 9a: Ein Haus, Ǧudaida. (Nach Kamel Sinjab).

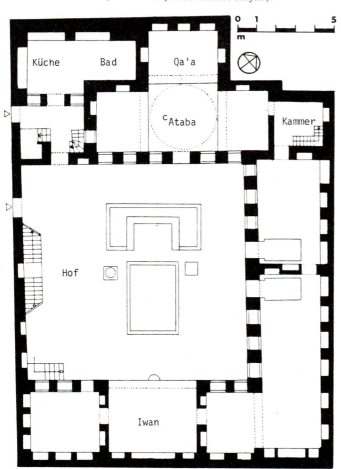

Abb. 9b: Hof eines Hauses in Ǧudaida, Blick aus dem Iwan (s. Abb. 9c).

Abb. 9 c: Iwan eines Hauses in Ǧudaida.

Abb. 9 d: Herstellung von seidenen Kopftüchern.

Abb. 9 e: Qnaq Kawakibi – Teil eines Hauses in der südlichen Altstadt. (Nach Thierry Grandin).

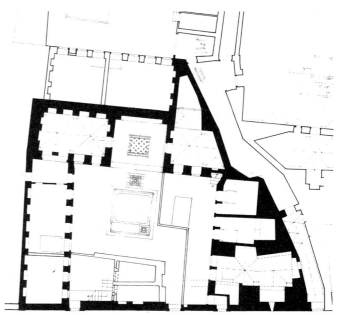

stellung von Stoffblumen eine andere heimgewerbliche Tätigkeit der Frauen – und wie im Fall der Tücher werden Pflanzen, die die Höfe der Häuser von Aleppo zieren, als Motiv bevorzugt.

Über das tägliche Leben in den traditionellen Häusern zur Zeit ihrer Gründung wissen wir wenig. Nach dem Exodus der wohlhabenden Bürger in die westlichen modernen Viertel, ein Exodus, der bereits vor der Jahrhundertwende einsetzte und inzwischen bis auf wenige Ausnahmen abgeschlossen ist, wurden einige Häuser als Waisenhäuser, Kindergärten oder Schulen kommunalen Zwecken zugeführt, andere wurden in Warenlager umgewandelt und z. T. mit kleineren Werkstätten kombiniert. Die meisten Häuser wurden vermietet oder verkauft und unter mehrere Familien so aufgeteilt, daß die ursprünglich den klimatischen und sozialen Verhältnissen angepaßten Häuser ihren Reiz und ihren inneren Zusammenhang verloren haben. Die neuen Bewohner ziehen Mauern, konstruieren verschachtelte Eingänge für jede Partei, trennen obere von unteren Wohnungen durch Sichtblenden ab, und jede Familie versucht, sich in dem ihr zustehenden Teil, der früher einer ganz bestimmten Funktion entsprochen hat, einzurichten. In einer Hausanlage aus dem 18.

Jahrhundert z. B. leben heute insgesamt 14 Familien. Der Komplex bestand aus zwei Familientrakten, die über eine schmale, überwölbte Sackgasse zu erreichen waren, aus einem rückwärtigen Wirtschaftstrakt und aus einem sogenannten Qnaq, einem dem üblichen Hauskonzept entsprechenden Trakt für die repräsentativen Aufgaben des männlichen Familienvorstandes. Über einen Qnaq verfügten nur Familien, die innerhalb des Quartiers oder einer anderen Gemeinschaft eine zentrale Rolle spielten, so daß sie verpflichtet waren, viele Menschen zu bewirten oder sogar zu beherbergen. Der Iwan, die Qa'a oder ein ihr entsprechender Raum dienten repräsentativen Zwecken. Angrenzende Räume wurden als Ställe oder Nachtlager dem Besuch zur Verfügung gestellt. Meist gab es keine Küche und keine Vorratskammern, da der Qnaq von den anderen Trakten des Hauses mitversorgt wurde. Der ehemalige Empfangstrakt des Hauses Kawakibi wird heute von drei nicht miteinander verwandten Familien bewohnt, so daß jede Familie ein Stück vom Hof und einen eigenen Eingang erhielt. Küche und Bad wurden in jedem Teil ein- oder angebaut, und die verbleibenden Räume werden den jeweiligen Erfordernissen entsprechend genutzt: als Wohnzimmer, Arbeitsplatz, Schlafstätte und Empfangsraum.

Landwirtschaft und städtische Produktion

„Die Kleiderstoffe und reifen Baumwollkapseln sind wie das reife Getreide ein Zeichen für Wachstum und Fruchtbarkeit des Umlandes." Damit verweist der Maler auf die nahegelegenen Gemüsegärten und ausgedehnten Haine, in denen Oliven, Pistazien und Pinien kultiviert werden. Hinter diesen Hainen erstreckt sich bis zum Euphrat-Tal im Osten die Steppe mit wenigen Getreidefeldern. Entlang des Euphrat gab es weite Bewässerungsanlagen für Baumwollkulturen, die in den letzten Jahren durch einen modernen Staudamm überflutet wurden und auf neu erschlossenem Gelände wieder angelegt werden.

Die Einwohner dieser Millionenstadt bleiben mit den Ereignissen auf dem Land verbunden, sei es als Konsumenten der landwirtschaftlichen Produkte oder weil sie außerhalb der Stadt Verwandte oder eigenen Bodensitz haben. Alle reden vom Wetter, nicht um Konversationslücken zu überbrücken, sondern weil alle ein Interesse an rechtzeitigem und genügendem Regen haben, da sie dann mit guten, billigen Lebensmitteln und kauffreudigen Bauern und Viehzüchtern rechnen können. Jeden Tag kommen Bauern aus der Umgebung und bringen ihre Früchte zu einem Gemüsemarkt am sog. „Gartentor", westlich der alten Stadtmauer. Dieses Gelände hat mit immer derselben Funktion eine über tausendjährige Tradition. Das ehemals sumpfige Gebiet entlang des Flüßchens Kuweik war immer gutes Gartenland, so daß der erste Obst-Gemüse- und Lebensmittelmarkt an dieser Stelle zwischen „Gartentor" und Gärten eingerichtet wurde, nachdem die für diese Zwecke genutzte Agora im 8. Jahrhundert mit einer Moschee verbaut war. Damals entstand mit Ladenreihen, die, dem Konzept der Agora entsprechend, um einen Hof angeordnet sind, eine einfache, lang tradierte Bauform: der Ḥan, ein Gebäude mit Läden, Lagern und Zimmern.

Abb. 10: Syrische Geldnote, Baumwollernte und Spinnerei.

Abb. 11: Gemüsemarkt am „Gartentor" (Bab al-Ġnain).

Suq-Ḥan Qaisariya

Wirft man einen Blick auf die Karte der Altstadt (s. Abb. 16), findet man die für die Konstitution einer islamisch-orientalischen Stadt erforderlichen Einrichtungen konzentriert an einer Stelle: In der „Madina" liegen Moscheen, Bäder, Lager und Läden dicht beieinander. „Madina" bedeutet in der wörtlichen Übersetzung nichts anderes als „Stadt", meint aber im alltäglichen Sprachgebrauch allein dieses Zentrum geballter Einrichtungen des religiösen und ökonomischen Bedarfs. Die Madina ist die Zusammenfassung aller Einrichtungen einer Stadt/Madina.

Der Markt einer Steppenstadt baute auf einer Mischung aus zentraler Lagerhaltung, Ankauf, Vertrieb und eigener Produktion auf, was zur Ausformung angemessener Bauformen führte. In der ganzen Stadt verteilt finden wir die Ladenstraßen der S u q s , die Kollektivbehausungen und Werkstattzentren der Q a i s a r i y e n und die Lager-Herbergen der H a n e . Viele Hane waren auf das Ansammeln bestimmter Rohstoffe und ihre Weiterverarbeitung spezialisiert, es gab Hane für Getreide, für Wolle, Felle, Leder etc. Andere Ḥane waren gleichermaßen als Lager und als Herberge ausgerüstet.

Die Madina selbst war Bezirk des Austausches, nicht des Wohnens. Allein Fremde, die keinen Platz in den Quartieren fanden, durften und mußten in der Innenstadt auf dem neutralen Gelände der Madina wohnen. Jeder durchreisende Händler übernachtete, so er keine Verwandten in der Stadt hatte, mitsamt seinen Tieren und Waren in den Hanen, die im frühen Mittelalter draußen vor der Stadt im sog. „Türkenviertel" lagen, dem damaligen Viertel der Fremden. Später wurde diese Funktion in die Innenstadt verlegt, wo dann auch die verschiedenen europäischen Handelsgesellschaften, Konsulate und Kaufleute Aufnahme fanden. Über viele Jahrzehnte beherbergte der „Han des Zolls" (han al-ǧum-ruk) im 16. und 17. Jahrhundert Franzosen, Engländer und Holländer. Dieser Ḥan, wie fast alle Gebäude der Madina, eine „fromme Stiftung", war mit seinen 52 Lagerräumen, 77 Zimmern, 2 Ladenreihen mit 344 Geschäften, 2 Brunnen und 1 Moschee im Hof einer der größten der Stadt. In seinen Funktionen wiederholt er wie die Madina das Konzept einer islamisch-orientalischen Stadt.

Später bezogen die ausländischen Gemeinschaften eigene Ḥane, die mit abgetrennten Aufgängen und Gärten privatere Teile erhielten. Heute lebt nur noch ein Mann aus dieser ehemaligen „Fremdenkolonie" in der Madina, alle anderen sind seit der Jahrhundertwende in die westlichen Vorstädte gezogen.

Abb. 11a: Ḥan al-Hibal, Ḥan der Franzosen. (Nach J. Sauvaget).

Abb. 11b: Ḥan al-Wazir. Postkarte. „Innenfassade des Ḥan al-Wazir. Das linke Fenster ist mit einem Kreuz dekoriert, es dürfte von einem christlichen Handwerker hergestellt worden sein, das rechte von einem muslimischen."

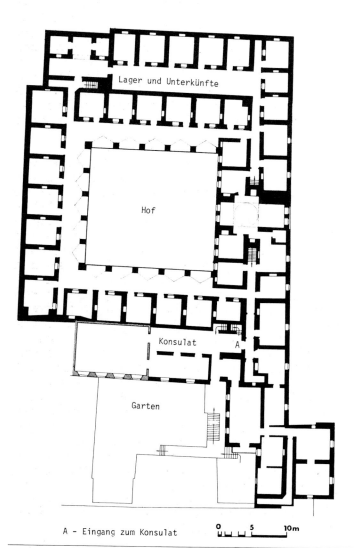

A - Eingang zum Konsulat   0   5   10m

الإسلام

Abb. 12: Kufi-Schrift von Kamel Fares. „Und sie sagten nichts als Frieden, Frieden." Koran.

Baumwolle ist neben Wolle, Seide und Synthetik eines der in der Aleppiner Textilproduktion wichtigen Garne. Während unserer Gänge durch die Altstadt besuchten wir kleinere Werkstätten und konzentrierten uns auf eine Aleppiner Spezialität: die Herstellung von Tüchern unterschiedlicher Größe, Farbe, Material und Muster. Sie tragen Namen, die von der Form des Dekors und ihrer Funktion abgeleitet sind – und nicht von den verwendeten Materialien oder Farben. Nahezu jede Werkstatt produziert ihren eigenen Typ – für den inländischen Markt und für den Export. Doch die Vielfalt der Produktion ist nicht gleichbedeutend mit einer großen Auswahl für den Kunden. Letztlich ist jedes Tuch einem ganz bestimmten Kreis von Käufern vorbehalten, so daß der Formenreichtum die Differenziertheit gesellschaftlicher Segregation widerspiegelt.

Wissenschaft und Kunst

„Saiteninstrument, Palette, Buch und Griffel verkörpern die literarische und künstlerische Tradition", und der Maler benennt seinen eigenen Platz im Gefüge der Stadt.
Da der Islam eine Buch-Religion ist, gehört Lesen und Schreiben zu den erstrebten Fähigkeiten eines jeden Mitgliedes der Gemeinde, und Schulen wurden bald in den Kanon städtischer Institutionen aufgenommen. Neben einem auf den alltäglichen Gebrauch ausgerichteten Unterricht wurden in den Schulen ausdrucksvolle Zierschriften entwickelt. Nahezu jede größere Stadt bildete einen charakteristischen, sich von anderen Städten zu unterscheidenden Schrifttyp heraus. Das sog. Aleppiner Kufi sehen wir zum ersten Male an dem Minarett der Großen Moschee, wo es auch Vorbild für Kamel Fares war, der in den Abendstunden und an freien Tagen arabische Kalligraphie studierte. Nach dreißig Jahren ist er ein Meister geworden, der einen eigenen Kreis von Schülern um sich versammelt. An ihrem Kufi schätzen Aleppiner besonders die Kombination der beiden Buchstaben l und a Y, die den einen an eine Blumenzwiebel mit aufgehenden Blättern erinnert, und damit an Wachstum, Fruchtbarkeit und alles, was durch den Menschen in der Natur kultiviert wurde, den anderen an einen auf Knien liegenden Gläubigen mit zum Gebet erhobenen Armen.

Die islamische Kunstproduktion der frühen Jahrhunderte stand wesentlich im Dienst der höfischen Gesellschaft. Gleichzeitig gab es eine christliche Tradition, die an Kirchen und ihre bürgerlichen Gemeindemitglieder gebunden war – wovon noch heute die großen Tafelbilder und Ikonen zeugen, die in den Kirchen in ihrer alten Funktion belassen wurden. Doch in vielen Bereichen des Alltags kann man in Aleppo nicht zwischen christlicher und islamischer Kultur unterscheiden: Aleppiner haben gemeinsam die Regeln ihrer Gesellschaft entwickelt mit dem Zugeständnis religiöser Freiheit, so daß sich Unterschiede in der materiellen Kultur im Grunde nur im Zusammenhang mit religiösen Belangen erkennen lassen. Zeitgleiche Häuser in der Altstadt z. B. haben auch in der Ausgestaltung ihrer Innenräume viel Gemeinsames. So wurden in fast allen Häusern des 17. und 18. Jahrhunderts der Sommerraum, der Iwan, mit Marmorplatten in strengen geometrisierenden Mustern aus hellen und dunklen Steinen gefliest. Die Holztäfelung des Wintersalons, der Qa'a, war mit geschwungenen Ornamenten, gegenständlichen Darstellungen von Blumen, Früchten und figürlichen Szenen bemalt. Allein in der Themenwahl dieser Figuren können wir einen Unterschied zwischen christlichen und muslimischen Häusern entdecken. Aus einem Haus in

Die Madrasa

In den frühen islamischen Gemeinden war die Moschee das einzige Zentrum religiöser und profaner Studien. Der Meister saß am Boden und erteilte seinen Unterricht einem Kreis von Schülern. Der Ort, an dem man zusammen kam, wurde „Madrase", d. h. Ort des Unterrichts, oder „Zawiya", d. h. Ecke, in der man sich trifft, genannt. Beides sind später islamische Einrichtungen geworden, und wie für andere Institutionen wurden die Begriffe vor der Herausbildung eines dazugehörenden Bautyps entwickelt.

Abb. 12 a: Schule nach dem Vorbild eines Wohnhauses aus dem 12. Jahrhundert. Madrasa Raihaniya, Rekonstruktion von J. Sauvaget.

Abb. 12 b: Haus Gazāla in Ǧudaida 1983, als Schule genutzt.

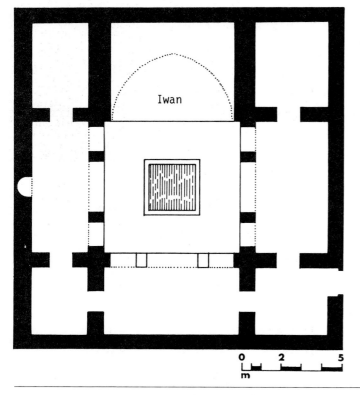

Im 9. Jahrhundert verlagerte sich der Unterricht aus den Moscheen in eigene Schulgebäude, als die Lehrer ihre Schüler in ihre Wohnhäuser baten, so daß eigentliche Privatschulen im Sinne eines eigenverantwortlichen Unternehmens entstanden. Der Typ jener Wohnhäuser liegt den späteren Schulbauten zugrunde.

Diese Privatschulen hatten z. T. einen außergewöhnlichen Ruf, und Studenten und Kollegen reisten von weither, um an den Vorlesungen teilhaben zu können. In der „Privatheit" dieser Schulen wurden neue, dem alten Brauch und der bestehenden Ordnung nicht unbedingt angepaßte Ideen entwickelt, weswegen sie dann auch bald verstaatlicht wurden. Im 11. Jahrhundert wurden die Schulen öffentliche Einrichtungen, die Lehrer wurden Beamte und damit zugleich Vertreter einer offiziellen Staatspropaganda. Gerade zur Zeit der Kreuzzüge wurden relativ viele neue Madrasen gegründet, von denen aus die Ideologie des Glaubenskrieges verbreitet werden sollte. Zuerst stiftete Nur ad-Din, Herrscher Aleppos zur Zeit der Kreuzzüge, und nach ihm mehrerer einflußreiche Männer und Frauen in der Stadt derartige Schulen.* Im Laufe der Jahrhunderte änderten sich Gebäude und Funktion nur wenig.

Heute ist die allgemeine Ausbildung in Aleppo säkularisiert, wenngleich alle Grund- und Oberschulen noch immer „Madrase" genannt werden. Jedes Stadtteil verfügt über ausreichende Schulen, wobei in der Altstadt gerade die verlassenen Bürgerhäuser zu Schulen umgestaltet wurden. Das Raumkonzept des Wohnhauses mit seinen um einen Hof angeordneten Zimmern hatte sich ja bereits bei der ersten Gründung von Schulen als geeignet erwiesen.

* Zur Geschichte der Madrasa s. Nikita Elisséeff, Nur ad-Din. Un Grand Prince Musulman de Syrie au Temps des Croisades, Bd. III, Damaskus 1967. S. 751-761.

Abb. 13: Profane und religiöse Malereien im sog. Aleppo-Zimmer. Islamisches Museum zu Berlin.

Das westliche, linke Panel zeigt von oben nach unten einen Fürsten, der die Köpfe seiner Feinde auf einem Tablett empfängt; Krieger, die um ein Wasserbecken lagern; eine Leopardenjagd im Gebirge; einen Fürsten mit Jagdfalken; Diener, die die Jagdbeute am Spieß rösten, und einen Diener mit reich geschirrtem Pferd.

Das östliche, rechte Panel zeigt von oben nach unten zwei Engel über einer Häuserkuppel; Maria mit dem Kind im Iwan; das Abendmahl mit zwei Gästen (der Hausherr und sein Sohn?); einen Engel mit einem Widder; Abraham und Isaak; drei Männer beim Wein und einen Fürsten mit Musikanten und einer Tänzerin (Salomé).

Ğudaida kennen wir die Wandmalereien eines gewissen Halab Schah.[1] Sein Name deutet entweder darauf hin, daß seine Familie wie andere Aleppiner Familien auch ursprünglich aus dem Iran stammt oder er auf die iranischen Vorbilder seiner Malereien anspielt. Seine Bildkompositionen sind Zeugnis eines Aleppiner „Internationalismus".

Macht

Der Adler, der sich über den ökonomischen und intellektuellen Grundlagen und den religiösen und ethnischen Unterschieden erhebt, ist „zwar ein Vogel, aber für alle Araber ein Zeichen der Macht", wie Taher Bunni hervorhebt.
Auch in Syrien hat der Adler in die nationalen Staatsembleme Eingang gefunden.

Die Zitadelle: Ansicht und Wahrzeichen

Im Schoß der Personifikation Aleppos, der schönen Frau, liegt der Aufgang der Zitadelle wie „ein Zeichen der Stärke". Taher Bunni macht uns darauf aufmerksam, daß die Zitadelle „ein typisches Wahrzeichen der Stadt" sei. In alten Reiseberichten wird sie fast immer vom selben Standort aus gezeigt: Im Süden und Südwesten der Altstadt liegen Anhöhen, von denen man bis zur Zitadelle schauen kann. Zwischen diesen Aussichtspunkten und der Stadt befanden sich Gärten, die im Sommer auch für ausländische

Abb. 14: Alte Stadtansicht von Aleppo. Auf einer Schrankwand im Azam-Palast in Hama, Syrien.

Gäste ein beliebter, kühler Aufenthaltsort waren. Von dort aus sieht man Stadtmauer, Minarette, Kuppeln und die Zitadelle, wie sie bis vor kurzem alles, auch die hohen Minarette, überragte. Erst in jüngerer Zeit versuchen Politiker, Gouverneure, Architekten und Spekulanten, mit ihren modernen Bauprojekten die Zitadelle buchstäblich in den Schatten zu stellen, und man muß jetzt, um eine ähnliche Ansicht zu genießen, immer weiter in die am Hang gelegenen Quartiere gehen, bis hin in das westlichste Viertel nach Schahba, was als Folge feinsinniger Namengebung wie ein Spiegelwitz wirkt. Schahba ist der Name eines der jüngsten und reichsten Quartiere und heißt die „Eisengraue", wie die Zitadelle im Mittelalter. Eine noch immer populäre Legende erzählt vom Propheten Ibrahim/Abraham, der seine Tiere auf dem Hügel der Zitadelle weidete. Eine seiner Kühe, die „Eisengraue", gab Milch ohn' Unterlaß. Ibrahim ließ alle in der Nähe Lebenden an diesem Reichtum teilhaben, weswegen immer mehr Menschen dorthin zogen. Eine Volksetymologie erklärt, daß „ḥalab", der arabische Name der Stadt, eine Kurzform von „ḥalīb Ibrahīm", d. h. „Abrahams Milch" sei. Aleppiner lieben es, diese Geschichte zu erzählen, und schließen mit der Frage, ob es nicht richtig sei, daß es in der Stadt im Gegensatz zum Land alles im Überfluß gebe und täglich viele Menschen von überall her kämen, um von der Fülle der Märkte zu profitieren?

Im Laufe der Jahrhunderte wurde die Zitadelle wie ein Wahrzeichen der Stadt behandelt, so daß das Tragen dieses Zeichens eine eindeutige Zugehörigkeitserklärung ist. Einmal aufmerksam geworden, entdeckt man dieses Motiv überall wieder: auf silbernen Schlüsselanhängern, auf der 50-Pfund-Note, auf Plastiktüten, T-Shirts, Gemälden und gestickten Taschen und, wie eine Freundin versicherte, auch in der Form einer rotgelben Torte aus Fleisch und Wei-

zengrütze, dem sogenannten Kübbe, die Mütter an Festtagen zu bestimmten Gegenständen formen, und sei es als Zitadelle.

Aleppo: Braut und Mutter

Die Stadt, im Deutschen wie im Arabischen feminin, ist „Braut, Mutter und Personifikation des Volkes". Als „Braut" gilt eine Frau, von der man viel erwartet, als „Mutter" die Person, die viel hervorgebracht hat. Auch die arabischen Reisenden des Mittelalters preisen die Stadt und vergleichen sie mit einer Frau: „Wie viele ihrer Könige und Herren hat dieses Aleppo schon in die Vergangenheit geschickt!", schreibt Ibn Battuta (1325–1354)[2], „so betonte sie das Wirken des Raumes über das Moment der Zeit", womit Ibn Battuta auf die Vergänglichkeit der einzelnen Herrscher und das Andauern der städtischen Bevölkerung anspielt. „Weiblich ist ihr Name, und sie schmückt sich wie junge Frauen", d.h., sie wirkt durch ihre Jugend und Frische, die keiner weiteren Kostbarkeiten bedürfen. Und Ibn Battuta schließt den Vergleich mit der Drohung, daß „sie jeden mit Treulosigkeit und Verrat bestraft, der sie betrügt",

was meint, daß sie nur dem nützt, der ihr nützt. Taher Bunni schließt die Erklärungen zu seinem Bild: „In Kleidung und Gesicht der Frau soll sich die Gesamtheit der Stadt ausdrücken", die in ihrer Geschichte aus vielen Gruppen entstanden ist. Er sieht in der Figur Spuren von „Griechen, Römern, Türken, Tscherkessen, Irakern, Armeniern, Arabern ..." Aus ihnen allen wurden durch Handel und Heirat Aleppiner.

Stadtgeschichte

Die lange Geschichte Aleppos wird für ihre Einwohner nicht allein in Schulbüchern tradiert, sondern tritt für sie an vielen Stellen ganz offen zutage. Schwarze, mit figürlichen Szenen verzierte Steine aus hethitischer Zeit, die in Hausmauern verbaut wurden, geben alltäglich Zeugnis von dem hohen Alter des Ortes, der bereits im 2. Jahrtausend in hethitischen, akkadischen und ägyptischen Quellen „halab", „halap" oder „harab" genannt und als Sitz eines Königs beschrieben wird.

Von der hellenistischen Gründung und ihrem byzantinischen Ausbau (Karte I) sind der Platz der Agora, auf dem die zentrale Freitagsmoschee steht, und die Ost-West verlaufenden Kolonaden in den heute überwölbten Suqgassen erhalten geblieben. In einem Ġallum, einem Viertel, dessen Name selbst auf byzantinische Zeit zurückgeht, wurde die hellenistische Einteilung in längliche Insulae kaum verändert.

Zur Zeit der islamischen Dynastien des 8.–15. Jahrhunderts (Karte II) war Aleppo als Residenz mit gelegentlichen Unterbrechungen für weite Teile Nordsyriens, Mesopotamiens und ihren Grenzgebieten ein kulturelles Zentrum. In dieser Zeit wurden die Stadtmauern weiter nach Osten verlegt und neue Stadtteile eingerichtet. Herrscher und reiche Bürger stifteten dem islamischen Recht entsprechend eine Reihe von zumeist kommunal genutzten Gebäuden wie Moscheen, Schulen, Krankenhäuser, Brunnen, Ladenstraßen und Hanen, von denen die Moscheen und viele der Bauten mit ökonomischer Funktion bis heute genutzt werden.

Diese Tradition setzte sich in der Epoche fort, als Aleppo Provinz des Osmanischen Reiches war (Karte III). In dieser Zeit wurden der Ausbau der Innenstadt, der Madina, abgeschlossen und vollständige Außenquartiere mit Wohngebieten und zentralen Anlagen gestaltet, die fast allen Bedürfnissen einer städtischen Bevölkerung entgegenkamen: Gestiftet wurden Anlagen mit Moscheen, öffentlichen Bädern, Caféhäusern, Werkstätten, Lagern und Läden.

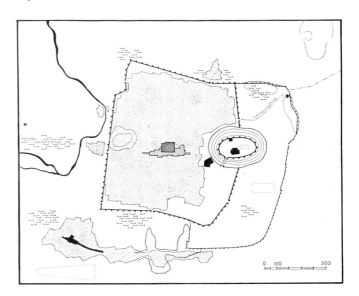

Abb. 15 b: Karte II.

Abb. 15 c: Karte III.

▨ Grosse Moschee		▨ bewohntes Gebiet
▨ Madina		⊥⊥+ Gräber
■ öffentliche Gebäude		

Abb. 15 a: Karte I.

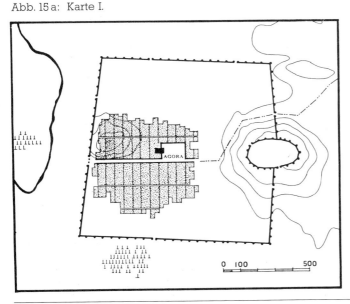

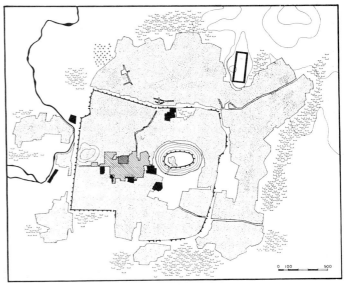

„Fromme Stiftung" und Stadtentwicklung

Gennaro Ghirardelli

Die arabischen Städte des Nahen Ostens verfügten bis in die Moderne über keine zentrale administrative Institution, welche die gesamthafte oder teilweise Planung der Stadt, wie etwa geschlossene Erweiterungen oder Neuerstellungen von Stadtvierteln, organisieren und durchführen konnte.[3] In diesem Zusammenhang kommt jedoch einer Einrichtung, welche das islamische Recht zur Verfügung stellt, eine besondere Bedeutung zu: Es handelt sich um die „frommen Stiftungen" (awqāf, sing.: waqf), die in erster Linie von Herrschern und hohen Verwaltungsbeamten, aber auch von reichen Händlern und anderen eingerichtet wurden. Diese Stiftungen haben aufgrund der ihnen innewohnenden organisatorischen Dynamik durch die Geschichte des ausgehenden Mittelalters und der Neuzeit einen erheblichen Beitrag, zuerst bei der Erweiterung und Neugestaltung der zentralen Viertel der Madina und, darüber hinaus, bei der Erschließung und Entwicklung von Vierteln, die außerhalb des Zentrums, oft außerhalb der Stadtmauern lagen, geleistet.

Bevor Entstehung und Organisation solcher Stiftungen an Beispielen skizziert werden können, wird es notwendig sein, einige allgemeine erläuternde Hinweise zu Art und Bestimmung sowie zu ihrer Durchführung zu geben. Wir werden uns hier auf das Notwendigste beschränken müssen, so daß die Rechtszusammenhänge verkürzt werden und dem Kenner der Verhältnisse zweifellos der ganze Rechtskomplex in einer etwas verzerrten Perspektive erscheinen muß. Insbesondere kann hier den untereinander abweichenden Lehrmeinungen und den unterschiedlichen Interpretationen der Rechtsgelehrten nicht Raum gegeben werden.

„Waqf" kommt von der arabischen Wortwurzel „wqf" – und bedeutet unter anderem „halten, anhalten", auch „stiften, als fromme Stiftung vermachen", im II. Stamm „eine fromme Stiftung" (waqf) (zum Nutzen von jemandem) errichten.[4]

Eine allgemeine Definition des Begriffes „waqf" als „fromme Stiftung" gibt Heffening: „Unter „wakf" versteht man eine Sache, die bei Erhaltung ihrer Substanz einen Nutzen abwirft und bei welcher der Eigentümer seine Verfügungsgewalt aufgegeben hat mit der Bestimmung, daß ihr Nutzen für erlaubte gute Zwecke verwandt wird."[5]

Stifter (wāqif) kann sein, wer das volle Verfügungsrecht über sein Vermögen besitzt und alleiniger Eigentümer der gestifteten Sache ist, wer über die notwendige körperliche Reife verfügt (Samenerguß bei Knaben, Menstruation bei Mädchen, keinesfalls aber vor dem 12. Lebensjahr bei Knaben und dem 9. bei Mädchen, spätestens aber nach dem 15. bei beiden, auch bei Ausbleiben der genannten körperlichen Zeichen[6]) und wer im Besitz seiner vollen Verstandeskräfte die geistige Reife erlangt hat. Sollten die beiden letztgenannten Bedingungen nicht erfüllt sein, muß das Rechtsgeschäft mit Einwilligung der Vormundschaft abgeschlossen werden. Eine weitere Bedingung schrieb vor, daß der Stifter dem freien Stand angehören muß. Nichtmuslime sind als Stifter nicht ausgeschlossen, sofern das Stiftungsgut nicht an dem Islam zuwiderlaufende Zwecke (Stiftung von christlichen Kirchen oder von Synagogen) gebunden ist und die obengenannten Bedingungen erfüllt sind.

Die gestiftete Sache (mawqūf) „muß von Dauer sein und einen Nutzen abwerfen". Meistens handelt es sich um Immobilien, um Grundstücke und Bauten mit bestimmten Einrichtungen, die gestiftet werden. Über die Stiftung von Mobilien herrschen in den verschiedenen Rechtsschulen abweichende Auffassungen.

Der Zweck der Stiftung muß ein gottgefälliges Werk sein, was je nach Art der Stiftung unmittelbar erfüllt sein kann, wie bei der religiösen oder gemeinnützigen Stiftung (waqf ḥairī), oder sich erst in einer nicht absehbaren Zukunft erfüllen wird, wie bei der sog. „Familienstiftung" (waqf ahlī) oder waqf durri). Stiftungen von Immobilien zu unmittelbar religiösen und gemeinnützigen Zwecken können Moscheen, Schulen, Krankenhäuser, Wassereinrichtungen etc. sein, sowie Einrichtungen, aus deren Rente diese Werke unterhalten werden. Die Überschüsse aus diesen Erträgen können zu Lebzeiten des Stifters an diesen selber gehen, nach seinem Tode an Nachkommen oder an von ihm Bedachte, nach deren Tode wiederum sollen die Erträge den Armen zufallen.

Die Frage der Eigentumsrechte am gestifteten Gut ist je nach Rechtsauslegung umstritten, jedoch kann der Einfachheit halber davon ausgegangen werden, daß der Stifter durch den Stiftungsakt das Eigentum an der Sache abgibt, oder er ist durch die Stiftung an der Ausübung der Eigentumsrechte „verhindert", sie bleibt jedoch in seinem Besitz. Er und die von ihm Bedachten bleiben allerdings Eigentümer an den von ihm festgelegten Erträgen aus der Sache.

Dieses Problem wurde insbesondere bei den Familienstiftungen (waqf ahlī) akut, die vorerst zugunsten der Nachkommen eingerichtet wurden. Diese Einrichtung verfolgt, bevor sie in nicht absehbarer Zeit ebenfalls einem „gemeinnützigen und gottgefälligen Zweck" zugeführt wird, zunächst durchaus praktisch ökonomische Züge: Den Nachkommen soll eine Rente gesichert werden, oder aber das Erbe, das gemäß des Erbrechtes eine Aufteilung erfahren hätte, sollte durch den Stiftungsakt zusammengehalten werden. Häufig wurde auf diese Weise auch der Teilverkauf durch einen der Erben oder das Herausbrechen jener Teile, die den Töchtern aus dem Gesamteigentum zufielen, verhindert. Außerdem wurde versucht, Immobilienbesitz durch die Einrichtung einer Stiftung vor herrschaftlichem Zugriff zu sichern.

Die Stiftung, d. h. die Abtretung des Eigentums an einer Sache, muß zudem „sofort in Kraft treten und darf an keine aufschiebende Bedingung geknüpft sein, außer an den Tod des Stifters". Der Akt der Stiftung wird mit der Formel versehen, daß das Gestiftete „weder verkauft noch verschenkt, noch vererbt werden darf".[7] Diese Formel bezieht sich selbstverständlich nur auf die durch den Akt abgetretenen Eigentumsrechte, nicht auf die Rechte am Nießbrauch, die im Vertrag geregelt sind. Über das gestiftete Gut wird eine Verwaltung eingesetzt,

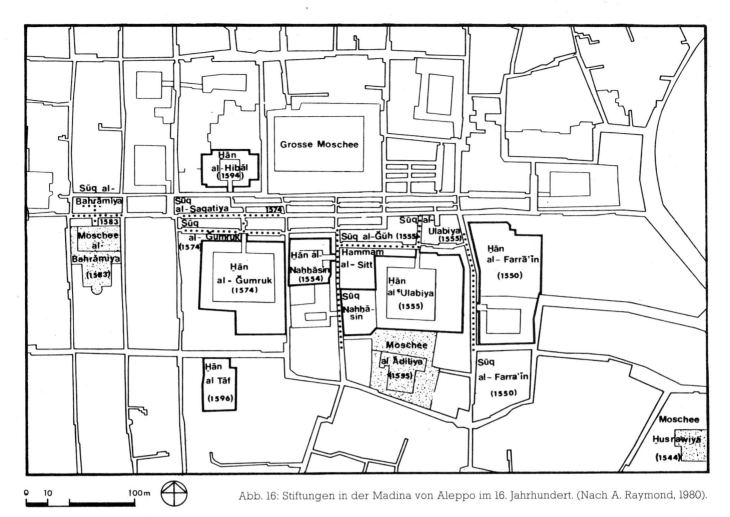

Abb. 16: Stiftungen in der Madina von Aleppo im 16. Jahrhundert. (Nach A. Raymond, 1980).

wobei der Stifter sich selbst oder einen anderen als ersten Verwalter bezeichnen kann. Alle Verwalter in der Verwaltungshierarchie einer Stiftung werden von der jeweils vorgesetzten Stelle kontrolliert und können abgesetzt werden. Der erste Verwalter (mutawalli oder nāzir) untersteht der Aufsicht des Qādi, wobei unter „Kādī nicht nur ein Śar'iatrichter, sondern auch der Landesfürst und dessen bevollmächtigte Administratoren zu verstehen seien".[8]

Nach diesen allgemeinen Ausführungen zum Stiftungsrecht und zu den Fragen, „wer kann Stifter sein, was kann gestiftet werden und zu welchem Zweck wird gestiftet", soll das Problem an Beispielen aus der Geschichte der Stadt Aleppo vorgeführt werden, wobei deutlich wird, in welchem Ausmaße diese auf Dauer angelegten Einrichtungen die Innenstadt bis heute prägen konnten.

Im 16. Jahrhundert wurden in der Madina von Aleppo eine Reihe von Stiftungen eingerichtet, die je um eine Moschee die Anlage von zu ihren Gunsten betriebenen Suqs, Hanen und Qaisariyen, d. h. kommerzielle und produktive Zentren, vorsahen. Zehn Jahre nach der Stiftung der Moschee Husrawiya (1544) wurde durch eine andere Stiftung die Moschee al-'Adiliya mit den zu ihrem Unterhalt notwendigen Einrichtungen gegründet. Nach Westen hin wurde die Madina in der Folge durch weitere große Stiftungen erweitert, was schließlich durch diejenige des Gouverneurs von Aleppo, Bahram Paša, 1583 vorläufig zum Abschluß gebracht wurde.

Der kontinuierlichen räumlichen Erweiterung der Madina nach Westen durch Stiftungen (s. Abb. 16) lag allerdings keine bewußte Entwicklungsplanung zugrunde[9], vielmehr wird deutlich, wie durch einzelne Initiativen und Stiftungsaktionen die neue Madina mit ihren typischen Einrichtungen in einem Netz bereits vorhandener baulicher Strukturen um die große Moschee herum entsteht. Die Stiftungen

Abb. 17: Die Minarette der Moscheen al-Bahramiya, al-'Adiliya und al-Husrawiya von Westen nach Osten.

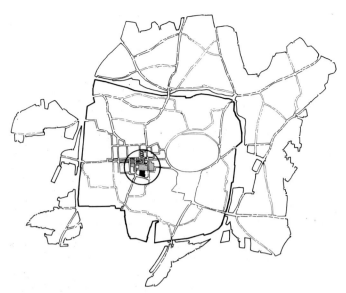

Abb. 18 a: Waqf Muhammad Paša Duqakin Zada, 1550.

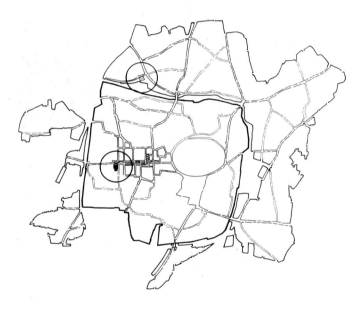

Abb. 18 b: Waqf Bahram Paša, 1583.
(Plan von J.-C. David, 1982).

haben gewissermaßen ökonomische Erschließungsfunktion. Die Fläche der in der Madina gestifteten Einrichtungen nimmt in dieser „Ost-Westchronologie" kontinuierlich ab (Duqakin Zada: Moschee al-'Adiliya und Stiftungen zu ihren Gunsten – 3 ha; Muhammad Paša: Han al-Ğumruk u. a. – 1,2 ha; Bahram Paša: Moschee al-Bahramiya und Stiftungen – 0,5 ha[10]), ein Zeichen dafür, daß der verfügbare Platz in der Madina knapper wurde.

Bahram Paša hatte mit seiner Stiftung bereits über die Madina hinausgegriffen, indem er im Viertel Ğudaida, in der nördlichen Vorstadt außerhalb der Stadtmauer, ein Bad (hammām) mit einer Qaisariya errichten ließ. Die Stiftung dieses Bades in einem Viertel, das sich in voller Entwicklung befand, läßt auch den möglichen Spekulationscharakter von Stiftungen erkennen.

Die Stiftungsurkunde des Waqf Bahram Paša gibt detaillierte Auskunft über Anlage und Einrichtung der Moschee al-Bahramiya.[11] Es werden zudem die Stiftungen zugunsten dieser Moschee aufgezählt, wobei es unter anderem heißt: „Er (Bahram Paša) stiftete einen Suq, der an das Nordtor der Moschee angeschlossen war, mit 17 Läden in zwei Reihen nördlich und südlich; darin ein Brunnen, über dem Suq eine Kuppel; von der nördlichen Reihe gelangt man zu einem anderen viereckigen Suq, der 18 Läden enthält in vier Reihen …. (etc.)." Es folgt die weitere Beschreibung dieser Anlage mit ihren Grenzen und den anschließenden Grundstücken anderer Stiftungen. "… er stiftete eine Koranschule, die sich beim Westtor der Moschee befindet und das gesamte Kaffeehaus im erwähnten Suq, sowie ein Bad, das durch ihn bekannt ist (nach ihm benannt ist) im Viertel Ğudaida … und eine Qaisariya über dem erwähnten Bad …" Aufgezählt werden sodann weitere Stiftungen für die Moschee al-Bahramiya außerhalb von Aleppo – verschiedene Mühlen, ein Bad und ein Stall in der Stadt Edessa, sowie ein Kaffeehaus und Läden in Kairo, die alle Stiftungen des Bahram Paša zugunsten der genannten Moschee in der Madina von Aleppo waren. Auch Ländereien, die verpachtet wurden, gehören in das Stiftungsgut. Weitere Bestimmungen des Stifters betreffen die Aufwendungen für Personal, Einrichtungsgegenstände und Verwaltung. Für jede Tätigkeit in der Moschee und für jeden Gegenstand wird vom Stifter die Summe bestimmt.

Schließlich heißt es: „… was von all dem übrigbleibt, wird für seine Söhne und für zwei seiner Töchter ausgegeben und dann für deren Kinder und Kindeskinder etc. Die Verwaltung obliegt ihm selber, nach ihm dem erwachsensten seiner erwachsenen Söhne (Kriterien der Reife, s. oben) und deren Kinder und Kindeskinder etc.; falls ihre Linie ausgelöscht ist, dem erwachsensten seiner freigelassenen Sklaven, falls deren Linie ausgelöscht ist, den Besten der freigelassenen Sklaven seines Vaters Mustafa Paša, die in Aleppo angestellt sind, dann dem besten der Freigelassenen seines Bruders Radwan Paša …". „… er bestimmte für sich selber sowohl den Überschuß als auch den Verlust. …". „… und wenn er sein Leben in Aleppo beendet, wird er vor dem ersten Fenster auf der Ostseite seiner Moschee bestattet …"

Abb. 19: Moschee al-Bahramiya mit Umgebung.

Wenn bei Bahram Paša der religiöse Charakter
durch die Stiftung einer großen Moschee und ihrer
reichen Ausstattung noch betont war, so veränderten sich die Verhältnisse bei einer anderen Stiftung
des 17. Jahrhunderts entscheidend: Die Stiftung des
Gouverneurs Ipšir Mustafa Paša von 1653-54 in
Ğudaida trägt deutlich Züge einer ökonomischen
Spekulation. Die Anlage, unmittelbar nördlich des
Bades von Bahram Paša gelegen, wurde in das sich
im 17. Jahrhundert in neuer Entwicklung befindliche
Viertel eingepflanzt. Dieses Viertel, das von Christen bewohnt war und in dem christliche Handwerker, die nach Aleppo geholt worden waren, angesiedelt wurden, hatte als Produktionszentrum vor allem
für das Textilhandwerk seit dem 15. Jahrhundert
zunehmend an Bedeutung gewonnen. Eine ange-
messene Erschließung hatte jedoch bis in das
17. Jahrhundert mit der Entwicklung nicht Schritt
gehalten. Die Stiftung von Ipšir Mustafa Paša auf
einem freien Gelände, das vordem dem Getreideverkauf diente, sollte diese Lücke schließen.
Berechtigterweise kann daher festgestellt werden:
„Die Gründung des Waqf ist ein bewußt und in voller
Absicht durchgeführtes urbanistisches Unternehmen."[12]

Abb. 20: Die Altstadt von Aleppo.
Nördliche Vorstadt mit Waqf Ipšir Paša.
(Plan von J.-C. David, 1982).

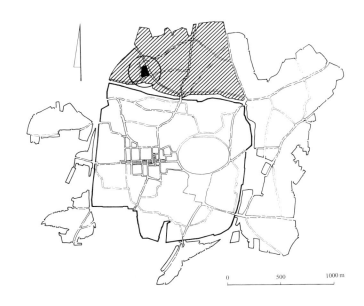

Nach der von Ġazzi wiedergegebenen Stiftungsurkunde ließ Ipšir Paša den Komplex folgendermaßen einrichten (Abb. 21):

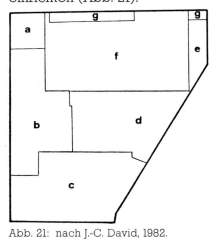

Abb. 21: nach J.-C. David, 1982.

„Er hat als waqf bestimmt:
a) seine Moschee … auf der Terrasse der Moschee eine Schule …
b) … an die Moschee angeschlossen … den sog. Suq al-Nuwāl, Läden, … eine Qaisariya … und einen Brunnen.
c) … den sog. Ḥan al-'Arasa … für den Getreideverkauf …
d) … im Westen 2 (sic!) Qaisariyen ..
e) … eine Färberei … sowie einen Ofen …
f) … im Süden ein Kaffeehaus, dessen Decken von sieben Marmorsäulen gehalten wird, … 2 Wasserbecken, … eine Qaisariya …
g) … 16 Läden … . Dieser Komplex wird im Süden durch den Bau von Bahram Paša begrenzt, von dem er durch eine Straße getrennt ist …"[13]

Wie sehr das religiöse Motiv zugunsten des ökonomischen bei dieser Stiftung in den Hintergrund trat, läßt sich allein schon aus den Bestimmungen, welche die Verteilung der Erträge regeln, erkennen: Nur 16,3 Prozent der Erträge wurden für die dem Komplex inkorporierte, auffällig kleine Moschee aufgewandt, während der größte Teil für den Unterhalt der gesamten Einrichtung und für die nicht religiösen Verwaltungsbeamten abging. 21,3 Prozent der Einnahmen sollten an religiös-gemeinnützige

Abb. 22: Axonometrie der Anlage „Waqf Ipšir Paša". (J.-C. David, 1982).

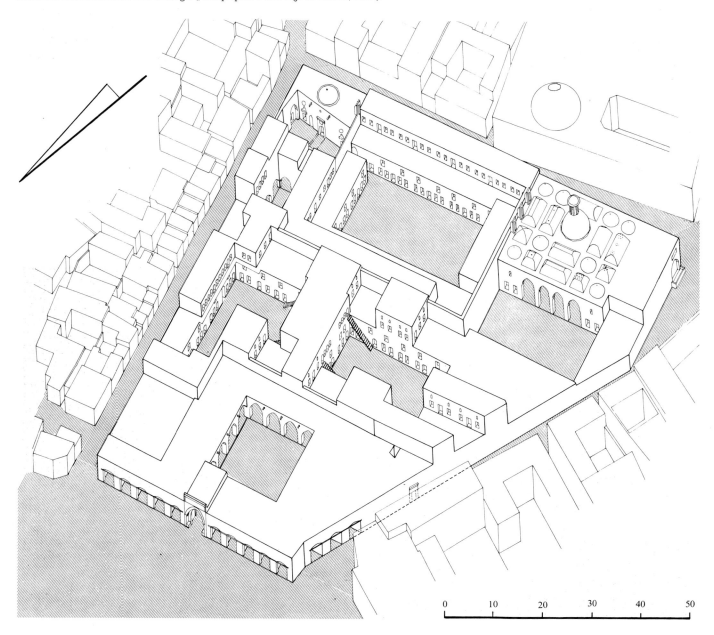

Werke in den Städten Mekka und Medina gehen.[14] Ganz im Gegensatz zu den äußerst bescheidenen Ausmaßen der Moschee nimmt das Kaffeehaus eine große Fläche ein und wurde nach den Bestimmungen des Stifters wahrhaft luxuriös ausgestattet. (Heute befindet sich darin das Lager eines Möbelhändlers.) Das planerische Ziel beschränkte sich aber nicht darauf, in einem aufstrebenden Handwerker- und Kaufleuteviertel ein Zentrum einzurichten, das möglichst viele ökonomische Funktionen erfüllen sollte, wie etwa durch die Anlage eines Lebensmittelmarktes und anderer Läden, die von den Bewohnern der nördlichen Vorstadt leicht zu erreichen waren. Die Verbindung eines großen Kaffeehauses mit dem ihm gegenüberliegenden, von Bahram Paša gestifteten Bad machte den Komplex zu einem städtischen Zentrum, dessen Bedeutung über die unmittelbar umgebenden Viertel hinausgreifen sollte.

Das grundsätzliche Nutzungsmuster der ganzen Anlage hat sich im Grunde bis zum heutigen Tage nicht verändert. Nach wie vor lassen sich zwei Nutzungsebenen unterscheiden: Während die handwerkliche Großproduktion, heute auch die maschinelle Fertigung, und die Warenlager im Innenraum der Anlage, in den Qaisariyen und im Han, gefangen ist, wird die Peripherie mehr denn je von kommerziellen Aktivitäten bestimmt. Die Trennung der beiden Bereiche wird durch die tunnelartigen, engen Eingänge zu den drei Qaisariyen betont, in deren Höfen sich vor allem metallverarbeitende Gewerbe (z.B. Hersteller von Bade- und Ölöfen) eingerichtet haben, während sich in den Werkstätten u.a. Schuhhersteller niedergelassen haben. Alle diese Gewerbe produzieren mit mehr oder weniger modernen Maschinen und liefern ihre Produkte in erster Linie in die Geschäfte der modernen Stadtviertel. Von dem klassischen Handwerk hat sich bis heute (Frühjahr 1984) nur noch ein Weber mit traditionellem Webstuhl gehalten. (Die Werkstatt ist im Obergeschoß der Qaisariya „b".)

An der Peripherie der Anlage hat sich der kommerzielle Sektor seit der Gründung kontinuierlich ausgeweitet, wobei sich diese Tendenz nach dem Zweiten Weltkrieg noch erheblich verstärkte. Im heutigen Betrieb haben die Einkünfte der Stiftung aus Ladenmieten diejenigen aus den Produktionsräumen des Innenbereichs bei weitem überstiegen.[15]

Während zur Gründungszeit an der Westseite vorwiegend Werkstätten eingerichtet waren, findet man heute im nördlichen Abschnitt der Westseite eine Reihe von modern eingerichteten Goldschmieden und Schmuckgeschäften, im südlichen Abschnitt vor allem Möbelhändler, die Waren für die Einrichtungswünsche des „gehobeneren Mittelstandes" anbieten.

Abb. 23: Die Verteilung der Aktivitäten in der Anlage
    a) 1653
    b) 1978

Moschee, Kaffeehaus   Handwerker   Starkbeschädigte Gebäude

Händler   Lager   (Plan von J.-C. David, 1982)

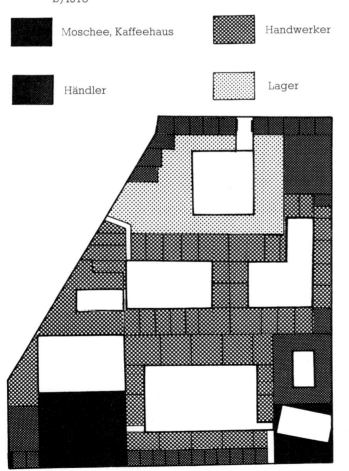

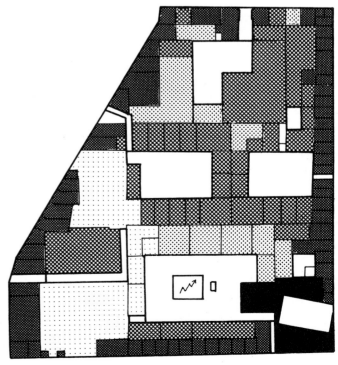

Abb. 25: Eingang zur südlichen Qaisariya.

Abb. 26: Westliche Qaisariya.

Abb. 28: Schuhhersteller in der südlichen Qaisariya.

Abb. 24: Eingangstor zum Han an der Nordfront.

Abb. 27: Westliche Qaisariya.

Abb. 29: Weber in der östlichen Qaisariya.

Diese Situation, die auch das alltägliche Erscheinungsbild des Viertels prägt, muß im Zusammenhang mit der weiteren Umgebung betrachtet werden:

Die Geschäfte in den Gassen westlich des Komplexes von Ipšir Paša zur modernen Stadt hin führen ein Angebot, das vor allem auf eine weibliche Kundschaft abgestellt ist: Im Norden Goldschmiede, Schmuck und neuerdings einige „Kleiderboutiquen", im Westen Geschäfte mit Damenkonfektion; nach Südosten schließt sich eine Gasse an, in der das Angebot an Strickwolle alles andere bei weitem überwiegt. Entlang der Gasse weiter südlich wechseln Möbel- und Stoffgeschäfte ab. Vergleicht man diese Abfolge (s. Karte) mit derjenigen der kommerziellen Einrichtungen an der Westseite des „Waqf Ipšir Paša", so wird ersichtlich, daß diese sich nahtlos

in die Verteilung der Hauptgeschäftszweige des Viertels einfügten.

Demzufolge werden die Hauptgassen dieses christlichen Teiles von Ğudaida vorwiegend von Frauen beider Konfessionen (christlich und islamisch) begangen. Muslimische Frauen schätzen besonders die Möglichkeit, am Freitag, dem muslimischen Feiertag, an dem die Suqs der Madina und zum Teil auch die Geschäfte der modernen Stadt geschlossen sind, Einkäufe machen zu können. Die konzentrierte Form des Angebots auf ihre Bedürfnisse hin wird durch den Verlauf der Gassen rhythmisiert: Die Abfolge der Geschäfte wird immer wieder unterbrochen durch Überwölbungen der Gassen, durch Mauern und Fassaden der verschiedenen christlichen Kirchen, durch kleinere und größere Plätze mit Brunnen, Denkmälern und Uhrtürmen und durch die

Abb. 30: Der Wollsuq.

Abb. 31

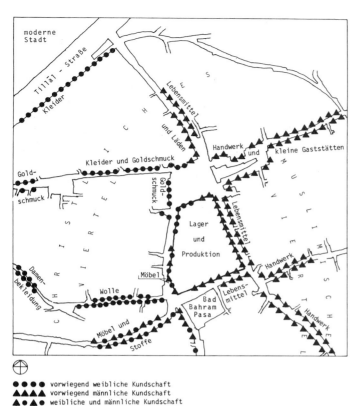

●●●● vorwiegend weibliche Kundschaft
▲▲▲▲ vorwiegend männliche Kundschaft
▲●▲● weibliche und männliche Kundschaft

Abb. 32: Schwerpunktmäßige Verteilung von Produktion
und Handel im Viertel Ǧudaida.

Eingänge in schmalere Nebengassen oder Sackgassen, die zu den Wohnhäusern führen. So wird ein Einkaufsgang durch das kleine Viertel zu einem eigentlichen Stadtgang, wobei gleichzeitig den traditionalistischen muslimischen Frauen aufgrund des einseitig ausgerichteten Angebots und vielleicht auch aufgrund der fast privaten Intimität, welche die Atmosphäre des Viertels bestimmt, das Ausgehen erleichtert wird.

Nach Osten hin wird das Straßenbild weitgehend von Männern beherrscht. Da allgemein in arabischen Städten des Nahen Ostens vorwiegend Männer den Lebensmitteleinkauf tätigen, stellen diese in erster Linie auch die Kundschaft des Suq al-Nuwāl. Die unmittelbar östlich an diesen anschließenden Hauptgassen sind im Einzugsbereich des zentralen Komplexes von Ǧudaida weitgehend von Werkstätten und Läden bestimmt und führen nach Osten hin in die Wohngebiete der nördlichen Altstadt. Im wesentlichen erfüllen sie zwei Funktionen:

1. Es sind Durchgangswege zwischen den östlichen und westlichen Teilen der nördlichen Altstadt. Hier ist zu gewissen Tageszeiten ein „Zug von Frauen" zum oder vom christlichen Teil von Ǧudaida mit seinem oben beschriebenen typischen Angebot zu beobachten. Außerdem führen diese Gassen den Fußgänger zum Zentrum der modernen Stadt, das unmittelbar westlich an Ǧudaida angrenzt.

2. Es sind traditionelle Gewerbezonen. Die Läden und Werkstätten, welche die Gassen säumen, werden fast ausschließlich von Männern aufgesucht, ebenso wie die wenigen kleinen Gaststätten im

Abb. 33

nordöstlichen Bereich ausschließlich von Männern frequentiert werden.

Die Nord- und die Südfront des „Waqf Ipšir Paša" stehen bezüglich der Nutzung in einem ähnlichen Verhältnis wie seine West- und Ostseiten: Teilweise neue Läden (Goldschmiede, Drogerie, Kuchenbäkker) haben sich im westlichen Teil der Nordfront eingerichtet, während ein Fischladen und Gemüsehändler die Nordostseite flankieren. Die Nordfront geht auf einen Platz, der auf der Ost-West-Achse der nördlichen Altstadt eine Hauptdurchgangszone in das moderne Stadtzentrum und zu einer der Hauptgeschäftsstraßen (Tillal-Straße) ist.
An der Südfront gegenüber dem Bad Bahram Paša sowie östlich an dieses anschließend werden Fleisch, Hühner und Gemüse verkauft, der Suq al-Nuwāl ist hier also gewissermaßen „um die Ecke herum" verlängert. Von hier nach Süden führt der kürzeste Weg von Ğudaida zur „Großen Moschee" und in die Suqs der Madina.

Ğudaida ist, obgleich selber Teil der nördlichen Altstadt, auch Grenz- und Durchgangszone zwischen dieser und der modernen Stadt. Ebenso wie der Komplex Ipšir Paša durch seine lateralen Orientierungen (etwa: christliches Viertel im Westen – muslimische im Osten) Grenze und zugleich Zentrum ist, konnte das ganze Viertel von Ğudaida aufgrund seiner „zentralen Grenzlage" sich als städtisches Zentrum halten. Dieses Zentrum hat sich den es umgebenden Bedingungen in einem hohen Maße angepaßt, was sich nicht zuletzt an der verstärkten „Kommerzialisierung" und am Rückgang der produktiven Aktivitäten bemerkbar macht.
Obwohl allgemein die Beliebtheit der Altstadt als Wohn- und Aufenthaltsort im Zuge des Ausbaus der modernen Stadt des 20. Jahrhunderts im Rückgang begriffen war, konnten das Zentrum von Ğudaida und die angrenzenden Gassen ihre Bedeutung als „Einkaufszentrum" nicht nur bei den Anwohnern behaupten, sondern sogar noch im weiteren Raume der Stadt entfalten: Der Lebensmittelmarkt des Suq al-Nuwāl zieht mit seinem guten und reichen Angebot an Fleisch, Fisch, Geflügel, Gemüse, Obst heute eine wohlhabende Kundschaft auch aus weiter entlegenen Teilen der modernen Stadt an, die mit dem Auto in die schmalen Gassen um den Komplex Ipšir Paša fährt.
Das Zusammentreffen von Privat- und Berufsverkehr, der die Läden und die Produktionsbetriebe im Inneren des Komplexes und in den umliegenden Gassen bedient, führte allerdings zu Verhältnissen, die die beschränkte Kapazität dieses Altstadtbereiches zu sprengen drohen. Eine neue Planung, die dem Verkehr Zugang und Durchfahrt erleichtern soll, könnte allerdings den Effekt haben, gerade das Ziel dieser Kundschaft zu zerstören. Eine diesbezügliche Planung, die die Ostseite, den Suq al-Nuwāl, in Mitleidenschaft zöge, wurde Ende der 70er Jahre ausgearbeitet.
Eine weitere Bedrohung des Komplexes, die allerdings teilweise mit der in Diskussion stehenden (seit einiger Zeit möglicherweise wieder fallengelassenen) Planung in Verbindung stehen mag, besteht in

Abb. 34: Nordostecke der Anlage Waqf Ipšir Påsa.

Abb. 35: Südfront der Anlage Waqf Ipšir Paša.

der mangelnden Instandhaltung und dem rapide sich verschlechternden Baubestand der ganzen Anlage.
Ausschlaggebender für den Mangel an Unterhaltsarbeiten am Baubestand sind aber wohl andere, länger wirkende Ursachen.
In den Jahren 1949-52 wurden in Syrien die Stiftungseinrichtungen aufgehoben, eine Maßnahme, die von den europäischen Kolonial- und Mandatsmächten in den islamischen Ländern immer wieder erwogen, gefordert und oft rigoros durchgeführt worden war, jedoch auch von modern orientierten einheimischen Kreisen unterstützt wurde, um eine weitere Anhäufung der Güter in der Toten Hand zu verhindern und der oft schlechten Bewirtschaftung der Einrichtungen und Latifundien zu begegnen.
Bei diesem Vorgang wurden in Syrien viele Stiftungen verkauft, die verbliebenen unter die Verwaltung eines Awqaf-Ministerium gestellt, das alle religiösen Einrichtungen zentral verwaltet. Die Stiftungen wurden durch diesen Akt gewissermaßen verstaatlicht. Unter diese Verwaltung kam auch die Stiftung von Ipšir Mustafa Paša, die somit als solche erhalten blieb.

Das Verhältnis von Stiftungsverwaltung (jetzt: Awqaf-Amt bzw. -Ministerium) und Pächtern wurde revidiert und neu festgelegt. Was die Instandhaltung betrifft, so ist zwischen Awqaf-Verwaltung und Pächter festgelegt, daß das Stiftungseigentum vom Pächter in gutem Zustand gehalten wird, so wie er es übernommen hat. Für bauliche Veränderungen muß der Pächter einen Antrag an die Verwaltung einreichen, über den dort befunden wird. Die Awqaf-Verwaltung kann qua Gesetz nur ein Viertel der eingenommenen Jahresmiete aus einem Objekt für Instandhaltung und Restaurierung ausgeben. (Bei alten, als historische Denkmäler eingestuften Gebäuden werden die Kosten für die Instandhaltung auf Awqaf-Amt, Antikenverwaltung und Nutzer verteilt.) Die Mieten im alten Stiftungsbestand sind meist äußerst niedrig. Ein Schuhhersteller im „Waqf Ipšir Paša" (Abb. 28) muß für die ganze Werkstatt jährlich 2000 syr. Pfund (heute ca. 800 DM) Miete aufbringen. Jeder Pächter zahlt allerdings ein Einstandsgeld (hība) an die Awqaf-Verwaltung, das aber, von dieser verwaltet, religiösen Zwecken zum allgemeinen Wohl der Gemeinde der Gläubigen zugeführt wird, d.h., das Geld kommt religiösen Einrichtungen zugute und kann nicht für die Instandhaltung verwendet werden. Der Unterhalt wird daher zu einem guten Teil den Benützern überlassen, die nicht Eigentümer sind und daher möglichst wenig in das Objekt investieren und oft auch nichts investieren können. (Die kleinen Moscheen in den Wohnvierteln scheinen jedoch auch nicht von diesen Einnahmen zu profitieren: Es sind meist die Anwohner, die für deren Unterhalt aufkommen und Geld für Renovationen zusammenlegen, obwohl dafür die Awqaf-Verwaltung zuständig wäre. Zugunsten großer, aufwendiger Neubauten in der modernen Stadt werden die vielen kleinen Moscheen in der Altstadt vernachlässigt, d. h., es wird auf die Pietät der Nachbarn vertraut.)

Eine weitere inoffizielle Zahlung des Pächters besteht in einer Art „Abschlagzahlung" an denjeni-gen, von dem er das Stiftungseigentum zum eigenen Nutzen übernimmt. Diese Zahlung (frugīya)[16] kann je nach Höhe des Umsatzes, der vom Vorgänger erzielt wurde (Lage des Ladens etc.), sehr hoch sein. Da die beiden Partner dieser Regelung nicht Eigentümer des verhandelten Objektes sind, handelt es sich um „Ausbeutung fremden Eigentums"[17] und soll verboten sein. Nichtsdestoweniger ist der Vorgang üblich, da die Nachfolge in einem Mietverhältnis ohnehin meist privat geregelt wird und die Awqaf-Verwaltung nur ihre Zustimmung zur Änderung des Mietverhältnisses geben muß.

Ein Besitzer von Waqf-Eigentum (Besitzer, hier = Nutzer von Waqf-Eigentum) kann nicht zum Verlassen der Einrichtung (Laden, Werkstatt etc.) gezwungen werden, außer wenn die Awqaf-Verwaltung das Objekt etwa im Zuge neuer Stadtbebauungen abtreten muß. Dafür erhält sie im Gegenzug anderen Grund und Boden. Die Awqaf-Verwaltung kann allerdings Land verkaufen, um andere Projekte zum Wohle der Allgemeinheit, wie etwa Moscheen, Wohnhäuser oder Handelszentren, zu realisieren. Auch ist sie für die Erstellung und Einrichtung von Friedhöfen zuständig.[18]

Angesichts der relativ geringen Einnahmen, welche die Awqaf-Verwaltung aus einer Anlage wie derjenigen von Ğudaida im Vergleich mit einem modernen Geschäftszentrum zieht, kann eigentlich nur aus religiös-gemeinnützigen und nicht aus betriebswirtschaftlich-rationellen Gründen ein Interesse an der Erhaltung der Stiftung Ipšir Pašas bestehen. Die Awqaf-Verwaltung als Teil der zentralen staatlichen Verwaltung könnte daher auf die neue Gesamtplanung dahingehend Einfluß nehmen, daß eine unrentable Einrichtung einer neuen Überbauung weichen muß und der Grund und Boden so durch zu erwartende Neubauten „aufgewertet" wird.

Da schon bei der Gründung der Stiftung von Ipšir Mustafa Paša, wie wir gesehen haben, eher der ökonomische Nutzen im Vordergrund stand, dürften auch künftige Spekulationen auf diesem Boden des göttlichen Segens sicher sein.

Anmerkungen

1 Siehe Kassem Twair, Die Malerei des Aleppo-Zimmers im Islamischen Museum zu Berlin, in: Kunst des Orients, Bd. IV, 1969. S. 1–42.

2 Übersetzt aus: Ibn Battuta, Tuhfat an-nuzzar fi gara' ib al-amsar wa aga'ib al-asfar. Ed. Kattani, Beirut 1975. S. 87.

3 André Raymond, Les grands waqfs et l'organisation de l'espace urbain à Alep et au Caire à l'époque Ottomane (XVIᵉ–XVIIᵉ siècles), in: Bulletin d'Etudes Orientales de l'Institut Français de Damas. 31, 1979. Damaskus 1980. S. 113 u. 125.

4 Hans Wehr, Arabisches Wörterbuch für die Schriftsprache der Gegenwart, Wiesbaden 1968. S. 969–70.

5 W. Heffening, Wakf, in: Enzyklopaedie des Islām. Geographisches, ethnographisches und biographisches Wörterbuch der muhammedanischen Völker. Bd. 1–4. Leiden, Leipzig 1913–34. Bd. 4, S. 1187. – Die Ausführungen zu „waqf" stützen sich im wesentlichen auf diesen Artikel und auf J. Krcsmárik, Das Wakfrecht vom Standpunkte des Šarī'atrechtes nach der hanefitischen Schule. Ein Beitrag zum Studium des islamitischen Rechtes, in: Zs. d. Dt. Morgenländischen Gesellschaft. Bd. 45, Leipzig 1891.

6 J. Krcsmárik, a.a.O. S. 521–22.

7 W. Heffening, a.a.O. S. 1187.

8 J. Krcsmárik, a.a.O. S. 559.

9 A. Raymond, a.a.O. S. 116.

10 A. Raymond, a.a.O. S. 117.

11 Kāmil ibh Husain al-Ġazzi, Nahr al-dahab fī tārīth Halab, 3 Bde, Aleppo 1923. Bd. 2, S. 47ff.

12 Jean-Claude David, Le Waqf d'Ipšir Paša à Alep (1063/1653). Etude d'urbanisme historique. Damaskus 1982. S. 61. – Die hier gemachten Angaben zur Baugeschichte und zur historischen Entwicklung der unmittelbaren Umgebung stützen sich weitgehend auf die Arbeit von Jean-Claude David, der freundlicherweise auch Abbildungsmaterial zur Verfügung gestellt hat.

13 al-Ġazzi, a.a.O., Bd. 2, S. 497–502. In das Französ. Übers. v. J.-C. David, a.a.O. S. 5–6.

14 J.-C. David, a.a.O. S. 66.

15 J.-C. David, a.a.O. S. 79.

16 farāġ – Abtretung (von Dingen, welche als Eigentum nicht übertragbar, als Besitz jedoch übertragbar sind). Nach: Hans Wehr, A Dictionary of Modern Written Arabic, 3rd. ed., New York 1976.

17 Nach Aussagen von Dr. Suhaib al-Shami, Direktor der Awqaf-Verwaltung Aleppo, in einem Gespräch mit dem Verfasser im April 1984.

18 Gespräch mit Dr. Suhaib al-Shami, s. Anm. 17.

Greater Banjul Area:
Urbane Formen – traditionelle Beziehungen

Karlheinz Seibert · Ursula Tripp-Seibert

Abb. 1: Blick über Banjul.

Der vorliegende Aufsatz ist ein erster Versuch, die sozialräumlichen Verhältnisse in der Greater Banjul Area zu beschreiben. Im Verlauf unserer Arbeiten wurde deutlich, daß die „Konzeption des täglichen Lebens" der Bevölkerung der Greater Banjul Area komplex ist: Gegenwärtige und historische Verhältnisse werden als Bestandteile von Entwicklungen gesehen und in der Gestaltung des täglichen Lebens verarbeitet. Nicht die Trennung des „Heutigen" vom „Früheren", nicht das Beharren auf dem Alten oder das Nachahmen westlicher Verhaltensmuster, die oft als „modern" und „fortschrittlich" gerade von ihren Protagonisten mißverstanden werden, sondern die Auseinandersetzung mit „anderen" Denk-

weisen bzw. ökonomischen und politischen Konzeptionen gesellschaftlicher Verhältnisse ist ein charakteristisches Merkmal der „komplexen Konzeption des täglichen Lebens". Tradition ist die Auseinandersetzung, das Wahrnehmen, das Verarbeiten anderer gesellschaftlicher Verhältnisse auf dem Hintergrund einer „eigenen" gesellschaftlichen Entwicklung, die selbst Ergebnis eines Auseinandersetzungsprozesses ist. Städte und innerstädtische Wohngebiete sind besondere Orte, in ihren Erscheinungsformen weder repräsentativ für das Land noch für den Kontinent. Und doch sind sie typisch, da sie bestimmte Entwicklungen historischer Prozesse widerspiegeln, die sowohl als Konzentration ökonomischer und politischer Beziehungen wie auch als Auseinandersetzung der Bevölkerung mit dieser beschrieben werden können.

Die Herausbildung urbaner Zentren ist besonderer Teil der Entwicklung gesellschaftlicher Verhältnisse. Die Beziehungen des Urbanisierungsprozesses zu dieser Entwicklung werden sichtbar mit der Anwendung analytischer Kategorien wie „Stadt-Land-Verhältnis", „Differenzierung und Teilung sozialer Arbeit" und „Herausbildung sozialer Klassen". Darüber hinaus sind urbane Zentren Orte der Vermittlung zwischen Gesellschaften. Überregionale und internationale Beziehungen werden als Handelsbeziehungen oder politische Beziehungen an diesen Orten vermittelt. Sie sind somit auch Kristallisationspunkte von Konzeptionen, die, aus der eigenen und aus anderen Gesellschaften kommend, hier aufeinandertreffen.

Im folgenden werden Aspekte der Greater Banjul Area vorgestellt, die Konzentration ökonomischer und politischer Beziehungen skizziert, Bevölkerungswachstum und Elemente der Raumnutzung beschrieben sowie die koloniale bzw. die Mandinka-Konzeption sozial-räumlicher Organisation erläutert. Am Beispiel von Bakau Old Town, der ältesten Mandinkasiedlung in der Greater Banjul Area, werden Begrifflichkeiten, die mit der sozialen Organisation und der baulich-räumlichen Struktur verbunden

sind, aus den historischen Verhältnissen der Mandinkagesellschaft abgeleitet, und in ihren heutigen Formen dargestellt.

Wir haben zu Beginn dieses Artikels die „komplexe Konzeption des täglichen Lebens" der Bevölkerung der Greater Banjul Area erläutert. Ausgestattet mit „fragmentierenden" Blicken und „übergreifenden" wissenschaftlichen Theorien, wurden wir mit diesem Widerspruch in uns und jener Komplexität konfrontiert. Der vorliegende Aufsatz ist ein Versuch, Widerspruch und Konfrontation wahrzunehmen, indem heutige Erscheinungsformen in ihren historischen Kontext gestellt werden. Dies ist nicht allein eine methodische Frage. Vielmehr wird dadurch der Blick geöffnet für die politische Dimension des Urbanisierungsprozesses, für die Probleme des alltäglichen Lebens und ihrer Bewältigung.

Wir danken den Bewohnern von Bakau, mit denen wir zusammenleben konnten, und wollen stellvertretend den Alkalo Alhaji Bakary Jaiteh und den Imam Alhaji Nfansu Jammeh nennen. Ohne die Diskussionen mit Bakary Sidibe, Direktor der Oral History Division, wären uns viele Zusammenhänge nicht deutlich geworden. Ihm und Herrn Dr. Boro Suso, Direktor des Physical Planing Departments, danken wir herzlich für die Unterstützung, die unsere institutionellen Wege ebnete.

Abb. 2: Fluß Gambia, 1732.

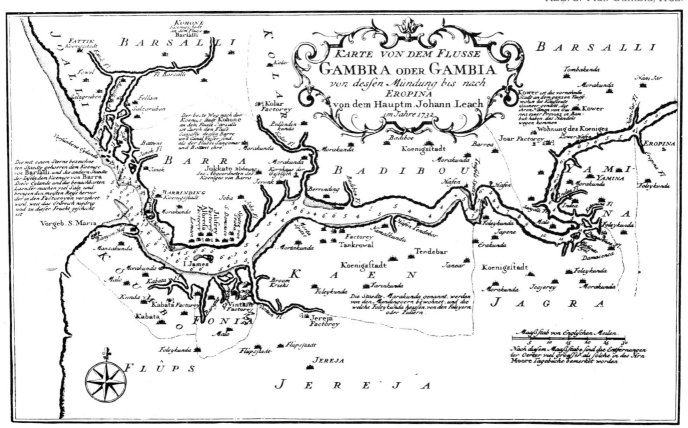

Der Blick des europäischen Besuchers, geprägt durch die Erscheinungsformen „seiner" Städte, wird nicht ohne weiteres eine Stadt sehen, wenn er vom Flughafen Yundum kommend durch Serekunda und Bakau nach Banjul fährt. Entsprechend sind die Äußerungen von Europäern: „Kleinstadt", „Dorf", „Siedlungsbrei". Gänzlich trübe wird der Blick, wenn durch ihn „innerstädtische Wohnquartiere" gesehen werden sollen. Allein die in den letzten zehn Jahren vorgenommene rechteckige Parzellierung von Wohngebieten für den reicheren Teil der Bevölkerung erinnert den Besucher an vertraute Formen. Die sichtbare Häuserkonzentration in den meist von Wellblechzäunen umgebenen „compounds", die Eckläden mauretanischer Händler, die Werkstätten der Schneider, das undurchdringlich erscheinende Menschengewirr um die Märkte, die Verkaufsplätze der Frauen in den Straßen, spielende Kinder, ambulante Händler, die freitäglichen Zusammenkünfte zum Gebet vor den großen Moscheen und die geröteten Gesichter vereinzelter weißer Experten und Touristen, die während der Regenzeit für Landwirtschaft genutzten Flächen zwischen den Siedlungen, die „gardening areas", die Hotelzonen entlang der Küste, die Mangrovensümpfe und die ca. 10 km von Serekunda nach Banjul – alles dies vermittelt eine Vielfalt von Eindrücken, schaffen aber nicht die „Klarheit des Vertrauten". Erst ein Glas kühlen „Jul-

Abb. 3: Mauretanische Händler.

brew"-Bieres und das aus dem Senegal importierte Sauerkraut mit Wiener Wurst im Garten eines Banjuler Lokales, Treffpunkt weißer Experten und Raststätte der Touristen auf „Erlebnissafari", werden zumindest dem deutschstämmigen Fremden vertraut sein.

Auch ein Blick auf die Karte trägt zur Verwirrung bei. Allein neun Namen sind für das Wohngebiet, das in diesem Artikel „Serekunda" genannt wird, verzeichnet. Ein erstes Gespräch mit Einwohnern Bakaus und Banjuls ergäbe, daß ersteres aus acht Teilen, letzteres aus drei (früher fünf) Teilen besteht. Ein genauer Blick auf die Karte läßt ca. neunzehn Siedlungen erkennen, die der Besucher getrost als Dörfer in

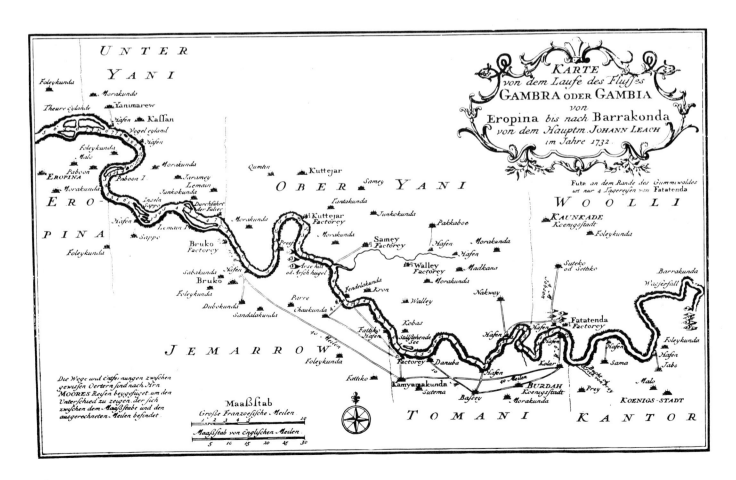

Abb. 4: Markt in Serekunda.

Abb. 5: Straße in Banjul.

dem ihm vertrauten Sinne bezeichnen kann (Abb. 1). Die Lektüre der Bevölkerungsstatistiken zeigt die multi-ethnische Zusammensetzung der Bevölkerung (Mandinka, Wolof, Fulani, Jola, Aku) und hebt ihre unterschiedliche lokale Konzentration hervor (Mandinka ca. 35 Prozent in Kombo St. Mary, Wolof ca. 40 Prozent in Banjul). Zu guter Letzt gibt die Bezeichnung „Greater Banjul Area" keine Klärungshilfe. Für Planungszwecke entworfen, vom Kabinett bestätigt, hilft ihre Verwendung nur „Eingeweihten", ist sie noch nicht Begriff, der erlauben würde, einen Gambier zu fragen, wo denn die nächste Straße zur „Greater Banjul Area" verlaufe.

Die räumliche Entwicklung der Greater Banjul Area als Konzentration ökonomischer und politischer Beziehungen

Die Herausbildung eines urbanen Zentrums in der Greater Banjul Area begann mit der Gründung Bathursts (1816) durch die britische Kolonialverwaltung und die Abtretung Kombo St. Marys an die Briten durch den Mansa von Busumbala (1840/1853). Beide Ereignisse beendeten eine seit dem 15. Jahrhundert andauernde Handelsbeziehung (hauptsächlich Sklavenhandel) zwischen der Bevölkerung der Kombos bzw. den nördlich und südlich des unteren Gambiaflusses gelegenen Staaten und verschiedenen europäischen Nationen.

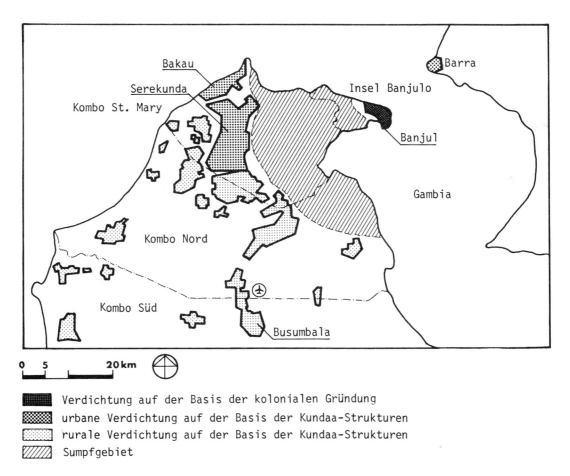

Legende:

- ▓ Verdichtung auf der Basis der kolonialen Gründung
- ▒ urbane Verdichtung auf der Basis der Kundaa-Strukturen
- ░ rurale Verdichtung auf der Basis der Kundaa-Strukturen
- ▨ Sumpfgebiet

0 5   20 km

Abb. 6: Greater Banjul Area 1984.

Die territoriale und administrative Etablierung des britischen Kolonialismus an der Gambiamündung setzte die gesellschaftlichen Entwicklungen in den Kombos und entlang des Gambiaflusses in formalisierte Beziehungen zum Vereinigten Königreich.

Bathurst, Sitz der Kolonialverwaltung, Garnisonsstadt, Warenproduktions- und Warenumschlagplatz sowie Wohnort für Handwerker, Bedienstete, europäische Händler, ehemalige Soldaten der britischen Kolonialarmee und „Liberated Africans", wurde Sammlungsort ökonomischer und politischer Kolonialmacht und kolonial-urbanes Zentrum.

Kombo St. Mary, ehemaliges Siedlungs- und Herrschaftsgebiet der Mandinka der Kombos, wurde als kolonial-rurales Zentrum Nahrungsmittelversorger der Bevölkerung Bathursts, koloniale Siedlungsreserve für „Liberated Africans", pensionierte Soldaten der Royal African Frontier Force, Kaufleute und Farmer, die ihren Wohnort von der britischen Kolonialverwaltung zugewiesen bekamen.

Gegen Ende des 19. Jahrhunderts war der britische Kolonialismus, trotz immer wiederkehrenden Zögerns und Zweifelns, entlang des Gambiaflusses fest etabliert. Bathurst/Banjulu und Kombo St. Mary bildeten das Kolonialterritorium. Die mit Lineal und Zirkel gezogene Grenze des Protektorates markierte die Trennungslinie zwischen britischem und französischem Hoheitsgebiet. Sie trennte gleichzeitig die sozialen und politischen Beziehungen der jeweiligen Bevölkerung und legte im wesentlichen die zukünftigen Grenzen des 1965 gegründeten unabhängigen Nationalstaates der Republik Gambia fest.

Die Konsequenz der Festigung kolonialer Macht war die Einbeziehung dieses Teiles Westafrikas in den durch Europa dominierten Prozeß der Formation einer ökonomischen Weltordnung. Der Kolonialismus des 19. Jahrhunderts und der Imperialismus des 20. Jahrhunderts sind die historischen Phasen der Formation dieser Weltordnung, die in der Bündniszugehörigkeit (Ost/West), der Markierung geo-politischer Einflußsphären und der Anbindung an den Weltmarkt ihre gegenwärtige Entsprechung hat.

Abb. 7: Der Hafen von Banjul 1942.

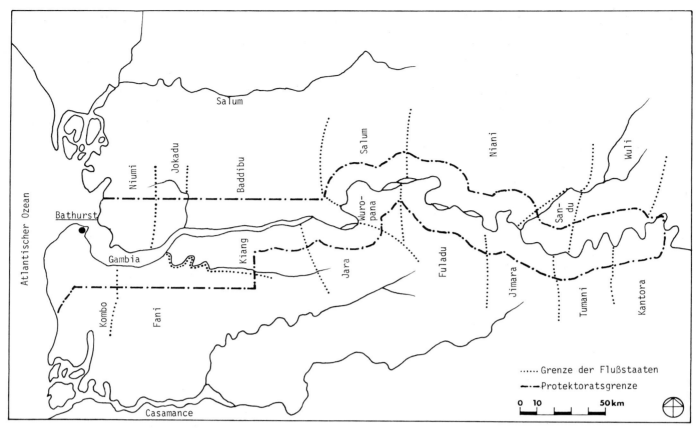

Abb. 8: Gambia – Die Gebiete der alten Flußstaaten und die neuen kolonialen Grenzen von ca. 1891.

Abb. 9: Weiße Experten in Bakau.

Abb. 10: Weitertransport von Exportgütern.

Wie Bathurst zu Zeiten des britischen Kolonialismus, so ist heute die Greater Banjul Area Ort der Vermittlung dieser Beziehung. Regierungs- und Botschaftsgebäude, Banken, Handelshäuser und Hafen in Banjul, die Hotelzonen von Cape St. Mary, Fajara und Kotu, die Industrieansiedlungen in Kanifing North, die Märkte in Serekunda, Bakau und Banjul (Albert Market), das National Stadium südlich von Bakau New Town, aber auch die Nummernschilder der Autos ausländischer Experten, die umherschweifenden Touristenscharen und die für sie errichteten Touristenmärkte weisen sowohl auf die Vermittlerfunktion als auch die gestiegene ökonomische und politische Bedeutung der Greater Banjul Area hin. Die einschneidende Änderung für die Bevölkerung, vor allem Kombo St. Marys, ergibt sich aus der Art der heutigen ökonomischen Beziehungen. Zur Zeit des Kolonialismus basierte die Ökonomie Kombo St. Marys auf landwirtschaftlicher Produktion. Die Beziehungen der Bevölkerung wurden vermittelt durch das Verhältnis zum Boden als dem wichtigsten Produktionsmittel. Verfügung über den Boden, Organisation der Produktion und Verteilung der Produkte erfolgten im Rahmen der Kaabiila (Plur.: Kaabiilalu; Mandinka-Bezeichnung für alle Verwandten, die sich in der väterlichen Linie auf einen gemeinsamen Vorfahren beziehen) bzw. des „compounds" (soweit es die nicht in Kaabiilalu organisierten anderen ethnischen Gruppen betrifft). Landwirtschaftliche Produktion, zur damaligen Zeit, war in erster Linie Subsistenzproduktion und erst in zweiter Linie Marktproduktion.

Die heutigen ökonomischen Beziehungen in der Greater Banjul Area sind dagegen ausschließlich über den Markt vermittelt. Sie basieren auf industrieller und handwerklicher Produktion, dem Handel, der Arbeit im öffentlichen Dienst und dem Tourismussektor sowie einer in erster Linie auf den Markt gerichteten landwirtschaftlichen Produktion. Mit Ausnahme der landwirtschaftlichen Produktion ist Lohnarbeit die dominierende Form sozialer Arbeit in der Greater Banjul Area (geschätzter Anteil der Lohnarbeiter an der Gesamtbevölkerung – ohne Landwirtschaft – = 27,5 Prozent; geschätzter Anteil der Beschäftigten – mit Landwirtschaft – = 34,4 Prozent).[2]

Die Gesamtfläche der Greater Banjul Aera (Insel Banjulu, Kombo St. Mary und Kombo North) umfaßt 263 km² (2,5 Prozent der Gesamtfläche Gambias). Der Anteil der Insel Banjulu (12,2 km²) und Kombo St. Marys (75,5 km²) an der Fläche der Greater Banjul Area beträgt 33,3 Prozent. Von dieser Fläche bestehen ca. 50 Prozent (Banjul 4,2 km², Kombo St. Mary 35,8 km²) aus Mangrovensümpfen und tief liegenden Feuchtgebieten.[3]

Bedingt durch die Insellage, sind der räumlichen Ausdehnung Banjuls natürliche Grenzen gesetzt. Beklagten sich bereits die kolonialen Planer über diese Situation, so hat heutzutage Banjul die Grenzen seiner Ausdehnungsmöglichkeit erreicht. Weiterer Wohnraum würde die Trockenlegung tiefer gelegener Gebiete oder die Verlagerung der Regierungsgebäude in die Kombos bzw. den verstärkten Bau mehrstöckiger Häuser voraussetzen. Konsequenz dieser Bedingungen ist die verstärkte Besiedlung Kombo St. Marys und Kombo Norths (s. Tab. 1).

Tab. 1: Bevölkerungswachstum in der Greater Banjul Area

Jahr	Banjul	Kombo St. Mary	Kombo North	Gesamt
1951	19.602	7.695	--	--
1963	27.809	12.208	9.245	49.262
1973	39.476	38.934	16.710	95.120
1983	44.500	102.900	33.300	180.700

Quellen: Population Census 1951, 1963, 1973 und vorläufige Ergebnisse von 1983

Abb. 11: Cape Point Hotel, Bakau.

Die nach Kombo St. Mary migrierende Bevölkerung der ländlichen Gebiete Gambias und der umliegenden Staaten ließ sich vor allem in den Gebieten der bereits bestehenden Ortschaften Bakau, Serekunda, Dippakunda, Latrikunda, New Jeshwang, Eboe Town, Talinding Kunjang und Bundunkakunda nieder. Damit ist die räumliche Struktur des Urbanisierungsgebietes zunächst von der Expansion dieser Dörfer geprägt (s. Tab. 2).

Tab. 2: Bevölkerungsentwicklung des Bakau- und Serekunda-gebietes (1951–1983)

Siedlung	1951	1963	1973	1983
Bakau	2.545	5.728	10.030	16.580
Serekunda	985			15.738
Dippakunda	721			3.138
Latrikunda	801	6.480[1]	25.804[2]	10.506
New Jeshwang	390			5.683
Eboe Town	92			2.374
Talinding Kunjang	118			28.328[3]
Bundunkakunda	357			
Kanifing				1.850
Pipeline				2.529
Old Jeshwang				2.388
Gesamt	6.009	12.208	35.834	89.114

(1) Serekunda bis Bundunkakunda
(2) wie (1) + Kanifing
(3) Talinding Kunjang + Bundunkakunda

Quellen: Population Census 1951, 1963, 1973 und vorläufige Ergebnisse 1983

Der prozentuale Bevölkerungsanteil dieser Verdichtungsgebiete an der Gesamtbevölkerung stieg von 24,8 Prozent im Jahre 1963 auf 49,3 Prozent im Jahre 1983.

Eine weitere Zuwachsregion ist Kombo North District, und hier vor allem die Ortschaften entlang der Banjul-Brikama Road; auch ist die zunehmende Zersiedlung landwirtschaftlich genutzter Gebiete um die weiter westlich gelegenen Ortschaften zu beobachten.

Beschränkt sind die räumlichen Siedlungsreserven in Kombo St. Mary durch Mangrovensümpfe, das Industriegebiet von Kanifing, das National Stadium und die Hotelzone an der Westküste – drei Elemente der Raumnutzung, die auf die Konzentration ökonomischer und politischer Beziehungen in der Greater Banjul Area hinweisen.

Traditionelle Elemente der Raumnutzung waren Wohnen, landwirtschaftliche Nutzung, Verkehr (Wege), spirituell-religiöse Nutzung (heilige Plätze) und Versorgungsnutzung (Wasser, Holz). Innerhalb der Siedlungen gab es die räumlichen Siedlungselemente Kundaa (Wohnen), Moschee (seit Mitte/Ende des 19. Jahrhunderts), Bantaba (öffentliche Versammlungsplatz), Markt und Verbindungswege zwischen den Kundaalu. Landwirtschaftliche Nutzung, zuerst in oder um die Kundaalu betrieben, wurde als Folge zunehmender Verdichtung und Erweiterung aus den Siedlungen herausgelagert.

Neue Elemente der Raumnutzung sind Einrichtungen zur Wasser- und Elektrizitätsversorgung, Schulen, Krankenhäuser, Sportanlagen, Post- und Polizeistationen, Straßennetz (in und zwischen den Siedlungen), die bereits erwähnten Industriestandorte (einschließlich des zunehmenden Platzbedarfes für Handwerk und Handel) und die Hotelzonen.

Bevölkerungswachstum und neue Elemente der Raumnutzung spiegeln die wachsenden personellen und räumlichen Bedürfnisse der zunehmenden Konzentration ökonomischer und politischer Beziehungen in der Greater Banjul Area wider. Sie betonen die Wohnfunktion, Versorgungsfunktion (infrastrukturelle Einrichtungen), die Produktions- und Distributionsfunktion (Verwaltung, Tourismus) der Raumnutzungselemente. Ihre Erscheinungsformen sind den Zwängen knapper werdender Bodenressourcen, dem technisch Machbaren und ökonomischer Rationalität angepaßt: Der Bedarf an Wohnraum führte zur Verdichtung der Kundaalu; der Bau innerstädtischer Straßen verkleinerte die Kundaalu und bewirkte ihre rechteckigen Formen.

Landwirtschaft als Produktionsgrundlage wird lediglich in Kombo North, dem ruralen Teil der Greater Banjul Area, betrieben. In Kombo St. Mary ist die landwirtschaftliche Nutzung auf wenige Flächen an den Siedlungsrändern Serekundas, auf ein größeres Gebiet im Norden Bakaus, entlang der Wohngebiete der Pipeline Road im Südwesten, bei Kanifing im Süden und drei weitere Gebiete bei Bakote, Kololi und Kotu/Manjaikunda beschränkt. Die heutige räumliche Struktur der Greater Banjul Area ist als das Ergebnis einer Konfrontation zweier unterschiedlicher Konzeptionen sozialräumlicher Organisationen zu verstehen: Der britischen kolonialen Konzeption und der von den Mandinka in den Kombos praktizierten Konzeption.

Die koloniale Konzeption

Die koloniale Konzeption beruht auf der Formation marktorientierter ökonomischer Verhältnisse und deren Kontrolle und der Sicherung durch die Kolonialverwaltung. Koloniale Siedlungspolitik, Förderung des Handels und des Handwerks, Landnahme, Zwangsarbeit, Steuergesetzgebung waren Instrumente der Durchsetzung dieser Konzeption. Eine weitestgehende Nutzung vorhandener Ressourcen (Boden, Arbeitskraft) und deren Kontrolle sollte damit erreicht werden. Die wichtigste Maßnahme hierzu war der Erwerb des Verfügungsrechts über den Boden. Erreicht wurde dies durch die vertraglichen Regelungen mit dem Mansa von Busumbala (1816/1840/1853)[4], die der britischen Kolonialverwaltung ein Nutzungsrecht an Kombo St. Mary und der Insel Banjulo gaben. War die Überlassung von Boden zur Nutzung von seiten des Mansa so zu interpretieren, daß Nutzungsrechte nicht Übertragung von Eigentumstiteln hieß, so wurde von seiten der Kolonialverwaltung das Faktum „crown law" geschaffen, das den gesamten Boden der Kolonie zu britischem Boden erklärte. Dies war politisch und militärisch

Abb. 12: Haus im Stil kolonial-viktorianischer Architektur in Portuguese Town, Banjul.

Abb. 13: Haus im Stil kolonial-viktorianischer Architektur in Jolof Town.

durchsetzbar, da im Verlauf des 19. Jahrhunderts die als „Soninke-Marabut-Kriege"[5] bekanntgewordenen Auseinandersetzungen zwischen animistischen und islamischen Mandinkagesellschaften der Kombos die traditionellen politischen Zentren Busumbala, Yundum und Brikama schwächten. Zum Ende dieser Kriege (1875) war die britische Kolonie militärisch nicht mehr zu beseitigen.

Die konkrete Gestaltung der sozial-räumlichen Organisation in der Kolonie wurde durch eine gezielte Besiedlungspolitik (für Bathurst und Kombo St. Mary) und die Anlage der Stadt Bathurst erreicht. Besiedlungspolitik und Layout Bathursts spiegeln das ökonomische Interesse der Kolonialherren und die soziale Stellung der Bewohner wider.

Mit der Gründung Bathursts erhielten Händler und deren Hausangestellte aus dem ehemals britischen St. Louis und Gorée Land in Bathurst (ab 1816). Aufgrund einer Initiative des Lt.Gov. Rendall kam 1830 das erste größere Kontingent „Liberated Africans" nach Bathurst.[6] Durch sie sollte der Mangel an Handwerkern, militärischen Reservisten und Bauern, die für die Nahrungsmittelversorgung produzieren sollten, behoben werden. Ihren Wohnsitz fanden sie teilweise in Bathurst, den Kombos und auf MacCarthy Island. Wolof aus den umliegenden Regionen (vor allem aus Sine, Senegal) wurden ermutigt, sich in Bathurst niederzulassen, und waren als Handwerker und Hausangestellte tätig. Pensionierte Soldaten des „Royal Africa Corps" und des „West India Regiments" erhielten Land in Bathurst und Kombo St. Mary.

Tab. 3: Bevölkerungsentwicklung Bathursts von 1818–1963 und Anteil der ethnischen Gruppen 1911 und 1963

| Jahr | Bevölkerung | Anteil der ethnischen Gruppen in % | | | | | |
		Wolof	Mandinka	Aku	Jola	Fula	Serer
1818	600						
1850	4.000						
1911	7.700	48	3,5	9,7	5,5	3,0	7,5
1963	27.809	41	12,0	9,0	5,1	3,7	2,6

Quellen: Zahlen für 1818 aus Colonial Correspondence – Sir C. MacCarthy to Earl Bathurst, 29 March 1818/Zahl für 1850 – Gov. O'Connor to Lord Russell, 30 July 1855/ Zahlen für 1911 u. 1963 aus Population Census 1963

In den Volkszählungen von 1911 und 1963 hatten nicht näher spezifizierte Afrikaner einen Anteil von 15 bzw. 18 Prozent an der Gesamtbevölkerung Bathursts, während der Anteil der gleichfalls nicht näher spezifizierten Europäer und Asiaten von 4,1 auf 1,1 Prozent zurückging.

Die Beziehungen der Einwohner Bathursts waren durch ihre beruflichen Tätigkeiten und ihren Status als Lohnarbeiter bestimmt. Auf dieser Basis wurden gemeinsame Interessen formuliert und von den afrikanischen Bewohnern der Versuch gemacht, Einfluß auf die koloniale Politik zu nehmen, von der sie im Prinzip ausgeschlossen waren. 1860 gründeten Händler der „Liberated Africans" zusammen mit Wolof aus Gorée und einer Gruppe von Marabuts „Friendly Societies", deren Untergruppen nach ethnischer Zugehörigkeit gebildet wurden: Ibo-Society, Yoruba- und Aku-Society, Wolof im Workmen's Club.[7] In ihrem Publikationsorgan „The African Times" opponierten sie gegen den Gouverneur und die Handelspolitik und verlangten Unterstützung von Maba, dem Anführer des Jihad in Niumi und Baddibu, und anderen Marabuts der Flußstaaten. Da diese Solidarisierung von der Kolonialverwaltung nicht gewünscht wurde (1866 gab es ca. 400 Marabuts in Bathurst)[8], wurden die Societies 1865 durch Gesetz verboten.

Erst gegen Ende der Kolonialzeit wurde durch die Gründung politischer Parteien und durch eine zunehmende Zahl von Gambiern, die in der Verwaltung und dem Schulwesen beschäftigt waren, ein stärkerer Einfluß auf das politische Leben der Kolonie möglich.

Parallel zur kolonialen Besiedlungspolitik wurde das Layout Bathursts, das bereits mit der Gründung von Captain Grant[9] entworfen worden war, gelegt: Portuguese Town, in direkter Nähe des Hafens, war das Handels- und administrative Zentrum Bathursts, ein Wohngebiet, das einen bestimmten gesellschaftlichen Status und Grad an Reichtum indizierte. Seine Bewohner waren Händler/innen britischen, portugiesischen, französischen, Wolof oder gemischten Ursprungs. Ihre Häuser waren im Erdgeschoß mit Läden und Lagern ausgestattet, die Wohnungen befanden sich darüber. Jolof Town war Wohnort der Wolof, die für die Händler als Hausangestellte oder auch als Handwerker arbeiteten. Soldier Town war Viertel der pensionierten Soldaten des „Royal Africa Corps" und des „West India Regiments". Mokam Town, das wegen der vielen Toten während der Cholera-Epidemie von 1869 „Half Die" genannt wurde, war das ärmste Viertel Bathursts. Dort lebten Lohnarbeiter aus den Kombos und den Flußstaaten. Jola Town, in dem ca. 30 Jola aus den Kombos wohnten, wurde nach der Ansiedlung von „Liberated Africans" (ab 1830) in Melville Town umbenannt.[10] Außerhalb von Portuguese Town waren die Rundhütten der Bewohner mit Bambusgeflecht, Stroh oder Palmblattdächern gebaut. Diese Baumaterialien wurden mit Ordinance vom 19.5.1854 wegen ihrer Feuergefährlichkeit untersagt; vorgeschriebene Materialien waren nunmehr mit Lehm beworfenes Bambusflechtwerk, Ziegel und die rechteckige Bauweise.[11] Europäische Besucher der Jahre 1860 und 1880 reagierten sehr unterschiedlich auf das Erscheinungsbild der Stadt:

„In Struktur und Stabilität sind die Häuser denen von Freetown bei weitem überlegen; dies gilt auch für

79

das äußere Erscheinungsbild und die bequeme und elegante innere Gestaltung. Sie erinnern stark an Londoner Gebäude. ... Mich deuchte fast, ich befände mich in einem Londoner Salon, während ich meinen Tee und Kaffee genoß, umgeben von angenehmer Gesellschaft. Alles war und verhielt sich so englisch ....."[12]

„Während des Regens steht der Hauptteil der Stadt unter Wasser, und die Bewohner fangen Fische inmitten der Straße. Gelegentlich erscheint ein Krokodil, über das die Eingeborenen sich köstlich amüsieren. Beendet wird sein irdisches Dasein normalerweise in der Nähe der Weinhandlungen in Richtung des Friedhofes. Andere Eingeborene vergnügen sich damit, nach venezianischer Art die Straßen hinauf- und hinabzurudern. ... Glücklicherweise versickern diese Fluten bald, da der schlammige Boden von einer starken Sandschicht bedeckt ist, unter der das Wasser stehenbleibt und sich insofern nachteilig für die Gesundheit auswirkt, als die Luft von schlechten Gerüchen erfüllt ist."[13]

In Mokam Town trocknete der Boden nur für einen kurzen Teil des Jahres, während der Regenzeit verwandelte sich das gesamte Gebiet in einen Sumpf. Verständlich, daß die Epidemien von 1859, 1872 (beide Male Gelbfieber) und 1869 (Cholera) dort die meisten Opfer forderten.

Das Resultat der kolonialen Konzeption sozial-räumlicher Organisation wird in einem Report über Gambia von 1943 beschrieben:

„Der erste und zugleich deprimierendste Eindruck von Bathurst ist der einer in sich geteilten Stadt. Die Einwohner sind durch rassische, religiöse und soziale Barrieren voneinander getrennt, besitzen keinen Gemeinschaftssinn. Es ist daher kaum verwunderlich, daß Projekte zur Verbesserung der sozialen Bedingungen in der Stadt entweder gar nicht erscheinen, oder wenn etabliert, durch persönliche Animositäten oder gegenseitiges Mißtrauen sabotiert werden."[14]

Sicherlich ist dieses Bild zu düster gezeichnet und sagt mehr über die Distanz des Autors zur Realität Bathursts aus. Es steht allerdings in der Tradition einer Betrachtungsweise, die mit Unverständnis reagiert, wenn von außen initiierte Maßnahmen nicht zwangsweise die freudige Erregung hervorrufen, die der Initiator erwartet. So gesehen, ist der Autor des Reports ein Vorfahr der weißen Experten, die heutzutage versuchen, „Andernorts" Konzeptionen der Entwicklungspolitik zu realisieren.

Die Mandinka-Konzeption

Die von den Mandinka der Kombos praktizierte Konzeption sozial-räumlicher Organisation beruht gleichfalls auf der Formation marktorientierter ökonomischer Verhältnisse und deren Kontrolle und Sicherung. Allerdings waren diese Verhältnisse in den Beziehungen direkter Produzenten ausgedrückt, die sowohl über Produktionsmittel als auch über die Produkte verfügten. Bodenrecht, Verwandtschaftsbeziehungen und Heiratsallianzen waren Mittel, mit denen die Beziehungen zwischen den Produzenten geregelt wurden.

Traditionelles Bodenrecht in Kombo St. Mary basierte auf der Erstbesiedlung/Dorfgründung und der Urbarmachung des Bodens für die landwirtschaftliche Produktion. Erstbesiedler/Dorfgründer hatten das Recht, Neuhinzukommenden Wohn- und Ackerland zuzuweisen. Das Verhältnis zwischen beiden wird als „citizen-stranger"-Beziehung bezeichnet, „Langsarlu-Luntangolu" in der Mandinkasprache. Im Verlauf der Geschichte eines Dorfes wurden diese Beziehungen durch Heirat gefestigt, und Dorfgründer und Nachfolgende bildeten den Kern der Dorfbevölkerung. Die Ämter Alkalo, Falifo und Imam sowie der Rat der Dorfältesten wurden von diesen Gruppen besetzt bzw. gebildet. Heiratsbeziehungen waren wesentliches Instrument der Umwandlung des Langsarlu-Luntangolu-Verhältnisses in eines der formalen Gleichberechtigung beider Seiten. Lediglich die Anciennität wurde durch die Vergabe des Alkaloamtes an die Erstbesiedlergruppe betont.

Das zu einem Dorf gehörende Land war zwischen den verschiedenen Familiengruppen (Sing.: Kaabiila/Plur.: Kaabiilalu), die durch Urbarmachung ein Nutzungsrecht und Zuteilungsrecht erwarben, aufgeteilt. Letzteres bezog sich auf die Zuteilung landwirtschaftlichen Bodens an Mitglieder der eigenen Gruppe oder an Fremde. Die Eingliederung dieser Fremden in die Gemeinschaft des Dorfes konnte gleichsam durch Zuteilung von Wohnland und bis dahin noch nicht kultivierten Ackerlandes erfolgen. Die traditionelle Mandinka-Konzeption sozial-räumlicher Organisation wurde in der Kundaa (Plur.: Kun-

Abb. 14: Überschwemmung in Bathurst, August 1948.

daalu) konkretisiert. Der Begriff umfaßt sowohl die sozialen als auch die räumlichen Beziehungen. Im zweiten Teil wird er am Beispiel Bakaus näher erläutert werden.

Mit Variationen, die hauptsächlich die Formen betreffen, ist diese Konzeption auch bei anderen ethnischen Gruppen Westafrikas vorzufinden. Es ist von daher erklärbar, daß die während der Kolonialzeit in Kombo St. Mary angesiedelten Gruppen diese Konzeption ebenfalls anwendeten. Ihre Beziehungen zu den Mandinka sind älter als diejenigen zu den Briten und im Kontext westafrikanischer Geschichte zu sehen.

Das Ziel der traditionellen Konzeption war die Verteilung und Kontrolle des Bodens durch die unmittelbaren Produzenten. Die zunehmende Verlagerung von marktorientierten Formen landwirtschaftlicher Produktion zu industriellen Produktionsformen sowie der gestiegene Bedarf an Boden, sei es für Wohnen, sei es für infrastrukturelle, ökonomische oder administrative Einrichtungen, entzogen der Landwirtschaft Boden und damit der beschriebenen traditionellen Konzeption die materielle Grundlage. So, wie der an den Boden gebundene Produzent, von diesem gelöst, zum Lohnarbeiter wurde, so wurde der Boden vom Produktionsmittel, in der Verfügungsgewalt der Produzenten, per Dekret in die Verfügungsgewalt des Staates genommen und ist heute Instrument staatlicher Planung sowie staatlicher und privater Investition.

Das Quartier Bakau

Bakau mu sate sei, bari to kiling[15]

Bakau hat acht Dörfer, jedoch nur einen Namen, sagen die Mandinka aus Bakau Old Town. Old Town ist der Kern Bakaus, die ursprüngliche, alte Ansiedlung. Die Kundaalu (engl. compounds), zur Straße hin von Wellblechzäunen abgegrenzt, vermitteln dem Fremden einen abgeschlossenen, fast abweisenden Eindruck; lediglich unterbrochen durch ständiges Hinein- und Hinausgehen in und aus den einzelnen Kundaalu, den nach der Straße hin offenen Läden mauretanischer Händler und den Werkstätten der Schneider, die jedoch, von dämmrigem Licht erfüllt, nicht viel erkennen lassen. Das Erscheinen des Fremden wird wahrgenommen, besonders des Weißen, der von den Kindern mit unentwegten „Tubab"-Rufen begleitet wird. Die Kundaalu sind groß, zwischen 400 m² und 9000 m², dicht bebaut und bewohnt (zwischen 10 und 300 Bewohner).[16] Die Straßen trennen sie nur scheinbar voneinander. Old Town-Mandinka betonen und leben noch Gemeinsamkeiten, die durch eine „öffentliche, dem fließenden und ruhenden Verkehr gewidmete Fläche" nur äußerlich unterbrochen wird. Der Einbezug der Straße in das tägliche Leben ist augenfällig. Kreuzungen, Straßenecken und Kundaaeingänge (häufig mit einer Bank an der Seite) sind Kulminationspunkte. Tagsüber sind es die Frauen, die ihr Einkommen mit dem Verkauf kleiner Mengen eigener Produkte oder auch Importwaren aufbessern. Sie alle verkaufen fast die gleichen Saisonartikel, sind

jedoch nie alleine, immer zu mehreren. Alte Männer sitzen im Schatten der Bäume und der Wellblechzäune, junge Männer bevölkern hauptsächlich die Werkstätten der Schneider, bis auf die Straße hin, und natürlich die Kinder. Es herrscht ein ständiges Kommen und Gehen, es wird geredet, gelacht, gespottet; Frauen helfen sich gegenseitig beim Wasserholen an den öffentlichen Zapfstellen, stehen in Trauben bei den Händlerinnen; die jungen Männer kochen „Ataya", einen starken grünen Tee, der von jedermann gern getrunken wird. Nachmittags, nach Arbeitsschluß, sitzen die Berufstätigen vor der Tür, bei den Schneidern, an einer schattigen Ecke, reden, kochen Ataya, spielen Dame oder treffen sich um 17.00 Uhr vor der Moschee zum Gebet. Besuche werden abgestattet, jeder weiß, wo jeder zu finden ist, und ist der zu Besuchende nicht zu Hause, so werden Kinder geschickt, ihn zu benachrichtigen.

„Es ist nicht gut, alleine zu leben, Mandinka wohnen immer zusammen, wir sind alle miteinander verwandt, wir sind eins." (Old-Town-Bewohner)

Mit Einbruch der Dunkelheit verlegen die Damespieler ihren Platz unter die Straßenlaternen. Dort spielen sie manchmal bis tief in die Nacht, begleitet von den Kommentaren der Zuschauer oder den Trommelrhythmen, die vom Bantaba herüberschallen. Dort treffen sich Frauengruppen zum Tanz, halten Parteien ihre Wahlveranstaltungen ab, erzählen und singen Jeli die Geschichte der Mandinka, einzelner Personen oder Ereignisse, und dort trafen sich früher die Dorfältesten zur Beratung. Freitags gegen 14.00 Uhr füllen sich die Straßen um die Moschee. Die Mitglieder der islamischen Gemeinde, der Uma, versammeln sich zum Freitagsgebet.

Die direkt beobachtbare Einbeziehung der Straße in das tägliche Leben ist Ausdruck einer nicht sofort sichtbaren Gemeinsamkeit: Die Straßen führen über Kaabiila-Land, schlagen Schneisen in das, was zusammengehört, die Kaabiila, verbinden miteinander, was nicht direkt zusammengehört, Kundaalu verschiedener Kaabiilalu.

Das Bewußtsein der Zusammengehörigkeit wird durch die Erzählungen der Alten wachgehalten, die aus eigener Anschauung oder Überlieferung berichten:

„Die Frage, die du mir stellst, möchte ich beantworten, … die Welt ist etwas sehr altes, und jeder hat seine eigene Zeit; es gab eine Zeit, in der du noch nicht da warst; wenn du sagst, du wirst darüber reden, was während dieser Zeit geschah, so wirst du Lügen erzählen; wenn du dein Wissen nicht von jemandem hast, wirst du Lügen erzählen; wenn du ein Mensch bist, seines eigenen Wertes bewußt, so wirst du wissen, daß das, woran du dich erinnerst, das ist, was du verstehst; das, was du weißt, ist das, was dir erzählt wurde, du weißt jedoch nicht, was dir nicht erzählt wurde." (Mbalifele Janneh)

Das Wissen über die Geschichte, die Beziehungen und ihre Veränderungen, wird reflektiert und vermittelt; der Unwissende, der Fremde, wird aufgefordert, diesen Bewußtseinsprozeß nachzuvollziehen oder zu gehen – unwissend, nicht dazugehörend:

Abb. 15: Bakau 1984.

„Duniya mu yelema su le ti,
ning ning me la kunung long, kane la bi ye."
„Die Welt ist ein sich ständig änderndes Zuhause,
und wenn jemand nichts über dein Gestern weiß, so
erzähle ihm nichts über dein Heute."

(Old-Town-Ältester)

Formen sozialer Beziehungen: Kaabiila und Luntango

Wir haben im ersten Teil dargestellt, daß traditionelle Formen sozialer Organisation auf landwirtschaftlicher Produktion beruhen. Organisiert wurde die Produktion im Rahmen der Kaabiila. Erstbesiedlung, Bodenrecht, Verwandtschaftsbeziehungen und Heiratsallianzen waren Mittel, mit denen die Beziehungen zum Boden und innerhalb des Dorfes und der Kaabiila geregelt wurden.

Eine Kaabiila besteht aus einer patrilinearen Verwandtschaftsgruppe, deren Mitglieder sich auf einen gemeinsamen männlichen Ahnen beziehen. Ihre räumliche Entsprechung ist die Kundaa, die den Raum bezeichnet, der von der patrilinearen Verwandtschaftsgruppe bewohnt wird. Je nach Kaabiilagröße können mehrere Kundaalu zu einer Kaabiila gehören. Eine oder mehrere Kaabiilalu bilden eine Siedlung.

Das älteste lebende männliche Mitglied der Verwandtschaftsgruppe trägt die Bezeichnung Kaabiila-tiyo. Er repräsentiert die Kaabiila nach außen, verteilt das Land an die einzelnen Kaabiilamitglieder, regelt interne Streitfälle und organisiert die gemeinsame landwirtschaftliche Produktion. Letztere Funktion wird von einem anderen männlichen Kaabiilamitglied wahrgenommen, wenn der Kaabiila-tiyo aus Altersgründen nicht mehr arbeitet. Gemeinsame Feldarbeit wird in einer Gruppe, Dabada genannt, durchgeführt. Die Ergebnisse der Dabada-Arbeit bilden im Prinzip die gemeinsamen Nahrungsmittelreserven. Die Felder des Kaabiila-tiyo werden in der Regel als erste bestellt, da er verpflichtet ist, für Vorratshaltung und Versorgung der Kaabiilamitglieder zu sorgen.

Der Kaabiila-tiyo kann auch Land an Luntangolu (Fremde, Sing.: Luntango) vergeben. Diese wohnen üblicherweise in einer der Kundaalu der Kaabiila, arbeiten (meist drei Tage in der Woche) auf den Feldern des Jiyatiyo (derjenige, der das Land gibt) und werden, sofern sie die erforderliche Integrationsfähigkeit beweisen (Heirat, Respekt, Hilfsbereitschaft) und lange Zeit mit der Kaabiila wohnen, als dieser zugehörig betrachtet. Auf Wunsch erhalten sie eigenen Platz zum Wohnen und Land zur Bebauung. Sie werden so zu Langsarlu, d. h. Mitgliedern der Gemeinschaft des Dorfes.

Bis zu Beginn des 20. Jahrhunderts war Bakau in vier Kaabiilalu aufgeteilt: Madiba Kundaa Kaabiila, Bojang Kundaa Kaabiila, Jammeh Kundaa Kaabiila und Tamba Kundaa Kaabiila. Widersprüchlich in den Überlieferungen ist die Reihenfolge ihrer Ankunft in Bakau. Bojang Kundaa war die erste Kaabiila, siedelte allerdings nahe Kachikally. Die Reihenfolge zwischen Madiba Kundaa und Jammeh Kundaa ist nicht geklärt, während Tamba Kundaa als vierte Kaabiila siedelte.

Eindeutig wiederum ist, daß Madiba Banjulo Jammeh, der Gründer von Madiba Kundaa, die Bojangs aufforderte, von Kachikally zu ihrem heutigen Platz zu ziehen, und daß das Amt des Alkalo, ursprünglich bei Bojang Kundaa, durch die Heirat eines Mannes aus Madiba Kundaa mit einer Bojang-Frau zur Madiba Kundaa Kaabiila kam.

Die Widersprüchlichkeit scheint in Bakau dahingehend aufgelöst, daß alle vier Kaabiilalu als gleichberechtigte Bakau-Dorfälteste betrachtet werden, die zusammen den Status „Langsarlu" (Mitglieder der Dorfgemeinschaft) haben, während alle Nachkommenden, die Ende des 19. Jahrhunderts bzw. im 20. Jahrhundert auf Bakauboden siedelten, „Luntangolu" (Fremde) sind. Dabei wird unterschieden zwischen den „Luntangolu", die sich einer der vier Kaabiilalu anschlossen, Land erhielten, Heiratsbeziehungen zu den Kaabiilalu knüpften, und den „Luntangolu", die in Sanchaba, der Field Force Area und später in Kachikally, New Town, Fajara und bei Cape Point siedelten. Die Bewohner von Wasulungkundaa ließen sich 1928/29 in Bakau nieder, nachdem ihre Häuser bei Cape Point niederbrannten. In gewisser Weise ist ihre Stellung derjenigen der vier Old Town-Kaabiilalu gleich. Wasulungkundaa wird als „Gemeinschaft" betrachtet, die als solche in das soziale Gefüge Old Towns integriert ist. Dagegen sind die Bewohner Sanchabas als Einzelkundaalu zu Old Town bezogen.

Heiratsbeziehungen mit einem Luntango wurden durch dessen Assoziation an die patrilineare Verwandtschaftsgruppe hergestellt. Sie führten zur Vergrößerung der Kaabiila und sicherte so deren Erhalt. Aufgrund dieser Beziehung können die Nachkommen des ehemaligen Luntango selbst das Amt des Kaabiila-tiyo erhalten, wenn die männliche Linie der Kaabiilagründer ausgestorben ist oder einer ihrer Nachkommen zu jung ist, dieses Amt zu übernehmen.

Die dominierende Form der Heirat bei den Mandinka ist die Kreuzcousinenheirat. Kreuzcousinen sind die Kinder des Mutterbruders und die Kinder der Schwester des Vaters. Sie gehören nicht der eigenen Verwandtschaftsgruppe an und können geheiratet werden. Innerhalb der eigenen Gruppe darf nicht geheiratet werden. Kreuzcousinenheirat garantierte den Zusammenhalt verschiedener Kaabiilalu und sicherte im Prinzip die Menge des verfügbaren landwirtschaftlich nutzbaren Bodens einer Kaabiila: Mit der Frau wurde ein Stück eigenen Landes zur Nutzung weggegeben; durch die Heirat mit der Frau einer anderen Kaabiila stand ein Stück Land dieser Kaabiila zur Nutzung bereit. In den heutigen Verhältnissen wird das Gebot der Kreuzcousinenheirat nicht mehr durchgängig angewendet.

Gegensätzlich zu den bisher skizzierten Prinzipien der Herstellung sozialer Beziehungen verlief die Geschichte des Verhältnisses zwischen Bakau und den britischen Kolonialherren. Die Briten wurden als Luntangolu betrachtet, denen gemäß den Überlieferungen die Insel Banjulo von Madiba Banjulu Jammeh überlassen wurde. Als Luntangolu erhielten sie von Bakau das Grundstück zum Bau des Cape House (1821). Nach 1840 (Vertrag Suling Jattas, Mansa von Busumbala, mit Lieut.-Gov. Huntley; Überlassung des

84

späteren British Kombo/Kombo St. Mary) betrachteten die Briten das von Bakau beanspruchte Gebiet als Siedlungsreserve. In der kolonialen Geschichtsschreibung liest sich das so:
„Gemäß den Vertragsbedingungen wurden eingeborene Landeigentümer nicht beeinträchtigt. In dieser Hinsicht war ohnehin Bakau bei Cape St. Mary das einzig bedeutsame Dorf. ... Dem Alikali von Bakau blieb es weiterhin überlassen, seine eigenen Leute wie bisher zu verwalten. Die Eingeborenen wurden weder enteignet noch sonst des Genusses ihres Bodens beraubt, allerdings wurden auf unbenutztem Land Dörfer errichtet.[17]
„Unbenutztes Land" diente allerdings den Einwohnern Bakaus als Landreserve, über die ihnen nun die

Abb. 23: Eingang zum B.O.A.C. Resthouse in Fajara, Bakau, 1942.

freie Verfügung entzogen war. Dies führte zwangsläufig zu Konflikten. 1860 protestierte der Alkalo von Bakau unter Androhung von Widerstand gegen die definitive Grenzziehung von Bakau-Land und die Ansiedlung von Fremden auf, nach britischer Diktion, „unbenutztem Land", das jedoch nach traditioneller Rechtsauffassung unter die Verfügungsgewalt Bakaus fiel.
Nach den mündlichen Überlieferungen und den Kolonialberichten scheint es, daß bis zu Beginn des Zweiten Weltkrieges die Einwohner Bakaus über das ihnen verbliebene Land verfügen konnten, mit Ausnahme einiger Grundstücke, die von der Kolonialverwaltung selbst beansprucht oder vergeben wurden (z. B. an Kaufleute aus Bathurst, die Deutsche Lufthansa, C.F.A.O.).
Im Zweiten Weltkrieg lag Bakau inmitten einer Militärbasis. Große Teile landwirtschaftlicher Nutzfläche gingen durch den Bau und die Erweiterung der seit 1923 dort existierenden Kasernen, für Materialdepots und das Royal Medical Council (heute Medical Research Council) verloren. Der zwischen 1934 und 1939 von der Deutschen Lufthansa benutzte Flughafen bei Jeshwang wurde während des Weltkrieges so erweitert, daß die Ansiedlungen Latrikundaa und Jeshwang verlegt werden mußten. Bakau verlor auch dort einen Teil seines Ackerlandes. Zusätzlich wurde es Ziel von Arbeitssuchenden aus dem Protektorat und den französischen Kolonien. 1943 war Sanchaba mit 1300 Migranten derart überbevölkert, daß die Kolonialverwaltung plante, sie nach Kriegsende in ihre Heimatorte zurückzusenden:

„Um das Anwachsen einer Klasse verstädterter Marketender zu verhindern, deren Profit von der Versorgung der Truppen mit Getränken, Frauen und Spielhöllen abhängt."[18]
Folge dieser Entwicklungen war, daß nicht die „Luntangolu Engländer" in die politische und ökonomische Ordnung der „Langsarlu von Bakau und der Kombos" integriert wurden, sondern diese in die Ordnung jener gezwungen wurden und dabei das Verfügungsrecht über den Boden verloren.
Mit dem Lands Act (Bathurst und Kombo St. Mary), 1965 wurde das gesamte verfügbare Land zu Staatseigentum erklärt, und die Vergabe nach traditionellem Muster verboten.

Formen sozial-räumlicher Beziehungen: Kundaa und Sinkiro

Kundaa bezeichnet in der Mandinkasprache den umzäunten Raum, der von einer patrilinearen Verwandtschaftsgruppe bewohnt wird. Im Gegensatz zu dem Begriff Kooridaa, der auf den physischen Raum bezogen ist, umfaßt der Begriff Kundaa sowohl die physischen als auch die sozialen Beziehungen. In der Regel wird eine Kundaa mit dem Namen der patrilinearen Gruppe benannt: „Jammehkundaaring", „Bojangkundaa".
In Bakau Old Town und Wasulungkundaa bilden mehrere Kundaalu eine Kaabiila: Dankung Jammeh z.B., der Gründer von Jammeh Kundaa Ba, vergab Wohnraum an seine vier Söhne: Bulli verblieb in der Gründungskundaa (Jammehkundaaring). Dampi, Saloum und Numu gründeten Dampi Kundaa, Saloum Kundaa und Numu Kundaa. Heute sind die drei letztgenannten Kundaalu von ehemaligen Luntangolu bewohnt, da die Jammehlinie in diesen keine Nachfolger hatte. Die Luntangolu wurden durch Heirat einer Frau der Jammehlinie in die Kaabiila integriert. Ihre Nachkommen betrachten sich alle als Mitglieder der Jammeh Kundaa Ba Kaabiila.
In den traditionellen gesellschaftlichen Verhältnissen wurde eine Kundaa in bebauten Wohnraum, sanitär- und ökonomisch genutzten Raum und gemeinsam genutzten Raum aufgeteilt. Wohnraum wurde in eine Abteilung für Männer und eine für Frauen getrennt. Zum Frauenbereich gehörten die Kochstellen und Küchenhäuser (Plur.: Kutubungolu) und ein Eßplatz für Frauen und Kinder. Männer aßen getrennt von ihren Frauen, wobei zwischen dem Eßplatz der Alten und dem der arbeitenden Dabadamitglieder unterschieden werden konnte. Landwirtschaft wurde innerhalb und außerhalb der Kundaa betrieben. Umzäunt waren Kundaalu mit Bambuspfählen und Matten aus Palmblättern. Rundhäuser wurden aus Bambusgeflecht und Rhun-Palm-Holz gebaut und mit Palmblättern gedeckt. Ein Speicher enthielt die Nahrungsmittelvorräte, die für alle Kundaabewohner bestimmt waren und von dem Su-tiyo (ältestes männliches Mitglied der patrilinearen Verwandtschaftsgruppe, die über die Kundaa verfügen konnte) verwaltet wurde.
Ein freier Platz innerhalb der Kundaa, in der Regel unter einem größeren Baum, war Treffpunkt aller Kundaabewohner anläßlich religiöser Feste, Hei-

Abb. 24: Sinkiro (Kochstelle) in einer Kundaa.

rats- und Taufzeremonien oder Ruheplatz bzw. Aufenthaltsort von Besuchern.

Die rechteckige Form der heutigen Kundaalu und der Häuser setzte sich seit dem Beginn dieses Jahrhunderts durch. Sie ist Ergebnis geplanten Straßenbaus und der Verwendung von Steinen, Lehmziegeln und Wellblech (für Dach und Zaun) als Baumaterialien.

Innerhalb der Kundaa ist der „Sinkiro" die kleinste soziale Einheit. Das Wort Sinkiro ist zusammengesetzt aus „singo" (Fuß) und „kili/kilo" (rufen). Als technischer Begriff bezeichnet er den Feuerplatz, die Kochstelle. Als sozialer Begriff umfaßt er alle, die „aus einem Topf essen" und zusammengehören, d. h. die patrilineare Verwandtschaftsgruppe, die angeheirateten Frauen und anwesende Luntangolu, sofern diese nicht einen eigenen Sinkiro bilden. Als Idealvorstellung gilt die Existenz e i n e s Sinkiro – Ausdruck größtmöglichen Zusammenhalts innerhalb der Kundaa.

Neben dieser Bedeutung, die alle Kundaamitglieder umfaßt, steht der Begriff Sinkiro für ein Ehepaar (bzw. Ehemann mit mehreren Frauen) und deren Kinder. In dieser Bedeutung war der Sinkiro die kleinste Einheit der Produktion und Konsumtion. Außer den Arbeiten der Eheleute, die gemeinsam mit den anderen Kundaamitgliedern verrichtet wurden, arbeiteten Mann und Frau auf einem gemeinsamen Feld, dessen Erträge für den Sinkiro bestimmt waren. Frauen hatten darüber hinaus meist eigene Felder, deren Erträge ihnen gehörten, jedoch als Teil der Reproduktion des Sinkiro zu sehen sind.

Unter den heutigen ökonomischen Verhältnissen der Greater Banjul Area hat der Sinkiro weitgehend seine Bedeutung als Produktionseinheit verloren (Ausnahme Kombo North). Er kann als Haushalt bezeichnet werden, dessen Reproduktion auf der Basis von Lohnarbeit (Mehrzahl Männer), der Hausarbeit der Frauen und ihrer Marktaktivitäten geleistet wird. Letztere sind infolge der kritischen Arbeitsmarktlage dann von entscheidender Bedeutung, wenn die Männer arbeitslos sind bzw. nur über ein geringes Lohneinkommen verfügen. Frauen in Bakau arbeiten in den südlich Bakaus gelegenen

Abb. 25: Verdichtete Kundaa in Bakau Old Town 1984.

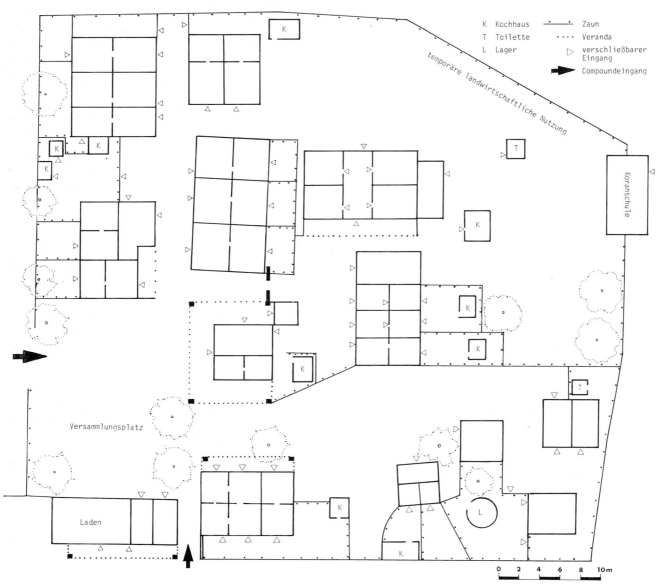

Gärten und verkaufen die Produkte auf den Märkten; Nahrungsmittel werden zubereitet und in den Straßen verkauft. Oftmals ist das Einkommen aus diesen Tätigkeiten die einzige Geldquelle des Sinkiro. Zusammenfassend können wir sagen, daß die Kundaa in den traditionellen Verhältnissen Wohnort und teilweise Ort der Produktion einer patrilinearen Verwandtschaftsgruppe war. Zusammen mit anderen Kundaalu bildete sie eine Kaabiila, die als übergeordnete Institution sozialer Organisation galt. Der Verlust ihrer wesentlichsten Funktion, der Organisation der Produktion und, damit verbunden, die Regelung der inneren und äußeren Kaabiilabeziehungen, führte zur Hervorhebung der Wohnfunktion einer Kundaa.

Bevölkerungswachstum, definiert als Funktion zunehmenden personellen Bedarfs der Konzentration ökonomischer und politischer Beziehungen in der Greater Banjul Area, erforderte die verstärkte Bereitstellung von Wohnraum. Innerhalb der Kundaalu erfolgte dies mittels der Beziehungen der patrilinearen Kerngruppe und der bereits assoziier-

ten Luntango-Familien. Migranten, die saisonal oder zum ständigen Aufenthalt in die Greater Banjul Area kommen, wohnen zuerst bei ihren Verwandten oder denjenigen, die mit den Verwandten in einer Beziehung der gegenseitigen Unterstützung stehen. Je nach vorhandenem Platz können sie ständig in der Kundaa wohnen oder versuchen nach einiger Zeit, eine eigene Kundaa zu gründen.

Die Kundaalu in Bakau Old Town sind heute von mehreren Sinkirolu bewohnt, deren Beziehungen immer weiter gefaßt sind. Zwar ist meist noch die patrilineare Gründergruppe einer Kundaa vorhanden, doch entfernte Verwandte, Verwandte der bereits assoziierten Luntangolu und Freunde der jeweiligen Verwandten sind in den Kundaalu anzutreffen. Dieser intensiven Nutzung der Beziehungen entspricht die intensive Nutzung des vorhandenen Wohnraums.

Kundaalu, wie in Abbildung 25 gezeigt, werden von mehreren Sinkirolu bewohnt, die durch Verwandtschaft, als Luntangolu oder als Mieter miteinander verbunden sein können.

Das Kundaa-Gelände ist aufgeteilt in den bebauten Raum, eine umzäunte Fläche und eine offene Fläche.

Der bebaute Raum einer Kundaa besteht aus den Wohnhäusern (mit und ohne Veranda), Toilettenhäusern (mit und ohne Dach), Küchenhäusern und Lagerraum bzw. sanitär genutztem Raum (manchmal überdacht) hinter den Wohnhäusern. Wohnhäuser bestehen aus einem Raum oder aus Wohn- und Schlafraum (parlour and bedroom) oder einer Addition mehrerer Wohn-Schlafraumeinheiten. Abhängig von der Zahl der Kundaabewohner und ihrer Stellung zueinander ist die Aufteilung der Wohnhäuser. Im allgemeinen wird versucht, die traditionelle Trennung zwischen Frauen- und Männerbereich zu erhalten. Die gesamte Fläche um die Kochstelle und Kochhäuser wird von Frauen benutzt. Sie wohnen zusammen mit den Kindern und erwachsenen Töchtern (ab ca. 15 Jahren) in einem Haus. Verheiratete Männer haben im allgemeinen ein eigenes Zimmer, in dem sie schlafen, essen und Besuch empfangen.

Die umzäunte Fläche kann als Kundaa in der Kundaa betrachtet werden, da alle Funktionen der Kundaa hier wiederzufinden sind. Dieser Raum wird rolu, deren Zusammenhalt oder Abgrenzung von den übrigen betont werden soll. Eine derartige Abgrenzung ist allerdings nicht als unabänderbar zu verstehen. Im allgemeinen würde die Betonung der räumlichen Zusammengehörigkeit eines Sinkiro eher durch die Anordnung der Häuser erfolgen.

Zäune können auch sanitär genutzten Raum abgrenzen bzw. für Gartenbau oder Landwirtschaft nutzbare Flächen. Letztere sind als Reserveflächen zu betrachten, die bei Bedarf bebaut werden. Offene Flächen sind die Kundaaeingänge, die Räume zwischen den Häusern und um die Kochstellen sowie ein Platz, der für gemeinsame Aktivitäten der Kundaabewohner genutzt wird. Nicht genutzte Flächen gibt es in diesem Sinne nicht. Die Kundaa wird insgesamt – also Gebäude und Freifläche zusammen – als Wohn- und Arbeitsort (mit Ausnahme einiger Handwerkskundaalu ausschließlich weibliche Arbeit) von den Bewohnern genutzt.

Abb. 26: Kundaa mit 'self-contained house' 1984.

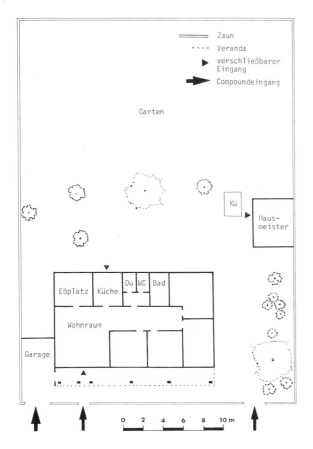

Abb. 27: Blick in eine Kundaa.

Abb. 28: Tobaski-Schlachtung.

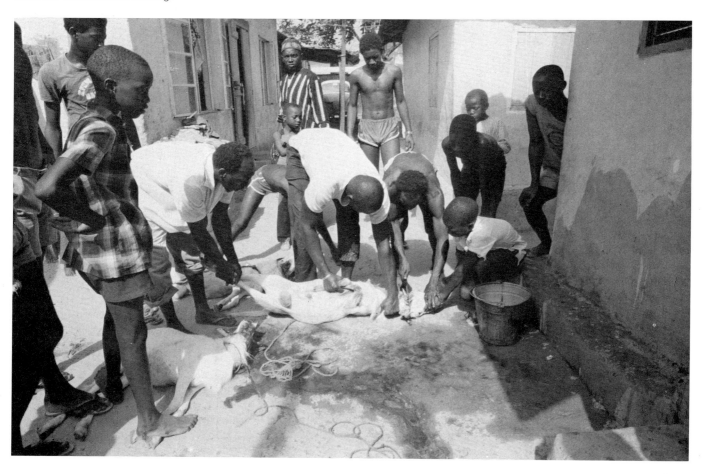

Die „self-contained houses"

Mit dem Bau sogenannter „self-contained houses"
werden Funktionen aus dem Kundaagelände in ein
Haus verlegt.
Das „self-contained house" ist eine neue bauliche
Form, vergleichbar dem „Einfamilienhaus" europäischer Prägung. Die baulich-räumliche Organisation
einer Kundaa wird durch die Konzentration verschiedener Funktionsräume (Küche, Bad, Toilette,
Lager) innerhalb eines Hauses verändert. Teure,
meist importierte, Baumaterialien (Zement, Zement-
blöcke, Wellblech etc.) und notwendige Infrastruktureinrichtungen (Wasser-, Elektrizitätsanschluß,
Sickergrube) erhöhen die Investitions- und Folgeko-
sten dieses Hauses, dessen Lage innerhalb der Kundaa vom Verlauf der Infrastruktur eines Wohngebie-
tes (Straßen, Wasser-, Elektrizitätsleitungen, Entsorgungseinrichtungen) bestimmt wird. Dies schränkt
die flexible Nutzung des gesamten Kundaagelän-
des ein. Bedingt durch die Verlagerung von Funk-
tionsräumen in das Innere eines Hauses, müßten
Neubauten innerhalb der Kundaa theoretisch ebenfalls „self-contained houses" sein. Dies würde eine
Multiplikation der Funktionsräume und eventuell
der Entsorgungseinrichtungen zur Folge haben,
ohne daß eine intensivere Nutzung, Ergebnis der
praktizierten Flexibilität, gewährleistet wäre. Lediglich eine Verteuerung der Wohnraumkosten kann
als sicher angenommen werden.
Welche Auswirkungen auf die Beziehungen der
Kundaabewohner diese Form der baulich-räumlichen Organisation hat, kann z. Zt. noch nicht ausreichend diskutiert werden, da diese Haus- bzw. Kun-
daaform erst seit etwa zehn, zwölf Jahren verstärkt
gebaut wird. Vor allem für den europäischen Beobachter liegt die Vermutung nahe, daß die derzeit vorherrschende Großfamilien-Struktur in Zusammenhang der räumlichen Begrenzung eines „self-contained house" einer Kleinfamilienstruktur weicht. Dies
erscheint uns als zu eng gefaßt: Verwandtschaftliche
Beziehungen sind nur eine Form neben den Luntan-
go-Beziehungen, Herkunfts-Beziehungen oder denjenigen zwischen Mietern und Kundaa-bzw. Haus-
eigentümern. Auch in einer Kundaa mit einem „self-
contained house" sind die genannten Beziehungs-
formen dominierend, gehen sie doch weit über Kundaa, das Quartier und die Greater Banjul Area hinaus, erfassen die entfernt lebenden Verwandten,
Bekannten und assoziierte Gruppen im gleichen
Maße wie die nahen oder zusammenlebenden Personen und Gruppen. „Self-contained houses" sind
nicht nur in den erwähnten Neubaugebieten zu finden, sondern auch in den älteren Wohngebieten von
Bakau, Serekunda und Banjul. Ihr Bau ist abhängig
von den finanziellen Verhältnissen der Bauherren,
und damit letztendlich von der Versorgung mit Arbeitsplätzen.
Die Prinzipien der Solidarität und der Verpflichtung
zur gegenseitigen Unterstützung oder, anders ausgedrückt, die Prinzipien der Herstellung interner
und externer Beziehungen einer Familiengruppe
sind älter als der Urbanisierungsprozeß in der Greater Banjul Area. Ihre Anwendung führte u. a. in Bakau
und den anderen Teilen der Greater Banjul Area zu

Abb. 29: 'self-contained house'.

der beschriebenen flexiblen und intensiven Nutzung vorhandenen Bodens, die eine Transformation
extensiver Raumnutzung in ruralen Verhältnissen zu
intensiver Raumnutzung in urbanen Verhältnissen
ermöglichte.
Es ist daher davon auszugehen, daß lediglich Ein-
griffe von außen eine Entwicklung zur Kleinfamilie
erzwingen könnten. Diese Gefahr ist gegeben, wenn
bei der Planung neuer Wohngebiete der Ökonomis-
mus der Kosten-Nutzen-Rechnung zum Instrument
der Stadtplanung und die Größe einer Kundaa Funktion der Kapitalisierung des Bodens werden. Nicht
berechenbare Faktoren wie die gegenseitige Verpflichtung und Verantwortung, die sich aus den
genannten Formen der Beziehungen ergeben, werden in eine solche Rechnung nicht einbezogen. Sie
bleiben in der Regel für den westlich geschulten
Stadtplaner fremde, exotische Kategorien, die sich
seinen mathematischen Modellen entziehen und mit
den herkömmlichen Methoden empirischer Sozial-
forschung nur schwierig oder gar nicht erfassen lassen. Die erwähnte Transformation der Raumnutzung
folgte allerdings diesen Kategorien. Sie sind, obwohl
nicht ökonomische Kategorien im Sinne westlicher
Volkswirtschaftslehre, Bestandteile der sozio-ökonomischen Verhältnisse, die bereits vor der Kolonialzeit in den Gesellschaften Westafrikas entwickelt
wurden. Ohne im Rahmen dieses Artikels im Detail
darauf eingehen zu können, bleibt festzuhalten, daß
die Prinzipien der Herstellung interner und externer
Beziehungen der Familiengruppen als Ressourcen
zu betrachten sind. Formen sozial-räumlicher Organisation wurden in der bisherigen Entwicklung der
Greater Banjul Area von der Bevölkerung mittels
intensiver Nutzung dieser Ressourcen hervorgebracht. Die Größe einer Kundaa ist insofern von
Bedeutung, als sie räumliche Grundlage der Entfaltung und Nutzung vorhandener Beziehungen, verstanden als Ressourcen, ist.
Neue Parzellierungen (Gambian-Norwegian Coope-
ration Scheme: ca. 150 m² pro Parzelle) und ein von
der Weltbank projektiertes Wohngebiet (bis zu 350
m² pro Parzelle) reduzieren das Kundaagelände. Als
„low-cost-housing" bzw. „low-income"-Projekte pro-
pagieren sie die „Logik des Billigen für die Armen".
Daß gerade die „Armen" durch die Nutzung der
erwähnten nichtberechenbaren Faktoren Möglichkeiten zur Gestaltung ihres täglichen Lebens haben,
entgeht diesen mit ausländischer „Hilfe" geplanten
und finanzierten „Projektionen".

Anmerkungen

1 „Liberated Africans" bezeichnet Afrikaner, die von Sklaven-schiffen befreit wurden, und in Nordamerika freigelassene Sklaven, die via Sierra Leone nach Bathurst gebracht wurden.
2 Siehe auch: Ministry for Local Government and Lands. Department of Physical Planning: Physical Development Plan for the Greater Banjul Area, First Draft, Banjul 1983/84. S. 94.
3 Ebenda. S. 16; und Population Census 1973.
4 J. M. Gray, A History of The Gambia, London 1966. S. 301 u. 367.
5 Harry A. Gailey Jr., A History of The Gambia, London 1964. S. 39 ff. – Charlotte A. Quinn, Mandingo Kingdoms of The Senegam-bia, London 1972. S. 69 f.
6 J. M. Gray, a.a.O. S. 357.
7 Florence Mahoney, Stories of Senegambia, Banjul 1982. S. 55 f.
8 Ch. A. Quinn, a.a.O. S. 97.
9 H. A. Gailey Jr., a.a.O. S. 62 f.
10 F. Mahoney, a.a.O. S. 44 u. S. 70 ff.
11 Colonial Ordinance – 19.5.1854.
12 Thomas E. Poole, Life, Scenery and Customs in Sierra Leone and The Gambia, 2 Bde., London 1850. S. 74 u. 77.
13 Mitchinson: The Expiring Continent, zit. nach: J. M. Gray, a.a.O. S. 456.
14 K. W. Blackburn, Report on Development and Welfare in The Gambia, Bathurst 1943. S. 3 § 10.
15 Paul J.G. Beedle, Citizens and Strangers in a Gambian Town, unveröffentl. Ph.D.thesis, Cambridge 1980. S. 51.
16 Karlheinz Seibert, Results of the Compound Survey carried out in Bakau, Old Jeshwang (new Lay-out) and M-Section, Report for the Urban Development Planning Project, Ministry for Local Government and Lands, Physical Planning Depart-ment, Banjul 1983. S. 7 f.
17 J.M. Gray, a.a.O. S. 368.
18 K. W. Blackburn, a.a.O.

Glossar

Alkalo/Alikaalo: Dorfchef.
Bantaba: Versammlungsplatz der Dorfbewohner.
Bentengo: Versammlungsplatz der Kundaabewohner, Plattform/ Balken.
Dabada: Arbeitsgruppe, gebildet aus den männlichen Mitglie-dern einer Kundaa.
Falifc: Bote des Alkalo.
Jiya tiyo: Gastgeber.
Kaabiila (Plur.: -lu): Bezeichnung für eine patrilineare Verwandt-schaftsgruppe.
Kundaa (Plur.: -lu): Bezeichnung für den umgrenzten Wohnraum einer patrilinearen Verwandtschaftsgruppe.
Kutubungo: Kochhaus.
Langsarlu: Mitglied der Dorfgemeinschaft.
Luntango (Plur.: -lu): Fremder, Fremde.
Sinkiro (Plur.: -lu): Feuerstelle/Gemeinschaft derer, die zusam-men essen.

Salvador:
Historische Größe – schmerzliche Erneuerung

Johannes Augel · Moema Parente Augel

Abb. 1: Salvador: Sicht von der Allerheiligenbucht auf Unter-und Oberstadt.

Salvador, die „Stadt des heiligen Erlösers von der Bucht aller Heiligen", der „Stolz Brasiliens", eine Stadt mit einem „Führer durch seine Straßen und seine Geheimnisse" von keinem geringeren als Jorge Amado, beschrieben und besungen von Hunderten von Reisenden, Künstlern und Dichtern, „voller Anmut und Süße", die „Zauber-Stadt", nicht nur „aller Heiligen", sondern auch die „aller Dämonen", auch die Stadt „aller Armen".[1]

Salvador, Hauptstadt von Bahia, symbolisiert historisch und weitgehend auch noch im Bewußtsein des heutigen Brasilianers das „ursprüngliche", das „echte", das „eigentliche", das „traditionelle" Brasilien. Die Stadt wurde in der Kolonialzeit als die größte südlich des Äquators angesehen und war bis 1763 Hauptstadt der portugiesischen Kolonie Brasilien und bedeutendste Hafen- und Handelsstadt der östlichen Atlantikküste. Bis heute ist die 1,7 Millionen-Stadt unter allen brasilianischen Großstädten die mit dem größten Anteil dunkelhäutiger Bevölkerung, ein Ausdruck ihrer Bedeutung für den kolonialen Handel, insbesondere den Sklavenhandel, und für die vor allem auf dem Zuckerrohr aufbauende exportorientierte Landwirtschaft des Hinterlandes. Nicht erst heute ist Salvador das „Mekka" brasilianischer und ausländischer Touristen[2], die auf den Spuren kolonialer Vergangenheit die ehemaligen Bürger- und Adelspaläste, die Regierungsgebäude des 17. und 18. Jahrhunderts und die vielen goldüberladenen Barockkirchen ebenso bewundern wie die traditionellen afrikanischen Kulte des Candomblé und die malerischen Baianas, die ihre Leckerbissen mit exotischen Namen wie Acarajé, Vatapá und Pé-de-Moleque auf der Straße feilbieten.

Selbst der ahnungslose Besucher wird bald gewahr, daß er hier die älteste Stadt Brasiliens finden wird,

„das Haupt der Kolonie", ehemals blühendes Handelsemporium, die zwei Jahrhunderte lang mächtigste Stadt südlich des Äquators. Und er braucht nicht lange zu suchen, um die Spuren der Vergangenheit zu finden. Mitten im Zentrum liegt das größte geschlossene Wohnviertel der Kolonialzeit in ganz Lateinamerika, vom Terreiro de Jesus und São Francisco über den Maciel zum Pelourinho und weiter über die Kirche zum Kreuzweg (Passos) hin zum Calvarienberg (Igreja do Carmo), ein Gebiet, das seit mindestens Anfang dieses Jahrhunderts einem rapiden Transformationsprozeß unterlag und in Verfall geriet, in dem heute jedoch große Anstrengungen hinsichtlich Restaurierung und Erneuerung unternommen werden. Die mehrstöckigen Herrenhäuser, einige von ihnen aus dem 17. und viele aus dem 18. Jahrhundert, ehemalige Residenzen des städtischen Großbürgertums, höherer militärischer, kirchlicher und ziviler Amtsträger sowie des Landadels, zeugen noch heute vom verflossenen Reichtum der Stadt und der Plantagenbesitzer des Recôncavo, die hier ihre Stadthäuser unterhielten. Wie die ehemals Freien Reichsstädte Köln und Straßburg und wahrscheinlich viele andere Städte nicht nur der christlichen Welt steht auch Salvador in dem Ruf, soviel Kirchen wie Tage im Jahr zu haben. Statt 365 ist die Zahl von 165 Kirchen jedoch wahrscheinlicher. Wichtiger aber ist die große Rolle, die diese Kirchen in der Entwicklung der Stadt spielten, und ihre Bedeutung als heutige Zeugen einer großen Vergangenheit, viele von ihnen mit kunsthistorisch einmaligen Kachelgemälden und mit reich vergoldeten Ornamenten und barocken Figuren: die Kirche des heiligen Franziskus, die des Dritten Ordens des Carmel, die Kathedrale, die vorher die Kirche der Jesuiten war, die Kirche des Seminars von der heiligen Theresa, die Kirche der Barmherzigkeit, die Conceição da Praia, Graça, Benediktinerkirche und andere.

Neben der christlichen Tradition und oft mit ihr untrennbar verbunden steht die afrikanische. Der millionenfache Import afrikanischer Sklaven bis um die Mitte des vergangenen Jahrhunderts, die Fortführung der Sklaverei bis 1888, die erfolgreichen Bemühungen der Afrikaner und ihrer Nachkommen, ihre religiösen Ausdrucksformen unter dem Deckmantel christlicher Heiliger zu pflegen und weiterzuentwickeln, haben zu einem Neben- und Miteinander christlich-afrikanischer Religiosität und zu neuen, genuin afro-brasilianischen Formen religiöser Kulte geführt. So wie der katholische Heiligenkalender das ganze Jahr über seine Heiligen feiert, so finden auch das ganze Jahr über afro-brasilianische Feste zu Ehren afrikanischer Gottheiten statt, die mit katholischen Heiligen gleichgesetzt werden.

Der große Zyklus der Volksfeste umfaßt jedoch insbesondere die Monate Dezember bis Februar, beginnend mit dem Fest Unserer Lieben Frau von der Unbefleckten Empfängnis (8. Dezember), dem nach kirchlicher Tradition eine neuntägige Vorbereitungszeit (Novene) vorausgeht, eine Zeit, in der im Bereich der Kirche Nossa Senhora da Conceição da Praia eine große Anzahl von Buden mit Getränken und Eßwaren aufgestellt und Tanz und Capoeira in den umliegenden Straßen veranstaltet werden, daneben auch die eigentlichen religiösen Feierlichkeiten im Innern der großen Basilika. Im Monat Januar eröffnet eine Schiffsprozession das Fest Unseres Herrn der Seefahrer. Schon am 31. Dezember wird mit großem Aufwand das Bildnis Unseres Herrn der Seefahrer aus der Kleinen Kirche Zur Guten Reise (Boa Viagem) per Boot den Strand entlang bis zur Kirche Nossa Senhora da Conceição da Praia gebracht. Am 1. Januar geht die Schiffsreise wieder zurück. Die Statue fährt in einem mit Blumen überreich geschmückten Boot zusammen mit der Statue Unserer Lieben Frau von der Unbefleckten Empfängnis zurück, und die Allerheiligenbucht füllt sich mit blumengeschmückten und mit Gläubigen und Neugierigen beladenen Booten.

Am zweiten Sonntag nach dem Dreikönigsfest wird das Fest Unseres Herrn vom Guten Ende (Nosso Senhor do Bonfim) begangen. Veranstalter ist eine Bruderschaft, alle Bevölkerungsschichten nehmen aber an diesem sehr populären Fest teil. Schon zu Beginn des vergangenen Jahrhunderts beschreiben es ausländische Reisende als sehr volkstümlich, und es stellt damals wie heute einen idealen Ausdruck des afro-brasilianischen Synkretismus dar. An dem dem Fest vorausgehenden Donnerstag führen Baianas, weißgekleidete und fast immer dunkelhäutige oder schwarze Frauen aus Bahia, die symbolische Waschung der zur Kirche führenden Treppenstufen durch. Mit „jungfräulichen" großen Tonkrügen mit Wasser und weißen, stark parfümierten Blumen und beim Gesang afrikanischer Lieder waschen sie in ritueller, symbolischer Weise die breiten Treppenstufen und bereiten so die Kirche für das große Fest vor. All dies bei verschlossenen Türen der Kirche, denn der Klerus und die „offizielle Kirche" nehmen nicht an diesem Fest teil und verurteilen es teils heftig.

In den letzten Jahren hat sich der Brauch der „Waschung" über die Kirche Unseres Herrn vom Guten Ende hinaus ausgedehnt und findet heute in den Monaten Januar und Februar auch vor verschiedenen anderen Kirchen in ähnlicher Form statt, wobei der ursprüngliche mystische Charakter mehr und mehr zu einem Volksfest der Vorkarnevalszeit wird.

Karneval beschließt den Zyklus der Volksfeste. Er wird in Salvador von Gründonnerstag bis Dienstag der folgenden Woche gefeiert und konkurriert erfolgreich mit den Karnevalszügen von Rio de Janeiro und Recife/Olinda. Während in Rio de Janeiro der Karneval allmählich den Charakter eines „Straßenfestes" verliert und die Zuschauer passiv auf bezahlten Tribünen und an den Straßenseiten stehen und dem Vorbeizug der berühmten Sambaschulen beiwohnen, nehmen in Salvador alle Bevölkerungsschichten an dem ununterbrochenen, massenhaften, farbenfrohen Tanz auf der Straße teil. Seit 1949 hat sich als Besonderheit des Karnevals von Salvador der Trio Elétrico entwickelt, eine fahrende, auf Lastwagen spielende Kapelle mit ungeheuer lauten Verstärkern, deren Tonfülle und Rhythmen auch der ausländische Tourist sich weder verschließen noch erwehren kann. In dicht gedrängten Massen tanzen, springen und hopsen Einheimische und Fremde tagelang im Rhythmus der dröhnenden Trios Elétricos.

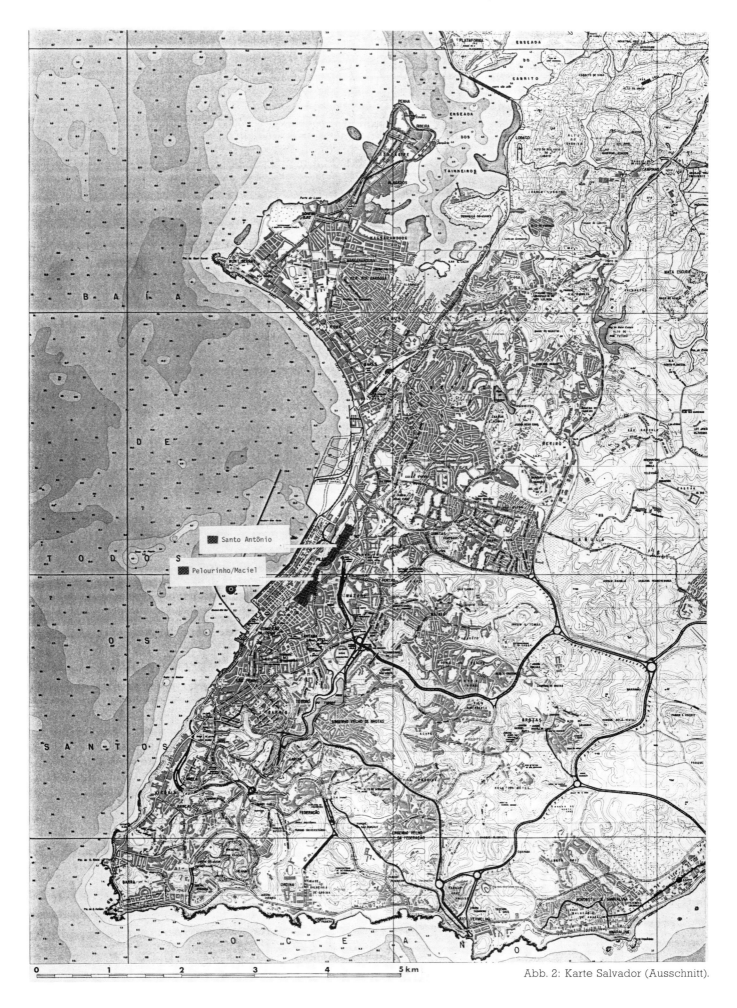

Santo Antônio

Pelourinho/Maciel

0   1   2   3   4   5 km

Abb. 2: Karte Salvador (Ausschnitt).

Abb. 3: Die Barra, südliche Spitze der Halbinsel, auf der Salvador liegt, zwischen Atlantikküste und der Einfahrt zur Allerheiligenbucht, wurde im 16. Jahrhundert durch mehrere Festungen gegen feindliche Angriffe geschützt.

Abb. 4: Die Altstadt entwickelte sich vom Hafen her, wo die Anhöhe Schutz- und Rückzugsmöglichkeiten bot.

Abb. 5: Der historische Mittelpunkt des reichen bürgerlichen Residenzviertels, der Pelourinho-Platz, wurde renoviert und zu einem Zentrum des Tourismus gestaltet.

Abb. 7: Der renovierte Pelourinho-Platz. Im Hintergrund die Kirche des Ehrwürdigen Dritten Ordens des Rosenkranzes der Schwarzen, die berühmte „Sklavenkirche".

Abb. 6: Igreja Nosso Senhor dos Passos – Kirche Unseres Herrn vom Kreuzweg – auf halber Höhe an der vom Pelouinho zum Carmel-Kloster führenden Straße gelegene Kirche.

Abb. 8: Die überreich goldverzierte Kirche des heiligen Franziskus.

Abb. 9: Detail eines Kachel-Gemäldes.

Abb. 10: Detail barocker Skulpturen der Franziskaner-Kirche.

Abb. 11: Zimmermann bei Renovierungsarbeiten.

Abb. 12: Bahianerin.

Abb. 13: Bahia – ein erstaunlicher Schmelztiegel der Rassen.

Abb. 14: Capoeira – ein von afrikanischen Sklaven eingeführter und heute als Sport und als Show ausgeübter Kampfsport.

Abb. 15–16: Volkstümliche Religiosität verbindet christliche, afrikanische und spiritistische Elemente.

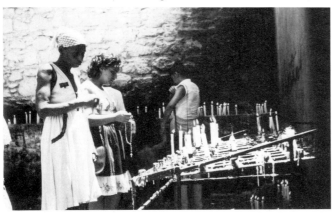

Abb. 17: Der afrikanische Einfluß zeigt sich am deutlichsten in der regionalen Küche. Die Baiana in ihrer typischen Tracht verkauft ihre Leckerbissen auf der Straße.

Abb. 18: In Anlehnung an das Fest Mariä Lichtmeß feiert Salvador den 2. Februar als Tag der Meeresgöttin Iemanjá.

Candomblé

Der afrikanische Einfluß und der in Bahia auf Schritt und Tritt zu bemerkende Anteil der Bevölkerung afrikanischen Ursprungs am kulturellen, religiösen und wirtschaftlichen Leben finden ihren beständigsten und höchsten Ausdruck im Candomblé. Das Wort geht auf das Bantu-Wort Kandombile zurück und bedeutet Kult, Gebet. Der Candomblé von Bahia ist als Form religiöser und gesellschaftlicher Lebensgestaltung vor allem von den Afrikanern aus Bénin/Dahomé und Nigeria, nämlich den Iorubá geprägt worden. Während der gesamten Zeit der Sklaverei und danach bewahrten die afrikanischen Sklaven und ihre Nachkommen die religiösen und kulturellen Praktiken ihrer Vorfahren und entwickelten sie entsprechend den Möglichkeiten, die sich in einer sie diskriminierenden katholischen Gesellschaft boten. Manche Anthropologen und Soziologen sagten dem Candomblé keine große Überlebensfähigkeit voraus. Jedoch konnte die Bedrohung durch die dominante weiße Gesellschaft und deren christliche Religion die religiösen Praktiken der Afrikaner und ihrer Nachkommen nicht zerstören. Auch die zunehmende gesellschaftliche Integration und der wirtschaftliche Aufstieg zumindest eines Teils der dunkelhäutigen Bevölkerung bedeuteten nicht das Ende der von den „Weißen" voreilig als „primitiv" disqualifizierten afro-brasilianischen Riten. Selbst wenn es bei einzelnen Candomblé-Stätten einen gewissen Opportunismus geben mag, der den Exotismus und die fremde Schönheit der liturgischen Handlungen des Candomblé als touristische Anziehungspunkte nutzt und aus derartiger Popularität Gewinn zieht; selbst wenn offizielle, halboffizielle und private Stellen den Candomblé zu vermarkten suchen und den afro-brasilianischen Festen zu einer unerwarteten Popularität verholfen haben, werden diese Erscheinungen von vielen Kennern als Oberflächenphänomene betrachtet, die nicht an das Wesen afrikanischer Religion und Kultur in Brasilien rühren.

Als Wissenschaftlerin und als „Eingeweihte" des Candomblé betont die Ethnologin Juana Elbein dos Santos die Bedeutung der afrikanischen Kulte als Lebenswelt ihrer Anhänger. Weit mehr als eine Abfolge von Ritualen ist der Terreiro, die Kultstätte des Candomblé, der Ort, an dem sich die Tradition und die Kultur eines Volkes verkörpert. Claude Lépine charakterisiert diesen ganzheitlichen Zusammenhang wie folgt: „Eine Candomblé-Stätte hat ihre Leute, ihr Stück Land, ihre traditionellen Arbeitstechniken, ihr eigenes System der Güterverteilung und -konsumtion, eine spezifische Form sozialer Organisation und ihre eigene Welt von Symbolen und Werten."[1] Candomblé ist mehr als nur eine Religion, er ist eine Lebensform, ein zusammenhängendes Ganzes alltäglicher Praxis, sozialer Beziehungen und des Einbezugs der Gottheiten (Orixás) in den Alltag. Er ist auch Ausdruck des zunehmenden Bewußtseins einer farbigen Bevölkerungsmehrheit vom Wert ihrer eigenen Kultur, zu der sich immer mehr bekennen. Der Candomblé hat gerade hier, in der Bewußtmachung des Eigenwerts einer Kultur, seine bedeutendste gesellschaftliche Funktion.

Nach vertrauenswürdig erscheinenden Angaben soll es in Salvador 1262 Kultstätten afrikanischer Prägung geben, unter ihnen 49 Umbanda-Stätten und 1114 Candomblé-Stätten, von denen 40 als „große" angesehen werden, die regelmäßig von mehr als 100 Initiierten besucht werden.[2] Wichtiger als die zahlenmäßige Bedeutung scheint die zunehmende gesellschaftliche Anerkennung des Candomblé als eigenständige Religion und Kultur. Antonio Risério betont den Wandel in der öffentlichen Meinung. Während afro-brasilianische Riten bis vor einigen Jahren von der Presse als ein Phänomen behandelt wurden, das in die Zuständigkeit der Polizei falle, „würde dies heute niemand mehr wagen".[3]

Im Juli 1983 fand in Salvador der zweite Weltkongreß der Tradition der Orixá statt, zu dem zahlreiche Abgesandte und Abordnungen afrikanischer Länder kamen, z.B. aus der Elfenbeinküste, Nigeria, Gabun, Togo, Ghana, Senegal, ebenso aus Haiti. Aus Nigeria kamen auch der oberste Priester des Landes, der Xaoulan (König) von Ejigbo, Oba Oyesosin, und der Rektor der Universität von Ifé. Der Kongreß fand in der Presse ein großes und ausnahmslos positives Echo. Einer der Höhepunkte war ein Essen für 150 Geladene in der bekannten Candomblé-Kultstätte Axé Apô Afonjá in São Gonçalo do Retiro. Gastgeberin war Mãe Menininha de Gantois, die Hohe Priesterin des Candomblé, die am 10. Februar 1984 ihren 90. Geburtstag beging und aus diesem Anlaß von Politikern und Intellektuellen, von Künstlern und insbesondere vom einfachen Volk gefeiert wurde, und dies weit über Bahia hinaus.[4]

Die heutige Popularität afrikanischer Riten und afrikanischer Kulturelemente in Bahia darf nicht darüber hinwegtäuschen, daß die aus Afrika importierten Sklaven größte Schwierigkeiten hatten, ihre religiöse Tradition inmitten der herrschenden christlichen Gesellschaft zu erhalten. Die enge Verbindung afrikanischer und katholischer Frömmigkeit führte zu Überschneidungen und Mischformen. Die Negersklaven nahmen die von ihren Herren verehrten Heiligen in den Himmel ihrer afrikanischen Gottheiten auf und gaben auch ihren aus der Heimat mitgebrachten Göttern christliche Namen, so daß z.B. Oxósse mit dem Heiligen Georg gleichgesetzt wurde; Oxalá wurde zum Herrn vom Guten Ende oder auch zum Heiligen Geist, Ogún war der Heilige Antonius, Nana die Heilige Anna und Yansã, Frau des Xangô, wird, wie die Heilige Barbara, am 4. Dezember gefeiert.

Die historisch vorhandene Notwendigkeit der Tarnung afrikanischer Religionen durch äußere christliche Formen besteht heute nicht mehr, und deshalb fordern viele mit Nachdruck, die afrikanischen Kulte sollten sich verselbständigen und ihre katholische Tarnkleidung beiseite legen. Dagegen kann man allerdings auch feststellen, daß es oft eine erstaunliche Identifikation afrikanischer und katholischer Überzeugungen gibt. So verwies z.B. die Priesterin Maria vom Heiligen Geist, die Mutter und Herrin des Axé Apô Afonjá in São Gonçalo do Retiro jemand des Hauses, als sie erfuhr, daß er zum Protestantismus konvertiert war. Und ein Pai-de-santo, ein afro-brasilianischer Priester, Balbiano Daniel de Paula, weigerte sich, einem Jungen die Zukunft zu deuten, weil dieser nicht getauft war.[5]

Anmerkungen

1 Claude Lépine, Os esteriótipos da personalidade no candomblé Nàgó, in: Carlos Eugênio Marcondes de Moura (Hrsg.), Olóòrisà, Escritos sobre a religião dos orixás, São Paulo, Agora 1981.
2 Secretaria da Indústria e Comércio – SIC (Hrsg.), O gigante invisível, Estudo sobre o mercado informal de trabalho na região metropolitana de Salvador, SIC 1983.
3 Antonio Risério, Carnaval Ijexá, Salvador, Corrupio 1981. S. 21.
4 Siehe z.B. die brasilianische Wochenzeitschrift Veja vom 8. Februar 1984.
5 Pierre Verger in einem im Sommer 1984 in der Zeitschrift IKA erschienenen Interview.

Música Popular Baiana: Ursprünge und Einflüsse

Der brasilianische Nordosten und innerhalb des Nordosten besonders Bahia haben eine überragende Bedeutung in der brasilianischen Musikszene und üben im Bereich des sich als Weltmusik empfindenden Jazz einen wichtigen internationalen Einfluß aus. Dies mag zum einen daran liegen, daß die Musikfolklore des Nordostens sich – ebenso wie der Jazz – aus „schwarzen" und „weißen" Elementen speist. Zum anderen darf nicht übersehen werden, daß es immer wieder Musiker aus dem Nordosten waren, die über den Umweg Rio und São Paulo Einfluß auf die amerikanische und europäische Jazz-Szene ausübten. Etwa der Baiano João Gilberto, einer der wichtigsten Komponisten und Interpreten des in den USA mit Begeisterung aufgenommenen Bossa Nova. So haben auch Dorival Caymmi, Gilberto Gil, Caetano Veloso und Maria Bethânia – durchaus vergleichbar mit der Wirkung der Romane von Jorge Amado – zur Korrektur des Bildes Bahias und Salvadors beigetragen. War der Baiano in Rio ein Sammelbegriff für den armen Zuwanderer aus dem Nordosten, der sich billig als Handlanger am Bau und in anderen schlecht bezahlten Arbeiten verdingte, so steht neben diesem Bild heute ein anderes: Salvador als Ausdruck des alten kolonialen Brasiliens, des Brasiliens der Barock-Kirchen und der Bürgerpaläste, des „verzauberten" und noch nicht von der Hektik Rios oder São Paulos ergriffenen Brasiliens. Salvador aber auch als „kreative

Hauptstadt" des riesigen Landes, als „Künstlerregion", vergleichbar etwa mit der Anziehungskraft der Toscana.

Sehr stark wurde der Einfluß der bahianischen Musikfolklore auf die internationale Instrumentalmusik Ende der 60er Jahre und zu Beginn der 70er Jahre. Ein Gitarrist aus Rio, Baden Powell, war es, der dem europäischen Publikum die Rhythmik und Melodik des Nordostens (vor allem der Candomblé-Musik) näherbrachte. Gleichzeitig übersiedelten wichtige brasilianische Percussionisten und Pianisten in die USA. Der dort gerade entstandene Jazz-Rock brauchte zur Gestaltung seiner wichtigsten Elemente vollklingende Rhythmusteppiche, wie sie eigentlich nur die brasilianischen Multi-Percussionisten spielen konnten. Brasilianische Musiker lösten in dieser Zeit die bis dahin viel häufiger genutzte Rhythmik der Conga-Spieler aus Kuba ab. Als Beispiele könnten die beiden wichtigsten Rock-Jazz-Formationen der damaligen Zeit gelten – Chick Coreas „Return to forever" und „Weather Report" –, die beide auf ihren besten Einspielungen mit brasilianischen Percussionisten spielen. Wichtig in diesem Zusammenhang erscheint auch, daß einer der bekanntesten Jazz-Musiker der letzten 30 Jahre, Miles Davis, den aus Alagoas stammenden Multi-Instrumentalisten Hermeto Pascoal in die USA holte, um mit ihm Schallplatten aufzunehmen. Davis nannte damals Pascoal in einem Interview „den wichtigsten Komponisten und Musiker unserer Tage".

Hermeto Pascoal oder auch der in Deutschland gefeierte und in Brasilien fast unbekannte Berimbau-Spieler aus Pernambuco, Nana Vasconcelos, sind gute Beispiele für die traditionsgebundene und doch in die Zukunft weisende Kreativität brasilianischer Musiker aus dem Nordosten. Genutzt werden Volkslieder und Volkstänze wie Maracatu, Choro, Baião, Maculelê und vor allem Forró, die entsprechend den Intentionen des Komponisten mit der freien Spielweise des Jazz kombiniert oder auch – wie etwa auf einer Solo-LP von Nana Vasconcelos – als Gegenpart zu einem Streichorchester genutzt werden.

Wie die Musik aus dem Nordosten aus afrikanischen Ursprüngen abzuleiten ist, so besteht auch das Instrumentarium häufig aus westafrikanischen Vorbildern. Genannt seien hier nur die Atabaque (Trommeln) und die Agogô (zwei zusammengeschweißte glockenähnliche und mit einem Schlegel zu spielenden Metallbehälter, die bei den Riten des Candomblé benutzt werden). Oder auch der Berimbau, der Pandeiro, die Cuíca, das Reco-reco oder die Surdo-Trommel – alles Instrumente, deren Ursprung in Afrika zu suchen ist und die heute mit ungeheurer Virtuosität im Nordosten (vor allem in Bahia) gespielt werden. Festzuhalten bleibt, daß der Erfolg brasilianischer Musiker in Nordamerika und Europa vor allem auf der Musikfolklore des Nordostens basiert. Wie wichtig diese „Musik der Straße" ist, mag ein anderes Beispiel zeigen. Der aus dem Süden Brasiliens stammende Percussionist Airto Moreira hatte einen international beachtlichen Erfolg mit der Komposition Paraná. Dieses Stückchen Musik wird auf den Straßen Salvadors gesungen und hat letztendlich seinen Ursprung in der Begleitung der Capoeira-Tänzer. Moreiras Erfolg ist also auch ein Erfolg der bahianischen Capoeira-Musiker*.

* Wir danken besonders Martin Hein für seine Mitarbeit bei der Redaktion dieses Exkurses über die Musik Bahias; vgl. auch: Martin Hein, Next year Bahia, in: Diário Oficial, Suplemento, Salvador 23. Mai 1984.

Afoxé

Vielen brasilianischen Negern[1] eröffnete der Karneval neue Ausdrucksmöglichkeiten, ein positives Verhältnis zu ihrer Hautfarbe und zu ihrem afrikanischen Ursprung zu gewinnen und dies öffentlich und massenhaft zu zeigen. Für einen Teil der neuen Negerbewegungen bot sich im Karneval eine ideale Gelegenheit, geschlossen aufzutreten und ihr bisher eher unter dem Zeichen der Diskriminierung gesehenes Anderssein positiv umzudeuten. Die Präsenz des afrikanischen Elements im Straßenkarneval von Bahia trug auch nach außen hin zu dem besonderen Etwas bei, das den Karneval von Bahia gegenüber dem anderer brasilianischer Städte auszeichnet, wurde also durchaus zu einem positiven Element der Selbstdarstellung der Stadt, der mitwirkenden Negerbewegungen sowie auf individueller Ebene vieler einzelner Protagonisten. Damit erhielt das afrikanische Element, das bisher eher unter dem Aspekt gesellschaftlicher Benachteiligung gesehen worden war, eine positive Bedeutung und eine neue gesellschaftliche, kulturelle und politische Dimension. Die Sänger und Komponisten Gilberto Gil und Caetano Veloso erreichten ihren Ruhm und ihre Bedeutung zwar außerhalb Bahias und außerhalb des Karnevals, machten jedoch dessen Themen populär, nutzten ihren Einfluß auf die öffentliche Meinungsbildung und vertraten eine sehr bewußte politische und gesellschaftliche Position der neuen Wertschätzung des Negers und des afrikanisch-brasilianischen Elements in der Gesellschaft. Gilberto Gil wurde zu dem, was „das Symbol der Freiheit des Negers in Brasilien" genannt wurde.[2]

Die Durchdringung profaner und religiöser Elemente, die Verbindung wilder Rhythmik und ausgelassenen Tanzens im Straßenkarneval mit mystischer Verehrung höherer Wesen und mit kollektiver, massenhafter Zelebrierung der eigenen rassischen, kulturellen und religiösen Identität tritt nirgends so deutlich zutage wie in den Afoxés, den großen Neger-„Blöcken" des bahianischen Karnevals. Inmitten der Trios Elétricos und der Hektik heißer Rhythmen und großer Menschenmassen stellen die Afoxés einen Gegenpol dar: Einförmigkeit, Geschlossenheit, Solidarität, so etwas wie Geborgenheit des einzelnen in der Masse von Menschen gleicher Bewußtseinsprägung.

Das Wort Afoxé (sprich afosché) ist der afrikanischen Sprache Iorubá entlehnt und bedeutet „magisches Wort, wirksames, tatkräftiges Wort".[3] Die Afoxés sind eine Weiterentwicklung, eine moderne Version der traditionellen Umzüge der „Kongo-Könige", die von den Mitbrüdern der Dritten Orden der Sklaven- bzw. Neger-Bruderschaften alljährlich begangen wurden. Gegen Ende des 19. Jahrhunderts wuchs innerhalb der katholischen Kirche der Widerstand gegen afrikanisch-heidnische Elemente in kirchlichen Zeremonien, so daß man solche afrikanischen Umzüge in die Karnevalszeit verlegte. Die afrikanischen religiösen Wurzeln der heutigen Afoxés sind durchaus noch spürbar. Die Gesänge, Rhythmen und Tänze der Afoxés sind die der afrikanischen und afro-brasilianischen liturgischen Feiern der Iorubá, eine Art „Candomblé der Straße". Gleich gekleidete, meist dunkelhäutige oder schwarze Männer und Frauen bewegen sich feierlich und in gemessenen Bewegungen mitten durch das frenetische Gewühle der karnevalsbegeisterten Menge. Im Karneval 1984 sagte man in der Stadt, die Polizei habe aus Sicherheitsgründen die Höchstzahl der Teilnehmer pro Afoxé auf 2 000 begrenzt! Aber auch „nur" ein paar Hundert gleich gekleideter und sich in gleichem Rhythmus bewegender Menschen sind schon ein beeindruckendes Schauspiel, „eine Oase von Ruhe und Beschaulichkeit" inmitten der Raserei des bahianischen Karnevals.[4]

Anmerkungen

1 „Neger" ist die in Brasilien besonders von der selbstbewußten Negerbewegung verwendete Eigenbezeichnung, die wir hier übernehmen. Meister Didi, mit bürgerlichem Namen Deoscoredes Maximiliano dos Santos, Oberster Priester des Axé Apô Afonjá und der Egun-Kulte, sagt dazu: „Ich gebrauche nicht gern diese Bezeichnung: Schwarze. Schwarz ist eine Farbe, ist irgendwas ohne jegliche Bedeutung. Neger, das ist gut, das ist richtig, obwohl manche sagen, daß nur Umstürzler so reden. Aber Neger, das ist eine Rasse, und Schwarz ist eine Farbbezeichnung" (in: Haroldo Costa, Fala, crioulo, Rio de Janeiro, Record 1982, S. 255/256).

2 Antonio Risério, Carnaval Ijexá, Salvador, Corrupio 1981. S. 21.

3 Es gibt andere Erklärungen für das Wort, jedoch keine so einleuchtende wie die von Antonio Risério, a.a.O. S. 12.

4 Ebenda, S. 19.

Das heutige Erscheinungsbild der Stadt ist von seiner historischen Größe ebenso geprägt wie von der seit dem Zweiten Weltkrieg verstärkt zunehmenden Bevölkerung und der jüngsten Industrialisierung. Salvador ist weiterhin die Stadt der vielen kolonialzeitlichen Festungen, der vielen und reichen Kirchen, des politischen und wirtschaftlichen Zentrums eines bedeutenden Hinterlandes, Hauptstadt eines Bundesstaates, der mehr als doppelt so groß ist wie die Bundesrepublik. Der Beginn der Erschließung der Ölfelder von Bahia während des Zweiten Weltkrieges und der Modernisierungsboom in den 50er und 60er Jahren, verbunden mit der massenweisen Zuwanderung armer Landbevölkerung, führten zu einer „Aufblähung" der Stadt in einem ungeordneten Verstädterungsprozeß. Der große Anteil der in Elendsvierteln wohnenden Bevölkerung, Prozesse der beschleunigten sozialen Umschichtung, die Heranbildung einer neuen städtischen Mittelschicht und neue Siedlungs- und Wohnformen der kaufkräftigen, am Modernisierungsprozeß partizipierenden Bevölkerungsteile haben Salvador zu einer Stadt der Kontraste gemacht. Der in den letzten Jahren spürbar zunehmende Klein- und Kleinsthandel auf den Straßen ist der überall sichtbare Ausdruck weit verbreiteter Armut eines beträchtlichen Teils der Bevölkerung. Im unterentwickelten Nordosten, der größten Elendszone der westlichen Hemisphäre, gelegen, gleichzeitig aber auch das bedeutendste und monumentalste Zentrum kolonialer Architektur Lateinamerikas[3], verkörpert die Stadt die rassisch, kulturell und sozial prägnanten Merkmale einer Metropole des Kolonial- und Kaiserreichs ebenso wie die akuten Probleme einer modernen, wachstumsorientierten Großstadt.

Die Zweiteilung in Ober- und Unterstadt ist ein prägendes Merkmal, der den Höhenunterschied in wenigen Sekunden überwindende Fahrstuhl, o Elevador Lacerda, eines der Wahrzeichen der Stadt. Auch das von den Reisenden des vergangenen Jahrhunderts beschriebene soziale Unten und Oben ist allgegenwärtig. Selbst die Übereinstimmung zwischen Wohnort und sozialer Zugehörigkeit ist zwar sehr viel komplizierter und für den Außenstehenden undurchsichtiger und verworrener geworden, bei näherem Zusehen jedoch sehr klar vorhanden: wer heute im Slumviertel Maciel lebt, der ehemaligen „guten Stube" der Stadt, definiert damit seine gesellschaftliche Position, und wer als seine Wohngegend Caminho das Árvores oder Morro do Gato angibt, steht für jeden Eingeweihten eindeutig am entgegengesetzten Ende der hierarchischen Skala sozialer Schichtung. Das Erscheinungsbild ist jedoch das des Neben- und Miteinanders der sozialen Mischung: Überall Arme und Reiche, überall Weiße und Schwarze, Slumgebiete im Stadtkern, neben kulturhistorischen Zeugnissen Elends-Prostitution, moderne Wolkenkratzer neben aus Abfall errichteten Hütten, riesige, bis zu 80 000 und mehr Menschen umfassende „Spontansiedlungen" am Stadtrand, eine weiträumige Erschließung des Stadtumlands mit modernen Schnellstraßen, parkförmig angelegte, manchmal hermetisch abgeschlossene und von bewaffneten Privatpolizisten geschützte Wohngebiete der oberen Mittel- und Oberschicht, gigan-

tische Verwaltungszentren neben Satellitenstädten, in denen die Polizeistation die einzig spürbare Präsenz der öffentlichen Hand zu sein scheint.

Das Stadtterritorium umfaßt 324 km². Davon waren Ende der 70er Jahre erst etwa 30 Prozent besiedelt, während der Rest eine „demographische Leere" darstellte, in der sich hier und dort verstreute Siedlungen bilden, die über keinerlei Infrastruktur verfügen. Sogar noch Gartenbau, Landwirtschaft und Viehzucht sind in der Stadt vorhanden, wenn auch relativ unbedeutend. Die planvolle und gelenkte Besiedlung dieser großen freien, noch verfügbaren Flächen wird durch die anscheinend schrankenlose Immobilienspekulation, durch fehlende Bebauungs- und Flächennutzungspläne[4] und durch mangelnde Kontinuität in der städtischen Verwaltung und Politik behindert. Es ist allgemein übliche Praxis, städtischen und privaten Boden zum „Fettwerden" zu reservieren, d. h. den Besiedlungs- und Parzellierungsvorgang aufgrund einer oligopolartigen Marktstellung hinauszuzögern, um künstliche Preissteigerungen hervorzurufen, die Existenz wahrer städtischer Latifundien, ausgedehnter, leerer, nicht bebauter Besitzungen, die von den Eigentümern zurückbehalten werden bis zur Ausführung öffentlicher Infrastrukturmaßnahmen, damit sie durch diese Investitionen eine Wertsteigerung erfahren. All dies führte dazu, daß der städtische Boden in Salvador Preise erreicht hat, die nicht mehr mit den Notwendigkeiten einer planvollen Stadtentwicklung vereinbar sind. Beim Bau von Hochhäusern in Salvador lag noch 1973 der Grundstückspreis bei 8 Prozent der Baukosten, stieg dann jedoch bis 1978 auf zwischen 25 und 30 Prozent.[5]

Zwei Faktoren spielen bei der großen Ausdehnung der modernen Stadt Salvador eine besonders wichtige Rolle: die in den 60er und 70er Jahren gebauten großen Talstraßen zur Erschließung neuer Siedlungsgebiete und zur Verbindung der neu entstandenen Satellitenstädte untereinander und mit dem Stadtzentrum und die vielen, teils sehr großflächigen Parzellierungsprojekte.

Die großen Schnellstraßen sind Ursache und Folge des auffallend zusammenhanglosen Besiedlungsvorgangs der Stadt. Der Bau des Flughafens etwa 35 km vom Stadtzentrum entfernt, der etwa gleich weit entfernte Großmarkt CEASA[6], die im Umkreis der Stadt angesiedelten Industriegebiete Aratu und Camaçari, das zwischen der Stadt und dem Flughafen Anfang der 70er Jahre gebaute große Verwaltungszentrum des Landes Bahia mit fast allen Ministerien und sonstigen Verwaltungseinheiten sowie andere bedeutende Investitionen förderten die Tendenz zur diskontinuierlichen Ausweitung der Stadt in Richtung Norden und insbesondere entlang der nördlichen Atlantikküste, wobei große Zwischenräume unbesiedelt blieben. Die öffentlichen Vorhaben mußten teilweise aufgrund der rapiden Baulandpreisentwicklung in bisher unbesiedelte Gebiete gelegt werden, teilweise zeigt sich in ihnen jedoch auch eine bewußte Strategie der Entflechtung und Auflockerung des konsolidierten städtischen Siedlungsbereichs.

Die durch umfangreiche Infrastrukturmaßnahmen eingeleiteten Wertsteigerungen des von der öffent-

Abb. 19: Seit Ende der 60er Jahre erlebte die Stadt einen Boom vertikaler Verdichtung. Moderne Wohnhochhäuser stehen neben Bürgervillen des 19. Jahrhunderts.

Abb. 20: Umfangreiche Investitionen erschlossen neue Siedlungsgebiete und trugen zur überdimensionalen, diskontinuierlichen Verdichtung der Stadt bei.

Abb. 21: Funktionswandel und Bodenwertsteigerungen führten im Handels- und Bankenzentrum zu krassen Gegensätzen.

Abb. 22–23: Großflächige Parzellierungsprojekte erschlossen neue Wohngebiete wie dieses für kaufkraftarme Bevölkerungsschichten.

Abb. 24: Gesetzgebende Versammlung des Bundesstaates Bahia im neu errichteten Verwaltungszentrum, ca. 20 km vom Stadtzentrum entfernt.

Abb. 25: Im Petrochemischen Komplex von Camaçari nördlich von Salvador.

lichen Hand erschlossenen Landes konnten nicht nur privat, nämlich durch die Grundbesitzer, angeeignet werden, sondern versperrten gleichzeitig die Planungs- und Handlungsmöglichkeiten der Stadtverwaltung. Durch das weitgehende Fehlen einer vorausschauenden Planung und Bodenbevorratung sah sich die Stadtverwaltung immer wieder gezwungen, bei Enteignungen zur Durchführung öffentlicher Vorhaben genau die Werte zu entschädigen, die sie durch dieselben öffentlichen Vorhaben selbst in Form von Wertsteigerungen des Bodens geschaffen hatte.[7]

Neben den großen Talstraßen und den in die nördlichen Stadtgebiete führenden Schnellstraßen sind vor allem die vielen großflächigen Parzellierungsprojekte ein entscheidendes Element diskontinuierlicher Ausdehnung des städtischen Siedlungsgebietes und der zu Lasten der öffentlichen Hand gehenden Zusammenarbeit zwischen privater Initiative und städtischer Erstellung von Infrastruktur. Die städtische Planungsbehörde OCEPLAN erfaßte 1977 insgesamt 319 solcher Projekte, von kleineren mit weniger als 100 Parzellen bis zu Großprojekten mit mehreren Tausend. Insgesamt zählt die genannte Aufstellung[8] 54 058 Parzellen, von denen bis 1977 weniger als die Hälfte, nämlich 23 846 Parzellen, tatsächlich besiedelt waren. Das durch solche Vorhaben geschaffene Bauland betrug 4736 ha.[9] Seit Ende der 70er Jahre stießen große Parzellierungsprojekte erneut in bis dahin unbesiedelte Gebiete vor. Teilweise als Zweit-, Wochenend- und Feriendomizile kaufkräftiger sozialer Schichten konzipiert, teilweise als Ferienkolonien ausgestattet, dehnen sie sich heute weit jenseits des Flughafens bis zu fünfzig und mehr Kilometer vom Stadtzentrum entfernt in das Gebiet der Nachbargemeinde Lauro de Freitas hinein aus. Viele werden als „geschlossene Besitzungen" von privatem Wachpersonal abgeschirmt und sind mit eigenen Gemeinschaftseinrichtungen großzügig ausgestattet.

Die Ansiedlung zahlreicher neuer Industrieunternehmen im Einzugsbereich der Stadt, das Verwaltungszentrum des Landes Bahia auf halbem Weg zwischen Zentrum und Flughafen sowie sonstige umfangreiche staatliche Investitionen haben zur Entstehung neuer und zur unverhältnismäßigen Aufblähung bestehender „populärer Viertel" beigetragen, die in den letzten zehn Jahren den Umfang von Mittelstädten angenommen haben. Zu einem großen Teil gehen sie auf Landbesetzungen („Invasionen") zurück, deren infrastrukturelle Ausstattung äußerst defizitär und deren Bodenbesitzverhältnisse ungeregelt sind.

Die Zersiedlung der Stadt ist heute eines der auffallendsten Merkmale ihrer Struktur. Verdichtungsräume und freie Flächen stehen unvermittelt nebeneinander und führen zu einer unverhältnismäßigen Ausdehnung der Stadt. Parallel zur Erweiterung ihres Siedlungsgebiets erlebte Salvador seit Ende der 60er Jahre einen nicht minder stürmischen und ungeordneten Boom der vertikalen Verdichtung: Insbesondere die südliche Spitze der Halbinsel zwischen dem Atlantischen Ozean und der Einfahrt zur Allerheiligenbucht wurde mit Hochhäusern übersät. In der Avenida Sete de Setembro, in der 1965 erst

wenige größere Gebäude mit Eigentumswohnungen standen, wo im übrigen aber die Patrizier-Häuser aus dem 19. und vom Anfang des 20. Jahrhunderts vorherrschten, sind heute nur noch wenige dieser älteren Villen vorhanden, die meisten aber durch Hochhäuser mit bis zu 24 Stockwerken ersetzt. Die Stadtteile Campo Grande, Canela, Graça, Barra, Barra Avenida und Chame Chame änderten ihre Wohndichte und ihre Struktur grundlegend. Straßen wie die Avenida Princesa Leopoldina, die Avenida Princesa Isabel, die Avenida Euclides da Cunha und viele andere sind zu Ansammlungen moderner, teils sehr großer, luxuriös ausgestatteter und mit umfangreichen Sicherheitsvorkehrungen versehener Hochhäuser mit Eigentumswohnungen der gehobenen und höheren Bürgerschicht geworden, ebenso Teile der Pituba, die bis vor 20 bis 30 Jahren noch weitgehend unbesiedelt war.

Zentrum des Kolonialbereichs – Ruine des Fortschritts

Die Anziehungskraft Salvadors ist heute auf den ersten Blick unverständlich – eine Metropole mit großen sozialen Gegensätzen und allen infrastrukturellen Defiziten, die nicht nur brasilianische Großstädte zur Hölle werden lassen; gleichzeitig aber Traumziel von jährlich über einer Million Touristen, mit dem Ruf einer strahlenden, poetischen, friedfertigen und dem Fremden gegenüber freundlichen Stadt, vergleichbar mit Athen, Alexandria und Jerusalem, kulturelles Heiligtum der Menschheit, „shakespearisch grandiose Königinwitwe" (Stefan Zweig). Historische Größe, afrikanische Mystik und die schmerzliche Dekadenz der Armut stehen nebeneinander. Die moderne Großstadt zerstörte nicht die Altstadt, sie vergaß sie. Der Moloch fraß nicht die afrikanischen Götter und vertrieb die Heiligen nicht aus dem Alltag des Volkes. Er ließ den Hütten der Sklaven und den Palästen ihrer Herren keine Chance zur Teilhabe, keine Zeit zu begreifen, daß nicht mehr Ober- und Unterstadt die Welten teilen, sondern Macht und Konsum. Das Zentrum kolonialer Herrschaft wurde zum Abstellgleis, zum Rückzugsgebiet für sozial Deklassierte. Der stürmische Aufschwung der Millionenstadt ging an dem alten Salvador vorbei.

Mittelpunkt der Stadt ist auch heute noch das historische Zentrum, auch wenn politische und wirtschaftliche Macht es verlassen haben. Seit Gründung der Stadt[10] wurde die Anhöhe beim Hafen zum Zentrum der Ansiedlung und damit zum Zentrum des gesamten portugiesischen Kolonialreichs. Zur Sicherung und Besiedlung der Kolonie – ein Land, dessen Dimensionen das kleine Portugal bei der „Entdeckung" im Jahre 1500 kaum erahnen konnte – kam Tomé de Souza 1549 als erster Generalgouverneur Brasiliens und gründete die Stadt Salvador als Hauptstadt der Kolonie und Ausgangspunkt aller weiteren Eroberungen und Siedlungen. Die zentrale Position Salvadors und ihre geschützte Lage sollten die militärische, politische und verwaltungsmäßige Absicherung der Kolonie gewährleisten. Quelle des Reichtums der Kolonie und des portugiesischen Interesses an ihr war – neben dem Brasilholz und anderen Naturprodukten – der Zuckerrohranbau. Das Land um die Allerheiligenbucht bot (und bietet bis heute) die besten Voraussetzungen zum Anbau. Um den Bedarf an Arbeitskräften zu befriedigen, wurde Salvador etwa ab 1551 zu einem der wichtigsten Einfuhrhäfen für afrikanische Negersklaven.

Die Stadt nahm sehr bald die Rolle ein, durch die sie in den nächsten zwei-, dreihundert Jahren geprägt wurde: politischer Mittelpunkt und Verwaltungszentrum der Kolonie (bis 1763), eines großen und reichen Hinterlandes (bis heute), Hafen- und Exportstadt einer blühenden exportorientierten Landwirtschaft (Zuckerrohr, später Kakao, Sisal u.a.m.), Residenzstadt des kolonialen Adels, der hohen Kolonialbeamten, des regionalen Landadels und des Großbürgertums.

Der schon in der zweiten Hälfte des 16. Jahrhunderts sichtbare Aufschwung fand seinen Ausdruck in einer beträchtlichen Erweiterung der Stadt und in der Gründung vieler Klöster und Kirchen. Der Höhepunkt der Zuckerkonjunktur bedeutete auch für die Stadt eine Zeit der Blüte, der Bevölkerungszunahme und reger Bautätigkeit, die sich in einer erheblichen Ausdehnung der Stadt und im Bau vieler Bürgerpaläste und öffentlicher Gebäude ausdrückte. Das heutige Pelourinho/Maciel entwickelte sich im 17. und 18. Jahrhundert zum wichtigsten und vornehmsten Wohnviertel.

Allerdings hatten sich inzwischen auch Entwicklungen vollzogen, die für die Position Salvadors und für die gesamte Kolonie eine gefährliche Schwächung bedeuteten. Dem Preisverfall gegenüber zeigten sich die brasilianischen Produzenten inflexibel: Den Zuckerbaronen gelang weder die notwendige Modernisierung der Produktion, noch fand sich ein Ausweg aus der monokulturellen Abhängigkeit von diesem einen Produkt. Schon seit Mitte des 17. Jahrhunderts geriet der Nordosten in eine langfristige wirtschaftliche Stagnation. Diese Tendenz wurde durch die zunehmende Bedeutung südlicher Landesteile, in denen Gold und Diamanten gefunden wurden, verstärkt. Das Interesse Portugals, diesen neuen Reichtum zu kontrollieren und seinen Anteil daran abzuschöpfen, führte auch bald zu einer zunehmenden Verlagerung politischer Funktionen vom Nordosten weg nach Süden. 1763 übertrug Portugal schließlich die Rolle der Hauptstadt der Kolonie von Salvador an Rio de Janeiro.

Die Übersiedlung des portugiesischen Hofs nach Brasilien (1808) brachte für das Land einen neuen Aufschwung. Auch Salvador erlebte eine Welle von Neugründungen. Der vom Hofe aus wirkende neue „absolutistische Zentralismus" der königlichen (und nach der Unabhängigkeit kaiserlichen) Verwaltung und Politik stellte für die Provinzen jedoch eine zunehmende Gefahr des Bedeutungsverlustes dar. Für Salvador und sein Hinterland kam erschwerend hinzu, daß der hier bis Juli 1823 andauernde Unabhängigkeitskrieg den Wohlstand vieler „Zuckerbarone" und die regionale Wirtschaft schwer erschütterte.

Abb. 26: Hafen und Stadt Salvador im Jahre 1715 nach dem Plan des Jean Massé.

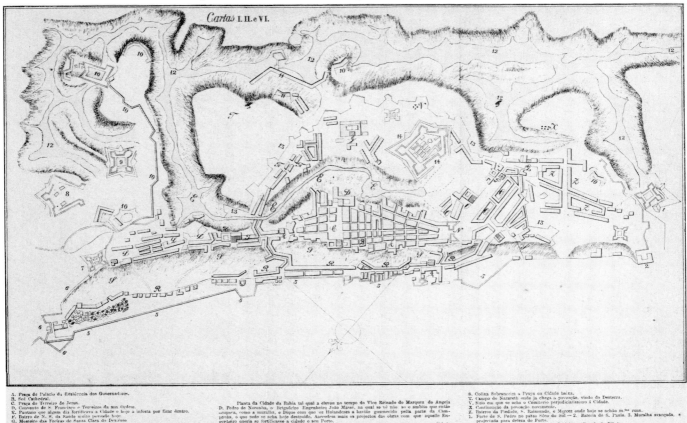

Allerdings nahm Salvador im gesamtbrasilianischen Kontext nach wie vor eine hervorragende Stelle ein. Nicht nur daß die Macht und der Reichtum der Provinz sich in vielfältiger Weise in ihrer Hauptstadt ausdrückten, auch in der politischen und geistigen Kultur des Kaiserreiches (1822–1889) spielte Bahia und spielten Baianos eine bedeutende Rolle.

Der Fortschritt und der Wille zur Gestaltung einer modernen, aufgeklärten Gesellschaft fanden in vielfältigen kulturellen Einrichtungen ihren Ausdruck. Die Stadt erlebte im gesamten 19. Jahrhundert eine beständige Ausdehnung ihres Siedlungsgebietes und ihrer infrastrukturellen Versorgung mit Wasser, Kanalisation, Straßen, Straßenbeleuchtung und vielfachen öffentlichen und privaten repräsentativen Bauten. Moderne Beförderungsmittel lösten allmählich die Lasten- und Sänftenträger ab. Zwischen Unter- und Oberstadt dienten bis dahin auch mit Stricken betriebene Aufzüge zum Hochziehen von Lasten, eine Einrichtung, an die heute noch die Straßenbezeichnung Guindaste dos Padres – „Aufzug der Patres" erinnert. Die von Negersklaven getragenen Sitzsänften hinterließen ihre Spuren bis heute: In manchen Hauseingängen kann man an der Decke noch die Haken sehen, an denen die Sänfte mit einem Strick über eine Rolle hochgezogen wurde. Zwischen 1869 und 1873 erfolgte die Gründung mehrerer Gesellschaften zur Betreibung von Straßenbahnen, die von Pferden bzw. Mauleseln gezogen wurden. 1893 waren einige schon elektrifiziert und zeichneten damit teilweise die Richtung der nachfolgenden Stadterweiterungen vor oder beeinflußten diese. Die zweifellos größte bleibende Leistung aber ist der nach seinem Erbauer Antônio de Lacerda benannte Fahrstuhl, der 1873 den Betrieb eröffnete. Bis heute ist der Elevador Lacerda neben den Seilbahnen Gonçalves und Pilar das schnellste und billigste Personenbeförderungsmittel zwischen Unter- und Oberstadt.

Eine erneute, lang andauernde Wirtschaftskrise (ca. 1873–1890) beendete die für die Stadtentwicklung in vielerlei Hinsicht positive und teils stürmisch verlaufende Entwicklung. Erst nach 1890 war ein neuer Aufschwung zu verzeichnen, mit der Gründung einer großen Anzahl von Fabriken, Banken, Versicherungen und Handelsgesellschaften, die allerdings teilweise eher spekulativen Charakter hatten. 1872 wurde der erste gesamtbrasilianische Zensus durchgeführt: Die Bevölkerung der Stadt Salvador betrug demnach rund 108 000 Einwohner, darunter 12 000 Sklaven; 35,2 Prozent Weiße, 44,3 Prozent Mulatten, 18,3 Prozent Neger und 2,2 Prozent Indianer-Mischlinge. Der Zensus von 1890 ergab eine Bevölkerung von 174 412 Einwohnern; allerdings finden sich in anderen Quellen auch unterschiedliche Angaben.[11] Aus den im 20. Jahrhundert alle zehn Jahre durchgeführten Bevölkerungszählungen ergibt sich als hervorstechendes Faktum, daß Salvador zwischen 1920 und 1940 weniger zunimmt (jährlich 0,2 %), als es dem vegetativen Wachstum der

Abb. 27: „Hospiz Unserer Lieben Frau von der Barmherzigkeit" – heute Praça da Piedade, nach Rugendas 1835.

Bevölkerung entspricht, während die Zunahme von 1940 an stürmisch verläuft und die Bevölkerung sich in den zwanzig Jahren von 1940 bis 1960 und von 1960 bis 1980 jeweils mehr als verdoppelt. Heute wird die Einwohnerzahl Salvadors mit etwa 1,7 Millionen angenommen.

Bei der Einleitung des wirtschaftlichen Aufschwungs der zwanzig bis dreißig letzten Jahre kommt einigen seit den 50er Jahren gegründeten staatlichen Organisationen ein entscheidender Anteil zu. 1954 gründete die für den Nordosten zuständige staatliche Entwicklungsbank Banco do Nordeste do Brasil eine Filiale in Salvador. Im darauf folgenden Jahr errichtete das Land Bahia eine eigene Planungsbehörde, den Rat für Wirtschaftsentwicklung (Conselho de Desenvolvimento Econômico da Bahia, CONDEB) und als Exekutivorgan die Kommission für Wirtschaftsplanung (Comissão de Planejamento Econômico, CPE). Von den umfangreichen Investitionen, die die regionale Entwicklungsbehörde SUDENE von 1959 bis 1975 vornahm, konnte die Stadt Salvador mehr als die Hälfte auf ihr Gebiet und ihre Umgebung konzentrieren. Insbesondere leiteten die Erdölförderung im Hinterland von Salvador, die spätere Niederlassung der staatlichen Erdölgesellschaft PETROBRÁS und massive Industrieansiedlungen bedeutende strukturelle Veränderungen auf dem Arbeitsmarkt und in der industriellen Produktion ein und führten zu einer allmählichen wirtschaftlichen Entwicklung und Umgestaltung der Stadt und ihrer weiteren Umgebung.

Auch die Fertigstellung der Straßenverbindung Rio de Janeiro – Salvador (ca. 1.690 km) in den 60er Jahren, ab 1973 einer zweiten Landverbindung (BR 101, entlang der Küste) zum Süden und der Ausbau des Flughafens waren bedeutende Voraussetzungen für eine festere Einbindung Salvadors in den nationalen und internationalen Wirtschaftszusammenhang. Ab 1967 errichtet die Landesregierung im Einzugsbereich ihrer Hauptstadt das Industriezentrum von Aratu als den größten „Entwicklungspol" des Nordostens. Heute bietet Aratu eine gute infrastrukturelle Ausstattung einschließlich eines modernen Industriehafens für ca. 100 Produktionsbetriebe. In den 1970er Jahren kam die mit einem Bundesprogramm geförderte Ansiedlung erdölverarbeitender Industrie in Camaçari hinzu; in der Nähe von Aratu und im Einzugsbereich von Salvador wurden in Camaçari bis 1978 36 erdölverarbeitende Großbetriebe errichtet, mit starken Impulsen auf die lokale und regionale Wirtschaft. Die Region von Salvador wurde zu einem der am schnellsten wachsenden Industriezentren Brasiliens. Die Ansiedlung umfangreicher Industrie und die Schaffung einiger 10 000 Arbeitsplätze beeinflußten die Ausdehnung der Stadt und führten zur Anlage neuer, großer Siedlungsgebiete. Die Ansiedlung moderner Industrie außerhalb des städtischen Siedlungsbereichs, die überproportionale Ausdehnung der Stadt durch Großprojekte und die Priorität öffentlicher Investitionen in oft unverbunden nebeneinandergestellten, diskontinuierlichen Planungen rückten das alte Stadtzentrum zunehmend ins Abseits. Die funktionale Umstrukturierung ehemals zentraler Wohngebiete beschleunigte sich parallel zur explosionsartigen Ansiedlung des „modernen" Sektors. Während das ehemals „aristokratische" Wohnviertel des Pelourinho/Maciel zunehmend in Verfall geriet, konnte der benachbarte Stadtteil Santo Antônio Além do Carmo seinen Charakter als Quartier traditioneller Mittelschichten weitgehend erhalten.

Vom „Platz Jesu" zum „Platz des Prangers"
Stadtzentrum zwischen Kirche, Staat und Bürgertum

Zwischen dem Terreiro de Jesus („Platz Jesu"), der Franziskanerkirche und dem Platz, der seine Bezeichnung von dem ehemals dort aufgestellten Pranger (Pelourinho) ableitet, umfaßt das historische Wohnquartier des Maciel im wesentlichen acht Straßenzüge mit heute ca. 2000 Bewohnern. Die Ausdehnung der Stadt von dem politischen Verwaltungszentrum des „Stadtplatzes" (Praça Municipal) aus in Richtung Norden folgte der Gründung kirchlicher Niederlassungen.

Die Jesuiten, die 1549 unter Leitung von Pater Manuel da Nóbrega mit Tomé de Souza zum heutigen Salvador kamen, suchten schon bald nach einer geeigneten Stelle für die Errichtung eines soliden und dauerhaften Gebäudes für ein Kloster und eine Klosterschule, deren Bau sich Nóbrega so stabil vorstellte, daß er überdauern solle, „solange die Welt besteht". Die Wahl fiel auf die Stelle, die nach der Ansiedlung der Jesuiten der Platz Jesu, Terreiro de Jesus, genannt wurde und außerhalb der Stadtmauern lag. Nóbrega soll seinen Ordensbrüdern gegenüber dieses Projekt mit folgenden Worten verteidigt haben: „Fürchtet nicht, daß das Haus außerhalb der Stadt bleibt; die Stadt wird zu dem Haus kommen." Seit der Zeit Tomé de Souzas wuchs die Stadt in Richtung Norden. Der dritte Generalgouverneur, Mem de Sá (1558–1572), erweiterte die Stadt bis in die Nachbarschaft der Jesuiten unter Vernachlässigung der nach dem ursprünglichen Stadtplan von Tomé de Souza vorgesehenen Stadtmauern. Der Chronist Gabriel Soares de Sousa[12] berichtet aus dem Jahre 1587, daß die vom ersten Generalgouverneur errichteten Mauern schon nicht mehr bestanden; sie seien im Laufe der Zeit hinfällig geworden, da sie lediglich aus Lehm bestanden und sich die Stadt so sehr ausgedehnt habe.

Eine lange Straße stellt die Verbindungsachse zwischen dem Terreiro de Jesus und dem Platz und der Festung Santo Antônio dar, entspricht also den heutigen Straßen Alfredo Brito, Ladeira do Pelourinho, Ladeira do Carmo (Rua Luis Viana), Rua do Carmo und Rua Direita de Santo Antônio (Rua Joaquim Távora) und umfaßt somit das gesamte Gebiet, das im Anschluß an das alte, historische Regierungsviertel zum eigentlichen bürgerlichen Stadtzentrum wurde und den Kernbereich der hier vorgelegten Untersuchungen darstellt. Die genannte Straßenführung paßt sich dem Auf und Ab der topographischen Gegebenheiten an und bildet dabei eine fast gerade Linie zwischen der Anhöhe des historischen Regierungsviertels und dem Bergkamm zwischen dem heutigen Karmeliterkloster und dem Platz und der Festung Santo Antônio. Sie überquert den heutigen Pelourinho-Platz, der seinen Namen von der Pelouro oder Pelourinho genannten Steinsäule herleitet, die zur Bestrafung von Übeltätern (Sklaven oder Freien) auf einem öffentlichen Platz aufgestellt wurde.

In Salvador stand der Pelourinho zuerst auf dem Platz vor der Casa da Câmara, also auf dem zentralen öffentlichen Platz vor dem Regierungspalast, dem heutigen Praça Tomé de Souza (Praça Municipal). Von dort wurde die Säule durch den Generalgouverneur Diogo Botelho, den ihr Anblick störte, entfernt, stand später auf dem Terreiro de Jesus, von wo sie die Jesuiten wegnahmen, angeblich weil die Schreie der an ihr Ausgepeitschten die Gottesdienste störten. 1727 befindet sich der Pelourinho auf dem Platz der Stadttore von São Bento, also etwa auf dem heutigen Castro Alves-Platz, und 1807 wurde er schließlich auf dem Platz aufgestellt, dem er den Namen gab: Praça oder Ladeira do Pelourinho. 1835 kam der Stadtrat schließlich einer Bitte der Bevölkerung nach, schaffte den Schandpfahl ab und stellte an seine Stelle einen Brunnen. Der Name des Platzes blieb jedoch erhalten.[13]

Bis 1580 hatte sich die Aussage Nóbregas, die Stadt werde zu den Jesuiten kommen, weitgehend verwirklicht. In der Fortsetzung des Terreiro nach Osten hin entstand die Niederlassung der Franziskaner, und beidseitig der zwischen der Jesuiten- und Franziskanerkirche verlaufenden Achse bildeten schachbrettartig angelegte Straßen die Wohngebiete des städtischen Bürgertums.

Die über den Plan von Tomé des Souza hinaus angelegten neuen Stadtteile umfaßten gegen Ende des 16. und Anfang des 17. Jahrhunderts schon etwa fünfzehn Straßen, zwei neue Plätze, drei Kirchen und sieben Befestigungsanlagen. Außerhalb dieser beiden Siedlungsbereiche bestanden Einsiedeleien als kleine ländliche Anwesen und Indianerdörfer bei den heutigen Plätzen und Kirchen von Santo Antônio, Carmo und São Bento. Die von den Jesuiten vorgezeichnete Ausdehnung in nördliche Richtung der Straße nach Santo Antônio entlang setzte sich fort, ebenso die Ausdehnung des Siedlungskerns von der Achse zwischen der Jesuiten- und der Franziskanerkirche hin zu der Talsenke, durch die der Rio das Tripas floß. Die wichtige Verbindung der Stadt zu ihrem Hinterland, von dem sie wirtschaftlich lebte, dessen Export-, Verwaltungs- und Residenzfunktionen sie erfüllte und die wechselseitige Schutz- und Rückzugsmöglichkeiten bei Angriffen vom Meer wie bei Angriffen aus dem noch nicht befriedeten Landesinnern bot, wird die Ausdehnung der Stadt in diese Richtung verstärkt haben. Die in der ersten Hälfte des 17. Jahrhunderts entstandenen Festungen von Santo Antônio und Barbalho sind der bleibendste Ausdruck für die frühe Bedeutung dieser Stadtteile.

Das Gebiet des Pelourinho und Maciel konsolidierte sich während des 18. und der ersten Hälfte des 19. Jahrhunderts als Wohngebiet der städtischen Oberschicht und der stadtansässigen Landbesitzer der Umgebung und des gesamten Recôncavo.

Bis gegen Ende des 18. Jahrhunderts wurde das Erscheinungsbild des Pelourinho-Platzes wesentlich durch ein – 1787 zerstörtes – Stadttor bestimmt, das zum Carmeliter-Berg führte und die Sicherung der Stadt zur nördlichen Seite garantieren sollte, sowie durch die dort verlaufenden alten Stadtmauern.[14] Durch die Schleifung von Stadttor und Stadtmauern entstand ein kleiner freier Platz sowie Raum für Wohnhäuser, die Ende des 18. und Anfang des 19. Jahrhunderts dort errichtet wurden. Der Almanach für die Stadt Salvador von 1812 verzeichnet für die zum Gebiet des Pelourinho/Maciel gehörenden Bereiche die Wohnungen vieler zur städtischen Ober- und oberen Mittelschicht gehörender Persönlichkeiten, die in der zivilen, militärischen und kirchlichen Verwaltung bedeutende Stellen innehatten.[15] Spätestens um die Mitte des 19. Jahrhunderts läßt sich eine langsam einsetzende Umwandlung in der Nutzung des Gebiets feststellen. Bürger- und Adelsresidenzen gingen in die Hand von Banken und Versicherungsgesellschaften über, wurden zu gewerblichen Zwecken vermietet oder als Sitz öffentlich-rechtlicher oder privatrechtlicher Körperschaften genutzt. Der Maciel verlor langsam sein Prestige als vornehmes Wohngebiet, es setzt eine Wanderung gehobener Residenzviertel in Richtung Süden ein. Wohngebiet begüterter Ausländer und reicher Einheimischer wird mehr und mehr der Stadtteil Vitória. Die gesunde, noch als ländlich beschriebene Vorstadt zur Spitze der Halbinsel hin, auf der Salvador liegt, der Blick von der Anhöhe der Vitória über das Meer, die Distanz zur Hektik und zum Gedränge des Handels- und Verwaltungszentrums, wohl auch die Möglichkeit, außerhalb der dichtbesiedelten Innenstadt neue, geräumigere Residenzen mit Parks und Gärten anlegen zu können, mögen einige der Faktoren gewesen sein, die die Abwanderung aus dem Bereich des Pelourinho/Maciel in südliche Richtung begünstigten.

In dem Maße, wie wirtschaftlich besser gestellte Gesellschaftsschichten das Gebiet verließen, rückten andere nach. Immer mehr Wohnhäuser wurden – zumindest im Erdgeschoß – in Geschäfte und Werkstätten umgewandelt. Goldschmiede, Schuster, Tischler und alle anderen Handwerke siedelten sich an. Insbesondere nahm die Zahl der Gaststätten und Bars zu.[16] Die höher gelegenen Stockwerke wurden mehr und mehr von Mittel- und Unterschichten der Bevölkerung bewohnt, die die großen Residenzen nach ihren Ansprüchen und finanziellen Möglichkeiten in kleinere Wohneinheiten aufteilten. Auch finden sich bald Büros, Rechtsanwaltskanzleien und Arztpraxen in den ehemaligen Wohnhäusern.

Im Bereich des Pelourinho/Maciel fanden sich schon im 19. Jahrhundert auch die Sitze verschiedener berufsständischer Einrichtungen. Die Gesellschaft zum Schutz der Bedürftigen (Sociedade Protetora dos Desvalidos, gegründet 1832), die Wohltätigkeitsgesellschaft der Märtyrer (Clube Beneficiente dos Mártires, 1891), das Arbeiterzentrum von Bahia (Centro Operário da Bahia, 1894), die Wohltätigkeitsgesellschaft Vereinigung der Klassen (Sociedade Beneficiente União das Classes, 1895)

Abb. 28: Luftfoto Terreio de Jesus bis Convento do Carmo: das Gebiet des Pelourinho/Maciel, ehemaliger großbürgerlicher Wohnbereich und heutiges Slumviertel.

siedelten sich hier an und zeigten mit ihrer Gegenwart die Dekadenz der städtischen Bourgeoisie und der Landaristokratie, deren Niedergang durch die Aufhebung der Sklaverei (1888) beschleunigt wurde.

In den 30er Jahren des 20. Jahrhunderts hatte sich der Pelourinho/Maciel schon in einen deutlich proletarischen Stadtteil verwandelt, war übervölkert, infrastrukturell unterversorgt und verlor zunehmend und schnell sein vorheriges Prestige. Er wurde zu einem Wohngebiet für von auswärts, insbesondere aus dem Landesinnern kommende Schüler und Studenten, die hier billige und in der Nähe des Stadtzentrums gelegene Pensionen fanden. Vor allem die Nähe der Medizinischen Fakultät scheint eine große Anziehungskraft ausgeübt zu haben. Hier wohnten z.B. als Studenten Jorge Amado in dem Haus, das heute das Hotel des Pelourinho ist, und als Medizinstudent der Schriftsteller Herman Lima in der Rua das Larangeiras. Die Schriftstellerakademie von Bahia (Academia de Letras da Bahia, gegründet 1917) erhielt 1941 ein Gebäude am Pelourinho. Auch das Amtsgericht (Tribunal de Justiça) hatte hier seinen Sitz. Viele Jahre hindurch war der Pelourinho/Maciel ein Zentrum für Müßiggänger und für Intellektuelle, das Szenarium vieler und berühmter Romanzen.

Bis etwa zum Jahre 1932 war die physische und soziale Degradierung weit fortgeschritten. Vermietung und Untervermietung und die Unterteilung von Wohnungen in immer kleinere Wohneinheiten hatten zu einem hohen Grad an Überbelegung der alten Bürgerpaläste durch eine Bevölkerung mit niedrigem Einkommen und großen wirtschaftlichen und sozialen Defiziten geführt. In dieser Situation verlegte die Polizei das Prostitutionszentrum, das sich bisher in der Rua Nova de São Bento (Beco de Maria Paz) bis hin zur Rua Carlos Gomes befunden hatte, in den Maciel. Diese Maßnahme sowie die Schaffung des Platzes der Kathedrale (Praça da Sé) durch Abriß ganzer Straßenzüge trugen zur weiteren Dekadenz des alten Bürgerresidenzen-Viertels bei. Der Bürgermeister Durval Neves da Rocha (1938–1942) schuf die Praça da Sé vor der ehemaligen Kathedrale und dem Sitz des Erzbischofs, indem er einige Straßenzüge abreißen ließ. Die hierdurch verdrängte Bevölkerung siedelte teilweise in die angrenzenden Straßen des Pelourinho-Maciel-Gebiets über, das damit endgültig zum größten innerstädtischen Slumgebiet und Prostitutions-Viertel der Stadt und von den „ehrbaren Leuten" mehr und mehr gemieden wurde.[17]

Der „Höllenschlund": Pelourinho/Maciel

Heute vermeidet es der Außenstehende, die Straßen des Maciel zu betreten. Für Frauen gilt es als unschicklich, für Touristen als gefährlich, und die düsteren, schmutzigen, holperigen Straßen mit halb oder ganz verkommenen Häusern mahnen zur Vorsicht. Insbesondere bei Dunkelheit machen Einheimische wie Fremde lieber einen Umweg um die Straße, die ihren Namen von einem der größten kolonialen Dichter Brasiliens herleitet, der in einem Haus in der Nähe der Franziskanerkirche geboren und wegen seiner beißenden Ironie Boca do Inferno (Höllenschlund) genannt wurde: Gregório de Mattos Guerra (1623–1696). Gregório de Mattos verkörpert in seinem Leben und Werk die Widersprüchlichkeit der bürgerlichen Gesellschaft, deren Glanz und Elend sein Stadtviertel veranschaulicht: aus „guter" Familie, glanzvolle Karriere als Rechtsanwalt, Freund des Königs von Portugal und des Erzbischofs von Salvador, gefeierter, mit Boccaccio verglichener Poet, gleichzeitig aber als beißender Kritiker seiner Zeit und seiner Zeitgenossen gefürchtet, bestraft und verachtet, wenn er an die gesellschaftlichen Tabus rührte und sie lächerlich machte, ins Gefängnis geworfen und nach Afrika verbannt, verarmt, geächtet.

Wer glaubt, den Gefahren des „Höllenschlunds" entgehen zu müssen, macht von den zentralen Plätzen der Sé und des Terreiro de Jesus aus einen Umweg: Zwischen dem Gebäude der ehemaligen Medizinischen Fakultät und der zur „alternativen Szene" zu rechnenden Bar „Cantina da Lua" (Kantine des Mondes) drängelt er sich an einem Gewimmel von Menschen und Autos vorbei auf dem schmalen Bürgersteig zwischen Touristen, „Gays", Straßenverkäufern und zwielichtigen Gestalten, erkämpft sich auf der mit Kopfsteinpflaster und Quadersteinen gedeckten Straße einen flüchtigen Freiraum zwischen parkenden und fahrenden Pkws, am Hotel des Pelourinho vorbei bis hin zum gleichnamigen Platz.

Auf dem Pelourinho-Platz endet auch die von dem Vorplatz der Franziskanerkirche kommende Straße des Gregório de Mattos. Ein paar Häuser weiter, und man ist am Sitz der Landes-Denkmalspflegebehörde IPAC (Instituto do Patrimônio Artístico e Cultural da Bahia). Hier, im Solar Ferrão, dem prächtigsten und größten aller Bürgerpaläste dieses Bereichs, hat die staatliche Präsenz ihr Hauptquartier als vorgeschobenen Posten zum Eingang des „Höllenschlunds" errichtet. Ein paar Häuser weiter in die Rua Gregório de Mattos hinein, nur zwanzig oder dreißig Meter vom IPAC entfernt, beginnt wieder der Maciel, wie er allen Vorurteilen zu entsprechen scheint: Halbnackte Kinder auf der Straße, Männer in den Bars, Frauen in den dunklen Hauseingängen, Schmutz, Verfall, manche Häuser wegen Baufälligkeit geschlossen, verbarrikadiert, andere, nicht minder baufällige, noch bewohnt. Zwischen Fahrbahn und Haus nur ein ganz schmaler Bürgersteig: eine geschlossene Straßenfront, ein Haus dicht gegen das andere gebaut in monotoner, gedrängter Bauweise, mit gleichförmigen Häusereingängen und gleichförmigen Reihen von Fenstern, ohne Gärten und ohne jede Bepflanzung.

Vorgärten und Auflockerung der Häuserreihen verbreiteten sich in brasilianischen Städten erst durch den Einfluß französischer Architektur im 19. Jahrhundert. Die Parzellen kolonialzeitlicher Häuser sind meist schmal zur Straßenfront hin und langgestreckt nach hinten. In den Stadtzentren war die Straßenfront besonders teuer und deshalb besonders schmal, und oft begrenzten obrigkeitliche Verordnungen die Anzahl und die Größe der zur Straße führenden Öffnungen. Häuser haben zur Frontseite hin das

Abb. 29: Pelourinho-Platz.

Abb. 30: Rua Gregório de Mattos/Rua Frei Vicente: Unmittelbares Nebeneinander renovierter und verfallener Bürgerpaläste.

Empfangszimmer, eine Art Salon, der der Repräsentation diente, wo Gäste empfangen oder Feste gefeiert wurden; dahinter, in der Mitte des Hauses und meist ohne Außenfenster, die Privatgemächer, nach hinten die Küche und die Gesinderäume. Ein seitlicher langer Korridor dient zur Verbindung zwischen den einzelnen Teilen des Hauses.[18]

Mehrstöckige Häuser waren im Erdgeschoß entweder unbewohnt, oder es lebten Sklaven und später Bedienstete darin, oder es nahm die Stallungen sowie eventuell Laden- und Lagerräume auf. Bei nach hinten abfallenden Grundstücken – wie es hier und in Salvador oft der Fall ist – diente auch ein ganz oder teilweise ausgebautes Untergeschoß dem gleichen Zweck. Standesbewußtes Wohnen war in den Herrenhäusern nur oberhalb des Erdgeschosses möglich.

Die funktionale Zweiteilung der großen Bürgerpaläste des Maciel – gewerbliche Nutzung im Erdgeschoß und Wohnen in den Obergeschossen – hat sich bis heute weitgehend erhalten. Zumindest die zur Straße hin gelegenen Räume werden von vielen Bars, billigen Restaurants und Werkstätten eingenommen, dahinter befinden sich meist Lager- oder Abstellräume, oft aber auch Wohnungen. „Wohnungen", „Behausungen", „Schlafstellen", „Verliese", in jedem Fall Bezeichnungen in Anführungszeichen, denn die Häuser sind halb verfallen, mit teilweise eingestürzten Dächern; abenteuerlichen Treppen, Fußböden, durch deren Spalten man in die darunterliegenden Räume blickt; eine eingestürzte Decke in einem Raum, daneben und nur durch eine Latte abgetrennt, die Wohnung einer Familie. Immer wieder freistehende Rundhölzer, die angeblich eine vom Absturz bedrohte Decke stützen, selber jedoch kaum ihr labiles Gleichgewicht halten. Dazwischen spielende Kinder. Viele Häuser wurden zu „Cortiços" („Bienenkörben"), so vielfältig sind ihre Zimmer mit immer neuen Zwischenwänden und Bretterverschlägen in „Wohneinheiten" unterteilt. Andere Häuser sind ganz zerfallen, im Gemäuer wachsen Unkraut und Bäume, von manchen stehen nur noch die Außenmauern.

Von einem dieser Häuser, dem aus der 2. Hälfte des 17. Jahrhunderts stammenden sogenannten „Haus der sieben Toten" (Casa das Sete Mortes) in der Rua Ribeiro dos Santos 24, berichtet Milton Santos, daß sich die Zahl der Bewohner von 1940 bis 1957 von 40 Personen in 11 Schlafräumen auf 60 Personen in 14 Schlafräumen erhöhte. Außerdem war im Erdgeschoß eine Schreinerei mit Wohnung des Inhabers und seiner Familie untergebracht.[19] Im heutigen Hotel do Pelourinho in der Nähe des gleichnamigen Platzes wohnte Jorge Amado als Student. Er beschreibt es in seinem Roman „Suor":

„Ein altes Herrenhaus wie die andern, eng gedrückt an den Pelourinho-Hügel, im kolonialen Stil errichtet, stolz auf seine Kacheln. Allerdings ein Haus mit enormen Ausmaßen. Vier Stockwerke, Dachboden, ein wie ein Bienenkorb von Menschen wimmelndes Haus. Eine nicht genehmigte arabische Bäckerei. 116 Zimmer, mehr als 600 Personen. Eine Welt."[20]

1958 stellen Darwin Brandão und Motta e Silva fest, was auch heute für viele dieser Häuser gilt:

„Das Gebäude hat keine Tür mehr. Wer weiß, vielleicht weil seine Bewohner nichts haben, was abgeschlossen werden müßte, und der Besucher kann eintreten und schauen… So wohnen am Pelourinho Tausende Menschen. Manchmal dringt der Adel der in Massenquartiere verwandelten Herrenhäuser sogar in die Erde ein und bildet Keller, die die Bewohner lebend beerdigen… Frauen, die selten zur Tür hinaus kommen, weil sie sich halb nackt, wie sie sind, schämen, auf die Straße zu gehen. Ihre Existenz reibt sich in harter und schlecht bezahlter Arbeit auf. Fast alle sind in irgendwelchen Tätigkeiten beschäftigt: Wäscherinnen, Näherinnen, Köchinnen, Hausmädchen, Prostituierte, die zum Familieneinkommen beitragen und oft auch allein den Familienunterhalt sicherstellen müssen. Die Männer – vorausgesetzt, sie finden Arbeit – verlassen die Massenquartiere tagsüber, aber abends verschwinden sie wieder in der Dunkelheit der Löcher."[21]

Und auch die folgende Feststellung der beiden Autoren von 1958 gilt noch heute:

„Der Regierungspalast, das Rathaus, die Kinos sind nicht weit, aber die Mehrheit der Kinder, Frauen und Männer der Massenquartiere kennt keine Freizeit, noch behördliche Hilfe, noch Unterstützung durch die an der ,Schönheit des Elends' interessierten Ästheten."[22]

Perspektiven

Eine Erhebung von 1971 erfaßt in den zum Maciel gerechneten Straßenzügen 1960 Bewohner.[23] Bis 1979 bleibt ihre Zahl konstant: 1951 Bewohner[24], die sich allerdings auf wesentlich weniger Häuser aufteilen, weil in den dazwischen liegenden Jahren einige Häuser unbewohnbar geworden waren und andere von der Denkmalspflegebehörde geräumt und in Verwaltungsstellen umgewandelt wurden. Deren Sitz, Rua Gregório de Mattos 45, war zur Zeit der Räumung von 45 Familien mit insgesamt 140 Personen bewohnt. Hinzu kamen eine Holzsägerei und Tischlerei, eine Schlosserei, ein Schuster, zwei Bars und im zweiten Untergeschoß eine Druckerei, die dort seit 35 Jahren ansässig war und noch mit denselben Maschinen wie bei ihrer Ersteinrichtung arbeitete. Insgesamt 72,2 Prozent der Bewohner gingen ihrem Broterwerb im Hause selber nach, etwa als Wäscherin, Näherin, Vermieterin von Räumen und Schlafstellen, Gesundbeterin, Friseur, Elektriker, Schneider, Maler usw. Lediglich eine einzige Person war außerhalb des Pelourinho und des angrenzenden Gebiets beschäftigt. Alle werden ausnahmslos als relativ arm bezeichnet.[25]

Die Umwandlung der wie „Bienenstöcke" überquellenden Massenquartiere in ein Hotel oder in den Sitz einer Verwaltungsstelle hat direkt oder indirekt zur Verdrängung der dort wohnenden Bevölkerung geführt. Als Ausnahme können nur zwei Häuser gelten: Gregório de Mattos 36 und João de Deus 28. Das letztgenannte Haus dient nach einer provisorischen, mit einfachen Mitteln ausgeführten, jedoch durchaus soliden Renovierung seit Anfang 1984 als Übergangsquartier für einen Teil der aus dem baufälligen und überbelegten Haus Gregório de Mattos 31 umgesiedelten Familien. Das Haus Nr. 36, gegenüber dem Sitz des IPAC gelegen, dient als Vorzeige-

Abb. 31: Bürgerpaläste wurden zu „Bienenkörben".

Abb. 32: Straßenszene im Maciel.

Abb. 33: Rua Gregório de Mattos. In der Mitte links das Ende 1983 wegen Baufälligkeit geräumte Haus Nr. 31.

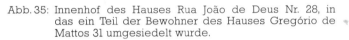

Abb. 35: Innenhof des Hauses Rua João de Deus Nr. 28, in das ein Teil der Bewohner des Hauses Gregório de Mattos 31 umgesiedelt wurde.

Abb. 34: Rua Frei Vicente, Haus Nr. 16: Der Kiosk vor der Hausruine ist eine wesentliche Einkommensquelle der Großfamilie der Dona Z.

Abb. 36: Von Dona Z. und ihrer 23köpfigen Familie bewohnte Hausruine.

Abb. 37: Wohnung in dem renovierten Haus Rua João de Deus 28.

Abb. 38: Dona Z. stellt mit ihrer Familie Spezialitäten her, die sie vor ihrem Haus und auf den Straßen der Umgebung verkaufen läßt.

Abb. 40: Ein Teil der Bewohner des Hauses Gregório de Mattos 31.

Abb. 42: Dona D.: „Niemand soll meinen, daß ich nicht sehe, was hier gespielt wird."

Abb. 41: Dona C. nach der Umsiedlung.

Abb. 39: U. züchtet Kampfhähne.

projekt der Behörde für Denkmalspflege, die eine umsichtige, auf die Erhaltung der ursprünglichen Wohnbevölkerung zielende Stadterneuerung durchzuführen beabsichtigt. Die Bewohner zahlen niedrige, eher symbolische Mieten an die Behörde. Sie sind alle – anscheinend mit einer Ausnahme – beim IPAC beschäftigt, verfügen also über geregelte Einkommen. Gerade diese Voraussetzung aber ist bei der Mehrheit der Bevölkerung nicht gegeben.

Die Übernahme der in beschleunigtem Verfall begriffenen Häuser durch die Behörde für Denkmalspflege steht vor zwei Problemen:

- Die Renovierung der weitgehend verfallenen Bürgerpaläste ist mit großem personellen und finanziellen Aufwand verbunden und bleibt deshalb auf relativ wenige Gebäude beschränkt.
- Die mangelnde Zahlungsfähigkeit der Bewohner führt entweder zu ihrer Verdrängung oder setzt die generelle Übernahme der Unterhaltungs- und zumindest teilweise auch der laufenden Betriebskosten ebenfalls durch die Denkmalspflegebehörde voraus, eine unrealistische Annahme.

Die Erschließung der notwendigen umfangreichen Mittel kann im Prinzip über öffentliche Haushalte oder private Interessen erfolgen. Beides wird versucht:

- über den Haushalt des IPAC,
- über den Plan zur Errichtung eines Verwaltungszentrums der Stadt durch Zusammenfassung aller städtischen Verwaltungsfunktionen in städtischen bzw. von der Stadt zu übernehmenden Gebäuden des Zentrums,
- über einen in Vorbereitung befindlichen und der UNESCO vorzulegenden Plan zur Aufnahme des Stadtzentrums in die Kategorie eines „Denkmals der Menschheit",
- über die Hinzuziehung privater Kapitalien, wie im Fall der geplanten Einrichtung eines Numismatischen Museums durch die Banco Econômico,
- über Pläne, die Nationale Wohnungsbank mit Projekten des Wohnungsbaus in die Pläne zur Stadterneuerung einzubeziehen.

Nach den bisherigen Erfahrungen ist die Erhaltung des Stadtzentrums von Salvador allein unter dem Gesichtspunkt der Denkmalspflege unrealistisch und auch nicht wünschenswert. Weder öffentliche noch privatwirtschaftliche Finanzierung wird die Renovierung und die anschließende Unterhaltung einiger hundert Gebäude mit dem von den beteiligten Behörden formulierten Zielen verbinden können, die im Gebiet wohnende, wirtschaftlich und sozial unterprivilegierte Bevölkerung dort zu erhalten. Deren Verdrängung scheint die unausweichliche Folge zu sein.

Die Erhaltung der im Bereich Pelourinho/Maciel und darüber hinaus in den angrenzenden Wohn- und Gewerbevierteln lebenden Bevölkerung ist eine soziale und historische Verpflichtung, aber auch eine Notwendigkeit sozio-ökologisch sinnvoller Gestaltung der Innenstadt. Die ehemaligen Bürger- und Adelspaläste wurden in dem Maße von unteren sozialen Schichten bewohnt, wie das Interesse ihrer Besitzer an ihrer Unterhaltung und Nutzung schwand. Verkürzt, aber im Kern zutreffend kann

gesagt werden, daß die ehemaligen Sklaven die von ihren Herrn verlassenen Häuser übernahmen. Das Interesse und die konkreten Möglichkeiten der jetzigen, kaufkraftschwachen Bewohner zur Unterhaltung der meist sehr großen Gebäudekomplexe ist verschwindend gering. Jüngste Erfahrungen des IPAC (Umsiedlung der Bewohner des einsturzgefährdeten Hauses Gregório de Mattos 31) zeigen jedoch, daß eine Renovierung mit einfachen Mitteln und verhältnismäßig geringen Kosten möglich ist; vor allem aber, daß das Eigeninteresse der Betroffenen mobilisiert werden kann. Es gelang hier unseres Wissens zum ersten Mal, die bisher eher untätigen und der öffentlichen Initiative mißtrauisch gegenüberstehenden Bewohner in die Pläne zur Renovierung und anschließenden Unterhaltung einzubeziehen.

Die in den Familien vorhandene Solidarität, Formen gemeinwirtschaftlicher Nutzung vorhandenen Baubestands und das Arbeitskräftepotential der Bewohner bieten in Verbindung mit dem starken Eigeninteresse eine Chance zur Förderung des Eigenbaus und zur Sicherung bestehender Bausubstanz mit relativ geringen Mitteln. Eine behutsame, schrittweise Stabilisierung der noch bewohnten Häuser in gelenkter und durch die Bauverwaltung unterstützter Eigeninitiative der Bewohner scheint uns der einzige gangbare Weg zu einer längerfristigen Lösung. Mit solchen vorsichtigen Instandsetzungs- und Umbaumaßnahmen könnte der Pelourinho zu einem funktionierenden innerstädtischen Wohnquartier entwickelt werden und damit gleichzeitig in seiner äußeren Bausubstanz erhalten bleiben.

Tradition und Umbruch: Santo Antônio Além do Carmo

Santo Antônio heute – das ist in der Hauptsache die Rua Direita de Santo Antônio[26] oder Rua Joaquim Távora, wie sie offiziell heißt. Sie erstreckt sich vom Cruz do Pascoal bis zum Largo de Santo Antônio (offiziell Largo Barão do Triunfo)[27] mit der gleichnamigen Kirche und Festung über ca. einen Kilometer Länge mit knapp 200 überwiegend ein- bis zweistöckigen Häusern. Die Häuser auf der linken, also dem Meer zugewandten Seite weisen allerdings – in teils waghalsig anmutenden Konstruktionen – oft bis zu vier oder gar fünf Stockwerke auf, die in den Steilhang gebaut sind. Von der Rückseite dieser Häuser hat man einen herrlichen Blick über die ganze Bucht von Salvador, der nur durch die direkt unterhalb des Abhangs vorbeiführende Schnellstraße und den Frachthafen leicht getrübt wird. In Santo Antônio leben heute schätzungsweise 5000 Menschen in ca. 700 Häusern.[28]

Schon in der zweiten Hälfte des 16. Jahrhunderts führte die Ausdehnung der Stadt bald von dem ursprünglichen politischen Zentrum über das Jesuitenkolleg Richtung Norden über den Pelourinho-

Abb. 43: Luftfoto des Viertels Santo Antônio Além do Carmo, vom Carmel-Kloster bis zur Festung Santo Antônio.

114

Platz zum späteren Carmeliterkloster und in Fortsetzung dieser Richtung bis hin zur späteren Kirche und Festung des „Heiligen Antonius Jenseits des Carmel" (Santo Antônio Além do Carmo) und damit bis zum Ende des Bergrückens, der von der am Meer gelegenen Unterstadt auf etwa 70 Meter Höhe ansteigend den Blick über die Einfahrt zur Allerheiligenbucht freigibt.

Die vorstädtischen kirchlichen Ansiedlungen entsprachen sowohl dem Zweck der Katechese als auch den Absichten der städtichen Verwaltung, die umliegenden Indianer in Dörfern zusammenzufassen und zu befrieden. Die kleinen Indianerreduktionen um die bescheidene Kapelle mit ihrer Katechismus-Schule für die Indianer und verschiedenen „Knabenschulen" in den Vorstädten von Salvador bildeten die Anfänge dieser vorstädtischen Besiedlung. Mit Hilfe von Spenden aus dem Volke erbauten Karmeliter ein Kloster vor den Toren der Stadt, um das sich bald Wohnhäuser gruppierten, deren Bewohner hier Schutz vor den stets möglichen Angriffen der Indianer und entflohener Negersklaven suchten. Auch während der Angriffe der Holländer in der ersten Hälfte des 17. Jahrhunderts diente das Kloster den Bewohnern häufig als Zuflucht.

Etwa gleichzeitig mit der Niederlassung auf dem Carmel-Berg entstand weiter nördlich die Einsiedelei vom „Heiligen Antonius Jenseits des Carmel", die bald durch eine Kapelle, danach durch eine größere Kirche ersetzt wurde. 1648 wurde sie zum Sitz einer eigenen Pfarrei erhoben. Die holländische Invasion zerstörte vollständig die Häuser, die sich in dem noch locker besiedelten Gebiet befanden. Nur die beiden kirchlichen Gebäude blieben stehen.

Die in der gesamten ersten Hälfte des 17. Jahrhunderts sporadisch immer wieder notwendigen Abwehrkämpfe gegen die Holländer führten entlang der gesamten Nord-Süd-Achse zum Bau einer Serie von Gräben und Befestigungen, die an den strategisch wichtigen Punkten besonders stark ausgebaut wurden. Am äußerst nördlichen Ende der Stadt wurden Gräben ausgehoben und die Festung des Heiligen Antonius (Forte de Santo Antônio) errichtet, die bis heute das bleibendste und charakteristischste Wahrzeichen dieses Stadtteils ist. Obwohl in der ersten Hälfte des 17. Jahrhunderts im Vorort von Santo Antônio schon vereinzelt Häuser standen, nahm die Besiedlung erst Anfang des 18. Jahrhunderts städtische Züge an, wie aus dem Stadtplan von Jean Massé (1715) und aus den Angaben von Rocha Pitta (1730)[29] hervorgeht. Die Bauart der Häuser kontrastierte mit der benachbarter Viertel. Anders als in den Herrenhäusern von Pelourinho, Maciel und Terreiro de Jesus, wo es als unschicklich und dem sozialen Status unangemessen galt, im Erdgeschoß zu wohnen, bestimmten in Santo Antônio die erdgeschossigen, bescheidenen Häuser das Bild. Die Bewohner dieses Gebiets waren im 18. Jahrhundert vor allem bescheidene Funktionäre, Handwerker und Arbeiter. Landadel und Großbürgertum

Abb. 44: Häuser in Santo Antônio Além do Carmo.

ließen sich in der „vornehmen" Zone der Stadt nieder, in ihren Häusern vom Terreiro de Jesus bis zum Karmeliterkloster und im 18. Jahrhundert höchstens vereinzelt auch bis hin zu Santo Antônio Além do Carmo.

Im 19. Jahrhundert erlebt dieser Stadtteil eine Phase der Entwicklung und des Fortschritts, in der eine große Anzahl ansehnlicher Bauten entstand und das Viertel fast mit den sozial höher angesehenen benachbarten Stadtteilen konkurrieren konnte. Schon 1774 sagt José Antonio Caldas, daß „die Größe der Stadt nicht in seinem Zentrum liegt, sondern in den schönen Vororten, die es umgeben".[30] Dabei bezieht er sich auf die Vororte um das Benediktinerkloster und um Santo Antônio Além do Carmo, wo inzwischen die Zahl der Straßen, Häuser und bedeutenden kirchlichen Gebäude zugenommen hat, ebenso auf die Tiefstadt, auf das Viertel um den Convento da Palma, des Convento do Desterro und die Igreja da Saúde.[31]

Während das Stadtzentrum spätestens im letzten Jahrhundert seinen Status als vornehmes Wohnviertel allmählich verlor und diese Funktion an andere, südlich gelegene Vororte abgab, wurde Santo Antônio Jenseits des Carmel nicht von einer Entwertung und nicht von der entsprechenden Umwälzung seiner Sozial- und Wirtschaftsstrukturen erfaßt. Schon im gesamten 19. Jahrhundert erwies sich der Stadtteil als wirtschaftlich und sozial konsolidiert, allerdings auf der Ebene einer niedriger stehenden sozialen Schicht, als dies im benachbarten Pelourinho/Maciel der Fall war.

Während im Laufe des 19. Jahrhunderts die benachbarten Wohngebiete vom Terreiro de Jesus bis zur Anhöhe des Carmel zunehmend umstrukturiert wurden und in Verfall gerieten, wird das angrenzende Gebiet von Santo Antônio nicht von dieser wachsenden Dekadenz betroffen.

„Vom 19. Jahrhundert an war seine Besiedlung als Stadtgebiet schon eindeutig definiert. Es wurde von sozial und wirtschaftlich gefestigten Schichten bewohnt, die jedoch keine sehr große Kaufkraft aufwiesen. Das Verbleiben dieser Bevölkerung in dem Stadtteil ist auf die Tatsache zurückzuführen, daß sie von den Dienstleistungen abhängt, die sie im relativ nahen Stadtzentrum in wirtschaftlichen und administrativen Bereichen ausübt. Dies war im Gebiet des Pelourinho nicht der Fall, da die ursprünglich hier wohnende Bevölkerung ihre wichtigsten wirtschaftlichen Beziehungen zum Bereich der ländlichen Produktion hatte und da sie den Veränderungen der Wohnvorstellungen gegenüber aufgeschlossener war".[32]

Die vorwiegend ein-, höchstens zweigeschossigen Häuser entsprachen den unmittelbaren Notwendigkeiten und den wirtschaftlichen Möglichkeiten kleinerer sozialer Einheiten mit geringerem Einkommen, die jedoch nicht nur weniger der Dekadenz der Zuckerwirtschaft des Recôncavo unterworfen waren, sondern eine größere Bereitschaft aufwiesen, ihre Wohnmöglichkeiten selber zu gestalten und ihren jeweiligen Erfordernissen und Wünschen durch Renovierungen und Erweiterungen anzupassen. Durch die Bauart des Hauses, die Verteilung der Zimmer und der Einzelfunktionen innerhalb des Hauses und die Nutzung des Grundstücks war es möglich, sich den wechselnden Erfordernissen und Möglichkeiten anzupassen. Santo Antônio wurde somit von Anfang des 19. Jahrhunderts an zu einem der am dichtesten besiedelten, aber auch wirtschaftlich und sozial beständigsten Wohnviertel im innerstädtischen Bereich. Bis in die 60er Jahre dieses Jahrhunderts und teilweise bis heute ist der Stadtteil einer der charakteristischsten und „traditionellsten" in Salvador geblieben.

Santo Antônio heute[33]

Dennoch wirkt das heutige Santo Antônio im Vergleich mit dem übrigen Zentrum eher kleinstädtisch, fast ländlich. Ein ruhiges, beschauliches, fast idyllisch anmutendes Viertel, in dem die Welt noch in Ordnung zu sein scheint. Doch auch ein flüchtiger Blick kann nicht die „Brüche" übersehen: den abbröckelnden Putz unter farbenfrohem Fassadenanstrich, die zum Teil schiefen Fensterläden, die Stilbrüche in den Renovierungen, deren extremste Ausführungen moderne Kachelfassaden und Alu-Fenster sind, die Ruinen nebenan, halb zerbrochene Stuckverzierungen – dies alles läßt den Glanz und Wohlstand vergangener Epochen nur ahnen.

Die Veränderungen der letzten fünfzehn bis zwanzig Jahre lassen eine langsame, aber deutliche Auflösung der ehemals homogenen Bevölkerungs- und Sozialstruktur sowie der Nutzung des Viertels als reines Wohnviertel erkennen. Der Verfall und die Vernachlässigung der Bausubstanz (auch aus ökonomischen Gründen, weil die Instandhaltung der Häuser zu teuer ist) werden deutlich sichtbar. Zum Teil stehen nur noch die Häuserfassaden (denn diese stehen seit 1976 unter Denkmalschutz!), während der Rest Ruine ist oder sogar abgerissen wird.[34]

Die Rua Direita de Santo Antônio ist die am besten ausgestattete Straße im Viertel. Gleichzeitig sind hier die Veränderungen der letzten Jahre am deutlichsten sichtbar. Hier finden sich die meisten Häuser, deren alte denkmalgeschützte Fassaden noch erhalten sind. Denkmalschutz verhindert jedoch nicht unbedingt Veränderungen und Zerstörungen. Ein beträchtlicher Teil der vorderen Häuser wurde allerdings bereits modernisiert, indem sie z. B. mit neuen (Küchen-)Kacheln versehen oder die alten Gebäude abgerissen und durch vollkommen neue, mehrstöckige Mietshäuser ersetzt wurden.

Als charakteristische Bauweise zeigt sich die Aneinanderschachtelung der Häuser, aus der sich eine geschlossene Straßenfront ergibt. Fast alle Häuser weisen die gleiche räumliche Aufteilung auf: Hinter einer relativ schmalen Fassade von ca. 5 Metern (oder manchmal auch nur 3 Metern) liegt ein über die ganze Hauslänge (oft 35–40 Meter lang) bis zur Parallelstraße reichender Flur, von dem die einzelnen Räume, hintereinandergeschachtelt, abgehen. In einem „typischen" Ein-Familien-Wohnhaus befindet sich vorn zur Straßenseite die „Sala" (entspricht etwa der „guten Wohnstube"), dahinter liegen – ohne Fenster! – ein oder mehrere Schlafräume, dann mündet der Flur in das Eßzimmer, gefolgt von Küche, Bad und einem oder mehreren Dienstmädchenzimmern mit Toilette und Dusche, an die ein gepflasterter Hof oder ein kleiner Garten angrenzt. In einem halben Obergeschoß befinden sich nochmals ein bis zwei Räume.

Das Baujahr der Häuser in der Rua Direita läßt sich nur schätzen, da es an exakten Unterlagen fehlt. Als wahrscheinlich gilt, daß sie in der Mehrzahl gegen Ende des letzten oder Anfang dieses Jahrhunderts (Jahreszahlen an den Häusern) gebaut wurden und die vorherigen, an gleicher Stelle stehenden alten Bauten ersetzten bzw. die letzten noch bestehenden Lücken zwischen den Häusern schlossen. Was auf den ersten Blick wie Überbleibsel aus der Kolonialzeit wirkt, ist also zum Teil nur eine „Imitation" kolonialer Architektur. Die Gebäude der heutigen Rua Direita de Santo Antônio bilden deshalb ein „wahres Mosaik der Epochen und Baustile"[35], ergeben dennoch in ihrer Gesamtheit ein malerisches Bild.

In der Versorgung mit den Dingen des täglichen Lebens hat Santo Antônio „kein eigenes Leben", sondern ist auf die umliegenden Stadtteile angewiesen. Dennoch wird die Versorgungssituation (Lebensmittel, Ärzte, Schulen etc.) von den Bewohnern selbst allgemein als gut angesehen, ein Viertel, das „alles hat", das „zentral liegt", obwohl es dort weder einen Supermarkt noch einen Gesundheitsposten, Arzt, Zahnarzt, noch eine Apotheke gibt; keine Post, keine Bank, keinen Kinderspielplatz usw. Bemängelt wird dagegen das Fehlen einer Omnibusverbindung zum Zentrum – bis Ende der 50er Jahre verkehrte in Santo Antônio noch eine Straßenbahn (Nr. 9), die dann dem „Fortschritt" zum Opfer fiel, als das städtische Transportsystem auf Omnibusse umgestellt wurde –, allerdings ist hier einer der vier Aufzüge in Betrieb, die die Oberstadt von Salvador mit der Unterstadt verbinden.

Die Versorgung mit Lebensmitteln erfolgt entweder durch die modernen Supermärkte in den angrenzenden Stadtteilen oder durch die traditionellen Kram- oder Gemischtwarenläden, Verkaufsstände für Obst und Gemüse, Geflügel und Eier, die auch heute noch im Viertel fortbestehen. Ebenfalls eine lange Tradition haben die beiden Bäckereien. Auch das alte System der Straßenhändler ist in Santo Antônio noch intakt: Obst, Gemüse, Eis, Fisch usw. können noch immer gut und preiswert direkt an der Haustür erstanden werden. Gut versorgt ist das Viertel auch mit zahlreichen kleinen Kneipen und Getränkeverkaufsständen, die gleichzeitig Treffpunkt und Nachrichtenumschlagplätze sind. Viele dieser Kneipen sind jedoch erst in den letzten Jahren entstanden.

Auffallend ist die große Zahl der Schulen und Kindergärten oder Kinderkrippen. Allein in der Rua Direita befinden sich zwei staatliche Schulen sowie drei private Kindergärten mit Alphabetisierungskursen, eine private Sprachenschule sowie die „Escola Hora da Criança" des kürzlich verstorbenen Adroaldo Ribeiro Costa[36], die jedoch zur Zeit wegen finanzieller Schwierigkeiten geschlossen ist.

Immer wieder finden sich Hinweise auf das enge Geflecht sozialer nachbarschaftlicher und familialer Beziehungen als ein für Santo Antônio charakteristisches Merkmal. Ein wichtiges Bindeglied, aus dem sich dieses Zusammengehörigkeitsgefühl, diese Identifizierung mit dem Viertel und seinen Bewoh-nern konstituiert, war und ist sicherlich die gemeinsame Zugehörigkeit zum katholischen Glauben und den entsprechenden kirchlichen Einrichtungen und Aktivitäten. Auch heute noch gilt Santo Antônio als das katholische Viertel schlechthin, und dem kirchlichen Leben und den kirchlichen Festen kommt nach wie vor eine große Bedeutung zu.

Direkt zum Viertel gehören drei Kirchen:
- die Igreja de Santo Antônio, deren Pfarrei sich weit über das Viertel hinaus erstreckt,
- die Igreja do Boqueirão, früher noch mit dem Zusatz „dos Homens Pardos", d.h. der Mulatten, versehen und
- die Igreja dos Quinze Mistérios.

Zwei weitere katholische Einrichtungen liegen in unmittelbarer Nähe: Kirche und Kloster der Karmeliter und der Convento dos Perdões, in dem heute eine Grundschule untergebracht ist, die von einem kirchlichen Orden und dem Staat getragen wird. Innerhalb dieser katholischen Gemeinden besteht eine Vielzahl von Laienorden, Bruderschaften und religiösen Gruppierungen.[37]

Beispiele für dieses vitale kirchliche Leben sind die zahlreichen, weit über Santo Antônio hinaus bekannten kirchlichen Feste und Bräuche. So verteilt z.B. die „Vereinigung für das Brot der Armen des heiligen Antonius" jeden Dienstag im Anschluß an die Morgenmesse Brotspenden an Bewohnerinnen eines nahegelegenen Elendsviertels – ganz im Sinne des frommen und mildtätigen Heiligen! Besondere Bekanntheit kommt dem Fest des Heiligen Geistes zu.[38] Der Monat Mai steht im Zeichen der Verehrung Marias, und der Juni ist bis zum 13. dem Schutzpatron und Namensgeber des Stadtteils, dem heiligen Antonius, gewidmet. Als Entsprechung zu diesen Festen findet zur Karnevalszeit die sogenannte Waschung der Kirche des heiligen Antonius statt, eine symbolische Reinigung der Treppenstufen der Kirche, die als Auftakt des Karnevals im Viertel gilt.

Ebenso zahlreich wie die Kirchen sind die Karnevalsvereine vertreten. Allein drei haben ihren Sitz in der Rua Direita (Corujas, Lords und Mercadores de Bagdad), ein vierter hat seinen zweiten Sitz in der Festung (Ilê-Ayê), einem Gebäude, das bis 1978 als Gefängnis, auch für politische Gefangene, gedient hat, dann aber, 1981, in ein „Zentrum für Volkskultur" umgewandelt wurde.[39] Dieses unter der Leitung des IPAC geplante Projekt sieht regelmäßige kulturelle Veranstaltungen, einen Markt für Kunsthandwerk, die Nutzung der vorhandenen Räumlichkeiten als sozialen und kulturellen Treffpunkt der Bewohner von Santo Antônio u.a.m. vor, ist aber noch nicht in der beabsichtigten Weise realisiert worden. Nur in unregelmäßigen Abständen finden dort Vorträge, Musikveranstaltungen und Theateraufführungen statt. Die Arbeit des IPAC stagniert „aus finanziellen Gründen", und in der Bevölkerung machen sich bereits starke Vorbehalte gegenüber der momentanen Nutzung breit, die sich nach ihrer Meinung an ihren Bedürfnissen vorbei orientiert und in seiner jetzigen Form auf Ablehnung stößt. So entwickelt sich die Festung Santo Antônio heute eher zu einem Fremdkörper denn zu einem integrativen Bestandteil des Viertels.

Bevölkerungsstruktur in Santo Antônio

Bis in die 50er Jahre war Santo Antônio ein reines Wohnviertel der Mittelschicht und der gehobenen Mittelschicht, eines der angesehensten Stadtteile Salvadors, in dem viele „bedeutende" Familien wohnten. Viele der Bewohner sind spanischer oder portugiesischer Abstammung. Die Bevölkerungsstruktur war in sozialer, ökonomischer, kultureller und religiöser Hinsicht relativ homogen.

Seit Beginn der 50er Jahre sind viele der wohlhabenden, traditionellen Familien aus Santo Antônio weggezogen in die neu entstandenen, modernen und als chic geltenden Stadtteile am Strand und in die Appartement-Hochhäuser in den südlichen Teilen der Stadt. Geblieben sind die weniger wohlhabenden Familien oder die Alten, während die Kinder nicht mehr wie früher nach der Heirat mit im Haus wohnten, sondern eine eigene Wohnung bezogen.

Bei diesem Umwandlungsprozeß spielen veränderte Ansprüche an Wohnen und individuelle Lebensformen eine Rolle (größerer Platzbedarf, Licht, Strandnähe, mehr Unabhängigkeit von den Eltern, Prestige usw.). Sie sind aber auch eine Folge moderner Verkehrs- und Bodenpolitik, die für eine Erschließung ehemals weit außerhalb der Stadtgrenzen liegender Grundstücke sorgte.

Nachgerückt sind Familien mit einem niedrigeren sozio-ökonomischen Status, die Santo Antônio wegen seiner zentralen Lage und den gleichzeitig relativ niedrigen Mieten wählten. In den letzten zehn bis fünfzehn Jahren entstanden auch verstärkt Pensionen und Untervermietungen, da die Erhaltung der Häuser für eine Familie oft zu teuer wurde. Einige der ehemaligen großen Einfamilienhäuser sind heute Mietshäuser, in denen in jedem Zimmer eine Familie wohnt. So finden sich in einigen Häusern 15 oder 20 Familien, wo früher eine einzige lebte. Angestiegen ist auch die Zahl der gewerblich oder gemischt genutzten Häuser. So finden sich heute in der Rua Direita zahlreiche kleine Kneipen, Kleinhandel, einige Werkstätten, drei Schuh-„Fabriken", ein Kosmetiksalon, zwei Ateliers, mehrere private Schulen und Kindergärten. Zahlreiche Häuser tragen Hinweise auf die Ausführung von Reparaturen, die Herstellung von Essen oder Kleidung, Zimmervermietung u.a.m. Daraus wird deutlich, daß viele der heutigen Bewohner auf einen „Zuverdienst" angewiesen sind.

Mit diesen äußerlichen Veränderungen haben sich auch die sozialen Beziehungen im Viertel verändert. Heute findet man in Santo Antônio eine „doppelte Welt": eine Gruppe von alteingesessenen Bewohnern und die Gruppe der Neulinge, die die alten Traditionen nicht kennen oder auch nicht übernehmen wollen. Dies führt zu sozialen Spannungen und Abgrenzungen. Die ehemals einheitliche Bevölkerungs- und Sozialstruktur ist aufgeweicht.

Viele Familien wohnen seit vielen Jahren im selben Haus, oft wohnen noch andere Verwandte im Viertel. Gute nachbarschaftliche Beziehungen werden allgemein betont. Man kennt sich untereinander, was

Abb. 45: Rua Direita de Santo Antônio.

Abb. 46: Frau N. und Frau H., Eigentümerinnen eines Hauses in der Rua Direita de Santo Antônio.

Abb. 47: Empfangsraum.

Abb. 48: Überdachter Innenhof.

Abb. 49: Küche.

natürlich auch bedeutet, daß die soziale Kontrolle gesichert ist. Neu hinzukommende Familien haben es dagegen nicht leicht, in die „Gemeinschaft" aufgenommen zu werden, falls sie nicht schon vorher irgendwie bekannt sind. Man verhält sich ihnen gegenüber reserviert bis ablehnend, wenn sie nicht dem eigenen „Niveau" und den eigenen Werten entsprechen. Das „Absinken" des Viertels und die „Verrohung der Sitten" ist eine häufige Klage der alteingesessenen Bewohner.[40]

Die alteingesessene Bevölkerung spricht mit Abscheu und Verachtung von den „Mietshäusern", in denen Familien, besonders aber Ledige billigen Wohnraum unter oft sehr schlechten Bedingungen gemietet haben. Die negative Einstellung der Bevölkerung gegenüber den Neuansiedlern, in den letzten Jahren zunehmend aus den unteren und damit dunkelhäutigen Bevölkerungsschichten, wird in Gesprächen sehr schnell offenkundig. Ebenso negativ ist ihre Einstellung zu den Leuten „von außerhalb" und zu den Besuchern des Kulturzentrums, das vor allem von jungen Leuten der ärmeren und dunkelhäutigen Bevölkerungsschicht besucht wird. Sie schreiben besonders ihnen sehr viele Dinge zu, die negativ in Erscheinung treten, machen sie z. B. für den Schmutz im Stadtteil verantwortlich („die werfen ja alles auf die Straße").

Santo Antônio kann heute als ein „Wohnviertel im Umbruch" bezeichnet werden, wobei durchaus noch offen ist, wohin dieser Umbruch führen wird:

– Das Viertel könnte weiter „absinken" – ähnlich dem Pelourinho/Maciel, nur mit zeitlicher Verzögerung – und sich zu einem innerstädtischen Elendsviertel entwickeln.
– Santo Antônio könnte zu einem Viertel des Tourismus werden, wie es sich bereits in der Nähe der Karmeliter-Kirche etabliert und wie es den politischen und ökonomischen Interessen der Stadt durchaus entsprechen würde. Ein erster Schritt in diese Richtung könnte mit der Umwandlung der Festung von Santo Antônio in ein „Kulturzentrum" erfolgen oder zumindest beabsichtigt sein.
– Noch eine dritte Möglichkeit deutet sich an durch die Rückkehr ehemaliger Bewohner nach Santo Antônio – teils aus ökonomischen Gründen, teils weil sie in den noch erhaltenen nachbarschaftlichen Beziehungen eine „neue" Wohnqualität und hinter den alten Häuserfassaden der Rua Direita eine Alternative zu den gesichtslosen Appartement-Hochhäusern der immer weiter vom Stadtzentrum entfernt liegenden Neubauviertel wiederentdecken. Diese Nähe zur Innenstadt bei gleichzeitiger relativer Abgeschiedenheit dürfte nicht zuletzt ein wichtiger Aspekt für eine mögliche „Aufwertung" von Santo Antônio sein.

Anmerkungen

1 In der Literatur über Salvador finden sich zahlreiche solcher überschwenglicher Bezeichnungen. Die genannten Beispiele entsprechen folgenden Buchveröffentlichungen: F. Gomez de Otero/J. Burriel Muñoz, Bahia, Orgullo del Brasil, Bahia, Imprensa Official 1929; Jorge Amado, Bahia de Todos os Santos, Guia das ruas e dos mistérios da cidade do Salvador, São Paulo, Martins 1945; Nelson Gallo, Bahia de todas as doçuras, Salvador, Progresso 1959; Carlos Torres, Bahia cidade feitiço, Guia Turístico, Salvador, 6. Aufl. 1973; Ernesto Gimenez Caballero, Bahia de todos os Santos e de todos os Demônios, Salvador, Universidade da Bahia 1958; Guaraci Adeodato Alves de Souza und Vilmar Faria (Hrsg.), Bahia de todos os pobres, Petrópolis, Vozes, und São Paulo, CEBRAP 1980.
2 Über ausländische Reisende und Reiseberichte über Salvador im 19. Jahrhundert siehe Moema Parente Augel, Visitantes estrangeiros na Bahia oitocentista, São Paulo, Cultrix und Brasília, MEC/INL 1980.
3 Zur Zeit bereiten die zuständigen Stellen der Stadt Salvador, des Landes Bahia und des Bundes einen Plan vor, die Anerkennung und Förderung der Innenstadt als „Denkmal der Menschheit" seitens der UNESCO zu erreichen.
4 Die Nationale Wohnungsbank (Banco Nacional de Habitação, BNH) fiel bis etwa 1982 nicht unter die Pflicht der Genehmigung ihrer Vorhaben durch die zuständigen städtischen Verwaltungsorgane bzw. konnte sich ihr faktisch entziehen. Als der größte Grundstückskäufer und Bauherr übte die BNH großen Einfluß auf den Boden- und Baumarkt Salvadors und aller brasilianischen Städte aus und trug in großem Maße zur diskontinuierlichen Bebauung bei, da sie ihre Projekte strikt nach preislichen Gesichtspunkten ohne Berücksichtigung städtischer Planungsinteressen verwirklichte.
5 Herbert Drummond Frank, Präsident der – ehemaligen – Landesgesellschaft für Stadtentwicklung (Companhia Estadual de Desenvolvimento Urbano, CEDURB) in seinem Vorort zu: A Grande Salvador. Posse e uso da Terra. Projetos Urbanísticos Integrados, Salvador 1978.
6 Central de Abastecimento de Salvador, CEASA – Versorgungszentrale für Salvador (Großmarkt).
7 Vgl. SEPLANTEC/OCEPLAN (Hrsg.), Habitação e urbanismo em Salvador, Salvador 1979.
8 Prefeitura da Cidade do Salvador, Orgão Central de Planejamento, Plandurb (Hrsg.), Disponibilidade de terras. Inventário de Loteamentos, 1977.
9 Zu Bodenspekulation und Bodennutzung in São Paulo vgl. z. B. Tilman Evers, Reproduktion der Arbeitskraft und städtische Bewegungen: Der Fall der illegalen Parzellierungen in São Paulo, in: Peripherie, Nr. 2, Sept. 1980. S. 28–47.
10 Die spezielle historiographische Literatur über Bahia ist sehr umfangreich. Eine zusammenfassende Übersicht bietet Luís Henrique Dias Tavares, História da Bahia, 6. Aufl., São Paulo, Ática, und Brasília, MEC/INL 1979.
11 Zu den Schwierigkeiten der einzelnen Erhebungen vgl. insbesondere Thales de Azevedo, Povoamento da Cidade do Salvador, 3. Aufl., Salvador, Itapoã, 1969, z. B. S. 188–192, ebenso die entsprechenden Anmerkungen in der Einleitung zu Azevedo 1969. S. 4 f.
12 Gabriel Soares de Sousa, Tratado descritivo do Brasil em 1587, 4. Aufl., São Paulo, Comp. Ed. Nacional und Ed. da USP 1971 (Brasiliana, Bd. 117). S. 134.
13 Waldemar Mattos, Evolução histórica e cultural do Pelourinho, Rio de Janeiro 1978.
14 Die Straße, die den Platz Jesu mit dem Pelourinho verbindet und von der Ecke der Medizinischen Fakultät ausgeht, erinnert noch heute an die an ihrem Ende ehemals stehenden Stadttore des Carmel: Rua das Portas do Carmo – Straße der Stadttore des Carmel.
15 Almanach para a Cidade da Bahia, anno 1812, Bahia, Na Typ. de Manoel Antonio da Silva Serva (1811), Faksimile-Ausgabe Salvador 1973; Vgl. auch W. Mattos, a.a.O. S. 25.
16 Vgl. W. Mattos, a.a.O. S. 27.
17 Milton Santos, O Cento da Cidade do Salvador. Estudo de geografia urbana, Salvador, Progresso 1959. S. 165 ff.

18 Zur Architektur der Kolonialzeit in Brasilien siehe u. a.: Nestor Goulard Reis Filho, Quadro da arquitetura no Brasil, 5. Aufl., São Paulo, Ed. Perspectiva 1983.

19 M. Santos, a.a.O. S. 159–160.

20 Jorge Amado, Suor, 1934. Deutsch erschienen als Teil 2 („Das Mietshaus") in: Jorge Amado, Leute aus Bahia, Berlin, Verlag Volk und Welt 1966.

21 Darwin Brandão/Motta e Silva, Cidade do Salvador, caminho do encantamento, Vorwort von Jorge Amado, São Paulo, Comp. Ed. Nacional 1958. S. 104.

22 Ebenda. S. 104.

23 Carlos Geraldo d'Andrea Espinheira, Divergência e prostituição, Magisterarbeit, Universidade Federal da Bahia 1975.

24 Carlos Alberto Caroso Soares, Expedientes de vida. Um ensaio de antropologia urbana, Magisterarbeit, Universidade Federal da Bahia 1979; Jefferson Afonso Bacellar, A família da prostituta, São Paulo, Atica 1980.

25 Jefferson Afonso Bacellar, Solar Ferrão, Análise sócio-econômica, Ms., o. J.

26 Eine Rua Direita ist eine „direkte Straße", hier also die direkt, gradlinig vom alten Stadtzentrum hin zum Vorort von Santo Antônio verlaufende Straße. Auch die anderen Straßenbezeichnungen erinnern noch teilweise an die Funktionen des Viertels für die Stadt: Straße der Knochen (ossos), der (Fleisch)Händler (marchantes), der Kohlen (carvões) beziehen sich auf die Versorgungsleistungen der an der Straße zum Hinterland (Recôncavo) gelegenen Handwerker.

27 Einige Straßen im Viertel wurden offiziell umbenannt. Die neuen Namen werden jedoch von den Bewohnern fast nicht benutzt und sind z. T. auch gar nicht bekannt.

28 Genaue statistische Untersuchungen der Stadtverwaltung liegen nicht vor. Eine Untersuchung des IPAC von 1975 nennt 2 557 Personen in 493 Familien und 566 Gebäuden. Diese Zahl dürfte jedoch zu niedrig angesetzt sein, da nicht alle o. g. Straßen einbezogen wurden und seitdem die Anzahl der in Mietshäusern und Pensionen umgewandelten ehemaligen Bürgerhäuser angestiegen ist.

29 Zur geschichtlichen Entwicklung von Santo Antônio Além do Carmo vgl. die Kartenskizzen in: Centro de Estudos da Arquitetura na Bahia (Hrsg.), Evolução física de Salvador, Bd. 2, UFBa, Salvador 1979.

30 José Antonio Caldas, Notícia Geral de Toda esta Capitania da Bahia (1759), Faksimile-Ausgabe, Salvador, Tipografia Beneditina, 1951. S. 5.

31 Luiz Antonio Fernandes Cardoso, Casa de Oitão Largo de Santo Antônio Além do Carmo, Salvador – Bahia. Proposta para Restauração, Salvador, Faculdade de Arquitetura 1982 (unveröffentlicht).

32 Sebastião da Rocha Pitta, História da América portugueza, 3. Aufl., Bahia 1950. S. 57 ff.

33 Der Abschnitt „Santo Antônio heute" wurde von Christa Frosch-Asshauer verfaßt.

34 Inwieweit dies dadurch aufgehalten werden kann, daß die Fassaden der Häuser in der Rua Direita de Santo Antônio unter Denkmalschutz gestellt wurden, bleibt fraglich.

35 Fundação do Patrimônio Artístico e Cultural da Bahia, Coordenacão de Planejamento e Pesquisas Sociais (Hrsg.), Levantamento Sócio Econômico Área Norte do Pelourinho. Estudo Preliminar, hektographiert, Salvador, April 1975. S. 55.

36 Adroaldo Ribeiro Costa, gestorben 27. Februar 1984, war einer der bekanntesten Volkspädagogen Salvadors. Mehr als 30 Jahre war er Lehrer an der dortigen Lehrerbildungsanstalt (Escola Normal) und unterhielt ein Radioprogramm, in dem von Kindern und Jugendlichen Kunst dargeboten wurde: Gesang, Instrumentalmusik, Tanz, Theater. Später richtete er in seinem Haus eine „Kunstschule" ein, die insbesondere Kinderstücke teils eigener Produktion spielte. Er übte hierdurch und durch seine journalistische Tätigkeit einen großen Einfluß auf die Kunsterziehung der unteren sozialen Schichten aus, die aufgrund ihrer geringen Kaufkraft und ihrer Schichtzugehörigkeit vom „etablierten" Kunstbetrieb ausgeschlossen sind.

37 Der Vollständigkeit halber seien noch die protestantische Versammlung Gottes an der Ladeira do Boqueirão und die „Universale Kirche des Reiches Gottes" an der Ladeira do Aquidabã erwähnt. Darüber hinaus bestehen verschiedene spiritistische Zirkel und viele kleine Gruppierungen und häusliche Einrichtungen spiritistischer, christlicher und afrobrasilianischer Prägung.

38 Bis heute wird alljährlich ein 7–14jähriger Junge (Sohn eines ehrbaren und wohlhabenden Mitglieds der „Irmandade do Divino Espírito Santo") für die Rolle des „Imperadors" auserwählt, der in einem traditionellen und aufwendigen Festakt zwei Gefangene begnadigt. Bis zur Auflösung des Gefängnisses in der ehemaligen Festung von Santo Antônio handelte es sich um dort Inhaftierte. Heute werden an diesem Tag zwei Häftlinge, die kurz vor ihrer Entlassung stehen, nach Santo Antônio gebracht und in einem symbolischen Akt „begnadigt".

39 Heute befinden sich dort u. a. eine Capoeira-Schule, einige Werkstätten für Kunsthandwerk, treffen sich dort die Gruppen „Cultura Negra", die „Associação dos Moradores e Amigos do Bairro de Sto. Antônio e Barbalho", „Literatura de Cordel" etc.

40 Neben vielfachen Anzeichen von Dekadenz steht der Zuzug höherer sozialer Schichten ins Viertel. Einzelne Intellektuelle, Architekten und freiberuflich Tätige haben sich hier niedergelassen, ältere Häuser gekauft und teils hervorragend renoviert.

Glossar

Acarajé: Ein typisches afro-bahianisches Gericht. In Dendê-(Palm-)Öl gebackene Masse aus gemahlenen Bohnen, eventuell gefüllt mit getrockneten Krabben und scharfen Gewürzen. Wird von meist typisch gekleideten Frauen, „baianas de acarajé", auf den Straßen Salvadors zubereitet und verkauft.

Afoxé: „Candomblé der Straße", afro-brasilianische Gruppierung beim Straßenkarneval Salvadors.

Agogô: Musikinstrument westafrikanischer Herkunft aus zwei trichterförmigen Metallglocken, die mit Metall- oder Holzstöckchen gespielt werden.

Atabaque: Trommel westafrikanischer Herkunft (Iorubá und Nagô).

Baiana: Frau aus Bahia, insbesondere Verkäuferin von Acarajé und anderen Speisen afrikanischen Ursprungs; meist typisch gekleidet.

Baiano: Jemand aus Bahia.

Baião: Tanz in Nordost-Brasilien, besonders im 19. Jahrhundert populär; mit Akkordeon-Begleitung. Heute bekanntester Baião-Komponist und -spieler: Luíz Gonzaga, „der König des Baião".

Beco: Gasse.

Berimbau: Afro-brasilianisches Musikinstrument. Ein mit einem Draht gespannter, gebogener Stock, an dessen Ende sich eine kleine Kalebasse als Repercussionskörper befindet. Wird mit einem Stöckchen geschlagen.

Bossa Nova: „Neue Mode" – Musikgenre mit Höhepunkt in Brasilien von etwa 1958 bis 1964.

Candomblé: Afro-brasilianische Religion, unter verschiedenen Bezeichnungen und Abwandlungen durch afrikanische Sklaven in ganz Brasilien, besonders aber in Bahia, eingeführt. Das Wort wird abgeleitet von dem Bantu-Wort Kandombile = Kult, Gebet.

Capoeira: Ursprünglich afrikanischer Kampf, besonders in Angola. Aufgrund des Verbots für Sklaven, diesen Kampfsport auszuüben, wurde er als von Musik begleitete Pantomime und als Tanz getarnt. Heute teils als Folkloreshow, teils wieder als Kampfsport ausgeübt.

Casa da Câmara: Rathaus.

Choro: Musikgenre Brasiliens. Entwickelte sich zunächst als rein instrumentale Musik in der 2. Hälfte des 19. Jahrhunderts.

Chula: Tanz- und Volksmusikgenre Brasiliens.

Convento: Kloster.

Cuica: Trommelähnliches Instrument. „In das Fell der Cuica ist in der Mitte ein Holzstab eingeschnürt, der in den Metallzylinder zeigt. Der Spieler reibt mit einem feuchten Läppchen im Zylinder an diesem Stab und verändert mit der anderen Hand durch leichten Druck auf das Fell die Tonhöhe" (Claus Schreiner, Música popular brasileira, 1977).

Escola Hora da Criança: Schule, „Kinderstunde" (des Adroaldo Ribeiro Costa).

Forró: Volkstümlicher Tanz bzw. Tanzveranstaltung.

Forte: Festung.

Igreja: Kirche.

Ladeira: Hangstraße.

Largo: Platz.

Maculelê: Kriegerischer Männertanz afrikanischen Ursprungs, der einen Kampf mit Schlagstöcken symbolisiert.

Maracatu: Volkstümlicher Tanz afro-brasilianischer Prägung, besonders in Pernambuco beliebt. Charakteristisch für den Straßenkarneval von Recife/Olinda.

Orixá: Gottheiten der Iorubá-Religion. Im Cancomblé Vermittler zwischen den Gläubigen und den obersten Gottheiten.

Pandeiro: Eine Art Tamburin.

Pé-de-moleque: Flaches, süßes Gebäck aus einer Mischung von Zuckerrohrsirup und zerkleinerten Erdnüssen. Wird von „Baianas" auf der Straße verkauft. Typischer Leckerbissen zum Johannesfest.

Pelourinho: Pranger.

Praça: Platz.

Recôncavo: Das Gebiet um die Allerheiligenbucht.

Reco-reco: Volkstümliches Percussionsinstrument in sehr unterschiedlicher Form. „Es scheint, daß die Leute sehr erfinderisch in der Erfindung von Reco-recos sind" (Luís da Câmara Cascudo).

Rio das Tripas: „Fluß der Eingeweide" – Bach in Salvador, heute kanalisiert (Straße J. J. Seabra, Baixa dos Sapateiros).

Rua: Straße.

Sala: Wohnzimmer.

Surdo: Trommel, heckenförmig.

Terreiro: 1. Platz, Hof, Grundstück; 2. (T. de Candomblé) Platz, auf dem der afro-brasilianische Kult stattfindet, Kultstätte.

Trio Elétrico: Auf Lastwagen spielende, fahrende Kapelle mit elektronischen Instrumenten und lauten Verstärkern. Typisch für den Karneval in Salvador.

Vatapá: Typisches afro-bahianisches Gericht aus einem Teig aus Maniok-, Reis- und Weizenmehl mit gemahlenen Erdnüssen und Cashews, gemahlenen trockenen Krabben und Gewürzen, in Dendê-(Palm-)Öl gekocht.

Surabaya: The city is not a tree*

Bernd Multhaup · Surjadi Santoso

Abb. 1: Tugu Pahlawan (Heldendenkmal Surabayas an der Stelle des früheren Alun-Alun).

„Der Raum besitzt seine eigenen Werte, so wie Töne und Düfte, Farben und Gefühle ein Gewicht haben. Die Suche nach den Entsprechungen ist weder poetisches Spiel noch eine Mystifizierung ..., sie öffnet dem Wissenschaftler ein ganz neues Feld, dessen Erforschung ihm zu reichen Entdeckungen verhelfen kann."[1]

(Claude Levi-Strauss)

Als im März 1942 die japanischen Truppenverbände auf Java landeten, endete die holländische Kolonialherrschaft im ganzen Inselreich. Der Mythos der Unbesiegbarkeit der Weißen war zerstört. Seit 1743, nachdem die Macht über Surabaya formell vom javanischen Königreich Mataram an die holländische „Vereenigte Oost Indische Compagnie" (V.O.C.) übergegangen war, hatten die Holländer geherrscht. In diesen zwei Jahrhunderten haben sie nicht nur das Bild des alten javanischen Surabaya verändert, sondern es auch zu einer modernen Stadt umgewandelt.

Daß Surabaya heute eine Stadt geworden ist, mit der sich ihre Bewohner stolz identifizieren („arek-arek Suroboyo: wir sind die Kinder von Surabaya"), hat

*Christopher Alexander: Major Changes in Environmental Form Required by Social and Psychological Demands, in: Arch+ Nr. 7, Aachen 1969. Zur weiteren Vertiefung siehe Arch+ 73, Aachen 1984. Dieses Zitat steht für eine Diskussion gegen eine deterministische Interpretation von Stadt.

allerdings wenig mit der Leistung der Holländer beim Aufbau der Stadt zu tun. Entscheidend für den Aneignungsprozeß der von den Kolonialherren geformten Stadt ist die Tatsache, daß Surabaya am Anfang des 20. Jahrhunderts ein wichtiges Zentrum für die nationale Unabhängigkeitsbewegung in Nederlands-Indie war, bei deren Führern der junge Sukarno, der spätere 1. Präsident der Republik Indonesia, in die Lehre ging.

Die rasche Entwicklung der Unabhängigkeitsbewegung erreichte in Surabaya einige Monate nach der Proklamation der Unabhängigkeit Indonesiens am 17. 8. 1945 ihren Höhepunkt: Britische Truppen landeten in Surabaya mit dem Auftrag der Alliierten, das ehemalige Nederlands-Indie so lange unter ihre Verwaltung zu stellen, bis die holländische Kolonialmacht sich wieder konstituieren konnte. Als die Bürger Surabayas der Forderung des britischen Kommandanten, die Waffen abzugeben, nicht nachkamen, kam es zu einem erbitterten Kampf. Die „Schlacht um Surabaya" am 11. November 1945 zwischen den mit modernsten Waffen ausgerüsteten Briten und den indonesischen Freiheitskämpfern ist bis heute mehr als nur ein historisches Datum. Der 11. November ist nicht lediglich der Beginn einer neuen Epoche, sondern die Geburt eines neuen „Mythos", der den der Unbesiegbarkeit der Weißen ersetzte. Denn als im Dezember 1949 die Unabhängigkeit Indonesiens nach vierjährigem Guerillakampf von den Holländern endlich akzeptiert worden war, kehrten die während der Kriegsjahre ausgewanderten Einwohner nicht in das alte Surabaya, sondern in

Abb. 3: Grabmal eines Prinzen aus der Mataramzeit.

Abb. 2: Unabhängigkeitserklärung durch Hatta und Sukarno am 17. 8. 1945.

die „Heldenstadt Surabaya" zurück. Die Stadt ist nunmehr wieder „ihre Stadt" geworden, und der Mythos über die „heldenhaften Kinder von Surabaya" bildet die moralische Grundlage eines Transformationsprozesses, in dem sich eine neue Synthese zwischen Vergangenheit und Gegenwart, zwischen niederländisch-indischer und javanisch-indonesischer Kultur und zwischen Ost und West herausbildet.[2] Viele Phänomene der Stadt haben allerdings einen Ursprung, der weit über das Erinnerungsvermögen ihrer Bewohner hinausreicht. Wichtige Ereignisse liegen jenseits der offiziellen Geschichtsschreibung, und im Gegensatz zu den holländischen Kolo-

nialherren hinterlassen die Akteure dieser Ereignisse weder „schöne architektonische Bauten" noch „moderne Infrastruktureinrichtungen", und im Gegensatz zu den Geschehnissen am 11. November 1945 finden wir sie nicht in den Schulbüchern erwähnt.

Trotzdem fühlen wir noch ihre Geister: in den Quartiersbezeichnungen, in der alten Wegführung, unter dem Straßenpflaster[3], in unzähligen heiligen Plätzen und Gräbern, die um die ganze Stadt zerstreut liegen, sowie in den Legenden über starke Männer und Prinzen mit übernatürlichen Kräften, welche die Siedlung Surabaya gegründet haben sollen.[4]

Es sind die Spuren einer alten javanischen Küstenstadt, deren Gründungsjahr bis heute noch unge-

Abb. 4: Der Flußhafen am Kali Mas.

klärt ist. Gewiß ist lediglich, daß sich dort zur Zeit des mächtigen hindu-javanischen Majapahitreiches (etwa im 14. Jahrhundert) ein internationaler Hafen namens Ujung Galuh befand.[5] Als das Majapahitreich im 15. Jahrhundert unterging, zerfiel Java in mehrere kleine Staaten, bis es etwa hundert Jahre später (1625) unter die Herrschaft des islamisch-javanischen Reiches von Mataram geriet. Matarams Versuch, sämtliche Häfen und Küstenstädte in Mittel- und Ostjava in sein Territorium zu integrieren, scheiterte schließlich an der Kompromißlosigkeit seines Machtanspruchs. Mataram zerfiel, und Surabaya wurde in diesem „Untergangsprozeß" an die holländische V.O.C. abgetreten.

An einer Stelle Surabayas kann man sogar das Herz der alten javanischen Stadt schlagen hören: am Fluß-hafen von Kali Mas. Von hier aus ist es heute – wie vor dreihundert Jahren – möglich, bis zu den entlegensten Teilen des Inselreiches zu segeln. Hier wird uns erst die Bedeutung des indonesischen Wortes für „Heimatland" verständlich. Tanah Air (Tanah = Erde, Air = Wasser); hier, wo sich die beiden Elemente Erde und Wasser vereinen und nicht nur eine Heimat für Javaner, sondern für mehr als ein Dutzend anderer Ethnien bilden.

Das vorkoloniale Surabaya im Kontext der javanischen Stadtkonzeption

„Im allgemeinen stimmen die javanischen Städte in ihrer Geschichtslosigkeit mit der Zeitlosigkeit überein. ... Es ist, als ob das Jahrhundert stillsteht. Ungeachtet dieser Geschichtslosigkeit, einem Mangel dieser alten Stadtbaukunst, haben die Städte vom javanischen Land doch Charakter. ... Sie leiden nicht am traurigsten aller Übel, an Charakterlosigkeit. ... Die javanischen Städte bestehen in ihrem Kern nicht aus willkürlich irgendwo niedergesetzten Häusern oder Häusergruppen, auch nicht aus Häusern und Gebäuden, Straßen und Plätzen, durch baukundliche Erkenntnisse nach der Regel der Wissenschaft auf Bestellung entworfen und ausgeliefert, sondern aus einer einander zugehörigen Bebauung und Bepflanzung mit Bäumen, die sich an überalte Lebensgewohnheiten anschließen; einen Sinn haben sie nur für diejenigen, denen die Gabe geschenkt wurde, den Sinn der scheinbar lebenslosen Dinge zu durchsehen." [6]

Th. Pigeaud

Ökonomisch geschulte Köpfe würden sicherlich am Hafen beginnen, nach den Spuren der alten Stadt zu forschen. Aber ein solches Bemühen erweist sich sehr bald als vergeblich, denn dort, wo sich das Herz befindet, darf sich nach der javanischen Stadtkonzeption die Seele nicht aufhalten. Die Seele der Stadt liegt dort, wo die sakrale Macht leibt und lebt: im südlichen Teil der Stadt. Von hier aus ist das ganze Territorium der Stadt geordnet und ihr Leben koordiniert. Dieses Zentrum der Stadt ist zugleich die „Mitte der Welt" oder das „Zentrum der mikrokosmischen Welt" („Jagad Cilik" oder „Buana Alit"). Von dieser Mitte ausgehend wird das Stadtgebiet nach dem Abbild des menschlichen Körpers (Anthropomorphismus) und nach dem Prinzip des viergeteilten Mikrokosmos in vier Sektionen aufgeteilt.[7] NORD ist der Platz des Kopfes. Er hat die Eigenschaft, repräsentativ zu sein, außerdem etwas „Offizielles" – also das, was man zeigt – und Großartiges. SÜD ist der Platz der Füße und der Geschlechtsorgane. Er bezeichnet Abstammung und Verwandtschaft; das meint „Persönliches" oder „Privates". OST ist die Richtung des Sonnenaufgangs, der Ort der rechten Hand, der Hand, mit der man arbeitet. Ost ist die weltliche (irdische) Sphäre. WEST ist die Sphäre des geistigen Lebens und der Kopfarbeit. Die MITTE fungiert als Platz der Seele, als Zentrum des Innenlebens.

Die javanische Stadtkonzeption basiert auf der Vorstellung, daß eine Stadt (so wie jedes vom Menschen errichtete Gebäude) etwas Lebendiges ist. Deshalb soll man die innere Ordnung eines Hauses oder einer Stadt nach dem Abbild des menschlichen Körpers gestalten. Diese anthropomorphistische Vorstellung wurde als Grundlage verstanden, die Beziehungen zwischen den Menschen, die sich in einem bestimmten Raum befinden, untereinander zu regeln. Beim javanischen Haus beispielsweise entspricht dem Kopf die offene Säulenhalle (Pendopo) vor dem Haus. Hier werden die Gäste empfangen, große Festlichkeiten gefeiert und andere wichtige kulturelle Veranstaltungen durchgeführt. An der Stelle des Herzens befindet sich der Dalem, das Zentrum des Hauses. Dieser Teil gehört dem Hausherren; hier arbeitet und meditiert er. Seine Frauen und Kinder werden in beiden Seitenflügeln untergebracht, während sich Küche und Eßraum im Bereich der „unteren Körperhälfte" befinden.

Etymologische Studien zur vorkolonialen Stadtstruktur

Dem indonesischen Architekten Johan Silas ist es gelungen, mit Hilfe einer etymologischen Studie über die heutigen Quartiersnamen eine grobe Struktur des vorkolonialen Surabaya zu rekonstruieren.

Wie in anderen javanischen Königsstädten (Yogyakarta, Surakarta, Kota – Gede) befand sich im Zentrum der als Mikrokosmos geplanten Stadt der Königspalast (javanisch: „Dalem", wenn man die Residenz des Königs meint, und „Kraton" als Bezeichnung für den gesamten Palastkomplex). Im Süden und Norden des Kratons lagen die beiden zeremoniellen Plätze „Alun-Alun" sowie die Wachthäuser der Palastgarden. Im Norden befand sich der große Markt (Pasar) und der Nabel der Stadt (Tugu), der normalerweise in der Mitte zweier sich kreuzender Straßen in Form eines Obelisken errichtet wurde.[8] Folgende Namen existieren weiterhin als Quartiers- und Straßennamen in Surabaya: „Kampung Kawatan („Zierpflanzen", d.h. Garten), „Kp. Kebon Raja" („königlicher Garten"), „Kp. Serayan" („grüne Fische", das meint Fischteiche), „Kp. Wiro" (von „prawiro", was starke, tapfere Wächter meint), „Kp. Gemblongan" (von „gemblong", was den Anlegeplatz königlicher Schiffe bezeichnet).

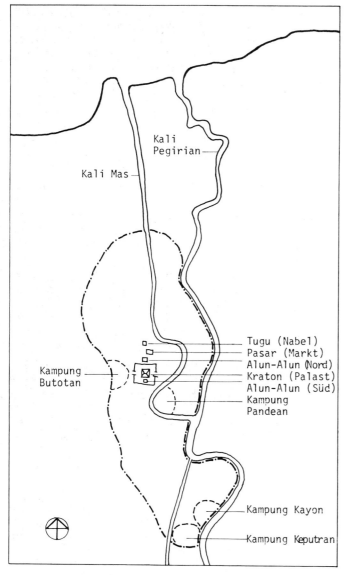

In der Karte beschriftet:

Kali Pegirian
Kali Mas
Kampung Butotan
Tugu (Nabel)
Pasar (Markt)
Alun-Alun (Nord)
Kraton (Palast)
Alun-Alun (Süd)
Kampung Pandean
Kampung Kayon
Kampung Keputran

Abb. 5: Rekonstruktion Surabayas im 16. Jahrhundert nach den Studien von Johan Silas.

In der westlichen Sektion der Stadt, der Sphäre des geistigen Lebens, liegen folgende Siedlungen: „Kp. Naspatih", „Kp. Kepatihan", „Kp. Praban", „Kp. Penayatan". Es sind dies Namensbezeichnungen für Rangordnungen von Beamten, die zur „inneren Administration" gehören. Neben diesen Beamten wohnen hier auch die „Sprecher des Palastes" (im „Kp. Ngabla"), die „Wachtposten" (im „Kp. Ketandan") sowie die „Krisschmiede"[9] (im „Kp. Kranggan"). Der Name des heutigen Gebietes Butotan ist nach Silas auf den Standort des westlichen Palasttores zurückzuführen (butotan = Eingang), der nur von ehrwürdigen Personen und Gästen benutzt werden durfte.
Entsprechend ihrer kosmologischen Bedeutung als der Platz der rechten Hand (Hand der Arbeit) befanden sich im Osten die Siedlungen der Berufsgruppen, deren Professionen als weltliche klassifiziert wurden: „Kp. Pandean" („Eisen- und Kupferschmiede"), „Kp. Plambitan" („Strohmattenhersteller") „Kp. Pengampon" („ampo" = „roter Lehm", also Töpferei), „Kp. Pecindilan" („cindil" = „Stoffmotive", deutet auf den Standort der Weber), „Kp. Pegirian"

(„giri" = „körperliche Arbeit"), „Kp. Ngaglili" („Veredelung der Baumwolle"), „Kp. Ketabang" („Verarbeitung vom Bambus als Rohmaterial für den Hausbau"), „Kp. Pejagalan" („Schlachterei") etc. In dieser östlichen Sektion befinden sich auch die Siedlungen der Beamten der „äußeren Administration", welche für den Teil der Stadt zuständig waren, der nicht direkt der „inneren Administration" des Palastes unterstand: „Kp. Kepatihan", „Kp. Tanebah Bayan", „Kp. Keradenan", „Kp. Kademangan" usw.[10]
In enger Verbindung mit dem Zentrum, dem Standort des Königspalastes, standen die südlichen Siedlungen, die der Eigenschaft der Abstammung entsprachen. In Kaputran wurden die Töchter und Söhne des Königs großgezogen und ausgebildet, während im benachbarten Sidi-Kaputran ihre Ausbilder und Betreuer lebten. Der Name Kayon (heiliger Berg) im Süden der Stadt läßt sich auf den Glauben der malayischen Völker zurückführen, daß ihre Vorfahren „aus dem Berg" kamen. Es ist anzunehmen, daß in Kayon auf einer Erhebung ein künstlicher Berg zur Ehrung der Ahnen emporragte.[11]

Die Grundprinzipien der javanischen Stadtkonzeption

Das Auftreten der Bezeichnung „heiliger Berg" (Kayon) läßt allerdings noch eine weitere Interpretation zu, die darauf schließen läßt, daß das anthropomorphistische Modell noch von einem anderen (siedlungsplanerischen) Prinzip überlagert war, nämlich dem der geomantischen Harmonie. Wie wir wissen, bildet die Wissenschaft der Geomantie, d. h. die Lehre von der harmonischen Beziehung zwischen der „Menschenwelt" und der „natürlichen Welt", für viele asiatische Völker (in China, Japan, Korea u.a.) die wichtigste Grundlage zur Schaffung eines umfassenden Gleichgewichtssystems.[12]
In der Geomantie werden bei der Errichtung jeder Art von Bauten nicht nur die erdmagnetischen Kraftfelder, sondern auch die Lage des Berges, des Meeres, die Art des Bodens, die Qualität und die Strömungslinien des Grundwassers berücksichtigt. Aus der Perspektive der Geomantie läßt sich die Konzipierung der Stadt als ein Abbild des Kosmos (d. h. als die Welt im Kleinen) und somit als eine Methode zur Herstellung eines gewünschten Gleichgewichtes interpretieren. Im geomantischen Sinne ist eine Siedlung nach der im Universum geltenden Beziehungsstruktur zu gestalten, in dem jeder Gegenstand in der „mikrokosmischen Menschenwelt" als ein Abbild eines Planeten oder eines Sterns in der Himmelswelt verstanden wird. Auf eben dieser mikrokosmischen Welt ist das oben beschriebene anthromorphistische Modell mehr als nur ein Mittel zur Herstellung eines „organischen" Zusammenhangs zwischen Räumen unterschiedlicher Funktionen. Durch diese Methode wird der Raum aus seiner sozialen Funktion abstrahiert; der Raum ist nicht mehr bloße Entsprechung der sozialen Beziehung und stellt eine neue Einheit höherer Ordnung dar. Die Beziehung zwischen räumlichen Einheiten wird dabei durch weitere Prinzipien gestaltet, die wir als

das dualistische und das zentral-hierarchische Prinzip bezeichnen wollen.

Das dualistische Prinzip steht für zwei Raumelemente, die im Gegensatz zueinander stehen, aber existentiell von einander abhängig sind: dunkler Raum – heller Raum, Raum für Frauen – Raum für Männer, offener Raum – geschlossener Raum usw. Nach Auffassung vieler Javanologen, wie Ensink, Pigeaud u. a.[13], ist die Konzeption der Zweiteilung die Grundlage des javanischen Klassifizierungssystems: Die Umsetzung des dualistisch-mikrokosmischen Prinzips kann man in der Regel anhand der symmetrischen Anordnung von Objekten erkennen: z. B. an den zwei Vorhallen vor dem Palast oder an den zwei Waringin-Bäumen in der Mitte des Alun-Alun. Die verschiedenen Variationen der symmetrischen Anordnung zielen darauf ab, einen Zustand der Harmonie bzw. der Sehnsucht danach herzustellen. Die zueinander im Gegensatz stehenden Elemente, die durch Symmetrie harmonisch geordnet werden sollen, stellen nicht immer Symbole der „positiven" und „negativen" Seite einer mikrokosmischen Einheit (z. B. den Gegensatz zwischen männlichen und weiblichen Elementen) dar, sondern (wie etwa bei den Waringin-Bäumen) eine Manifestation des Gegensatzes zwischen Himmel und Erde, d. h. zwischen der göttlichen Welt und der irdischen Menschenwelt, dessen Aufhebung als erstrebenswert gilt.

Die Konzeption der Zweiteilung kannte in ihrer religiös-philosophischen Bedeutung keine Hierarchie: Der Mond ist nicht wichtiger als die Sonne, Frauen sind nicht schwächer als Männer, hell ist nicht besser als dunkel. Erst die Einigung beider Elemente schafft Vollkommenheit. Die Symmetrie symbolisiert allerdings keinen Zustand des harmonischen Stillstands, sondern beinhaltete eher eine Forderung zum Handeln. Die Symmetrie stellt einen prozeßhaften Zustand dar: Sie ist Ausdruck der ständigen Bemühungen der Menschen, ihre Sehnsucht nach Harmonie auf dieser Welt zu verwirklichen.

Die Konzeption der Zweiteilung verliert mit dem Niedergang des hindu-javanischen Majapahitreiches Anfang des 15. Jahrhunderts ihre dominante Bedeutung. Die Ersetzung der früheren Konzeption durch eine hierarchische Aufteilung in „sakrale" und „profane" Bereiche fällt mit der Veränderung der javanischen Herrschaftsstruktur zusammen.

Im Gegensatz zum Majapahitreich des 14. Jahrhunderts hat das nachfolgende islamisch-javanische Mataramreich eine stärkere Tendenz zur Zentralisierung der Macht in den Händen des Königs. Das räumliche Organisationsprinzip von Mataram sah eine feststrukturierte Beziehung zwischen Zentrum (Negara-Agung = heiliges Land) und Peripherie (Mancanegara) vor, die in der Folge (16. bis 18. Jahrhundert) zu heftigen Auseinandersetzungen zwischen Binnenland und Küstengebieten führte. Sultan Agung (1613–1645) und sein Nachfolger Amangkurat I. (1645–1677) erwiderten die Bestrebungen der Küstenstädte (als Bestandteil der Mancanegara) nach Unabhängigkeit mit brutaler Unterdrückung. In ihrer Raumpolitik betrieben beide Herrscher eine Politik der absoluten Zentralisierung. Die Küstenstädte oder -staaten, die Widerstand gegen diese

Politik leisteten, wurden von der Zentralregierung in Mataram besetzt (wie 1615 Surabaya) oder vernichtet.[14]

Nach Selosoemardjan hatte die räumliche Struktur von Mataram die Form eines hierarchisch gegliederten Kreissystems mit vier unterschiedlichen Radien:[15]

In der Mitte des Systems befand sich der Sultan. „Der Sultan war der alleinige Ursprung aller Mächte und Autorität, und ihm gehörte alles im Staat, so daß er mit dem Staat identisch war." Die räumliche Entsprechung zum Sultan war der Sultanspalast (Kraton), zu dem die Residenzgebäude sowie der Sitz der inneren Administration (Parentah Jero) gehörten, die gleichzeitig als Verbindungsglied zwischen dem Sultan und der äußeren Administration (Parentah Jaba) fungierte. – Der zweite Kreis hieß „Negara" und umfaßte das Reichszentrum oder die Hauptstadt mit dem Sitz der äußeren Administration, den Residenzen der Prinzen und ranghöchsten Persönlichkeiten aus dem profanen Leben (Kaufleute, Feldherren u. a.) sowie dem Wirtschaftszentrum (im Norden der Stadt). – Der dritte Kreis wurde „Negara Agung" (heiliges Land) genannt. Dieses Territorium umfaßte das Kerngebiet des Reiches, das der absoluten Herrschaft der zentralen Regierung unterstand und in kleinere Einheiten aufgeteilt war, denen ein Landverwalter (Patih) vorstand. Ein solcher Verwalter war berechtigt, im Namen des Sultans Steuern und Abgaben einzutreiben. – Der letzte Kreis in dem hierarchischen System war das „Mancanegara", dem ein zwar vom Sultan ernannter, aber nur dem Großwesir verantwortlicher Bupati vorstand.

Diese vierfache radiale Gliederung stellte somit kein gleichwertig geordnetes Raumgliederungssystem dar, sondern ein hierarchisches, das zudem einer Verzahnung zweier Ebenen, der sakralen und der profanen, entsprang. Denn zwar befinden sich der Palastkomplex (Kraton) mit dem Sitz der Verwaltung und der persönliche Wohnsitz des Herrschers (Dalem) im Innern des Systems (1. Kreis), aber es wäre verfehlt anzunehmen, daß der „private Wohnbereich" des Sultans den Mittelpunkt des Kratonkomplexes und damit des gesamten staatlichen Territoriums gebildet hätte. Mit dem Begriff „Mittelpunkt" war in erster Linie der Mittelpunkt des abstrakten kosmischen Raumes gemeint. In diesem Punkt vereinigten sich alle magischen und kosmischen Kräfte, symbolisiert durch die verschiedenen staatlichen Insignien (Pusaka). Diese Pusaka waren heilige Gegenstände wie Kris (javanischer Dolch), Fahne, Musikinstrumente, die ihrem Besitzer, dem Sultan, jene kosmischen Kräfte verliehen, die er zur Regierung des Landes brauchte. In diesem Sinne hat der javanische Begriff „Dalem" nichts mit einer privaten Residenz des Herrschers zu tun. Die räumliche Schwelle zur Abgrenzung des Dalem vom anderen Teil des Kratonkomplexes entsprang somit dem „sakralen" Charakter des persönlichen Bereichs des Sultans, nicht dem privaten. Niemand außer dem Sultan hatte Zugang zu den Insignien.[16]

Ebenso kann der Stadtbereich (Negara) in einen profanen und einen sakralen Teil unterschieden werden: Die Grenze des Negara umfaßte zwei verschiedene Raumbereiche, den sakralen Kern-

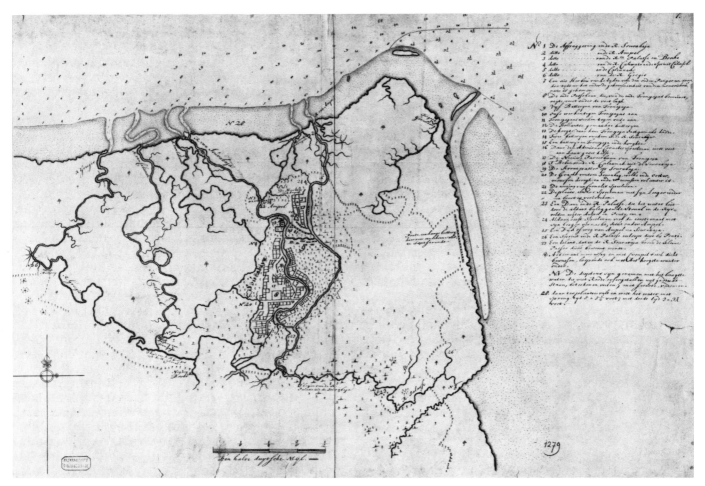

Abb. 6: Surabaya Mitte des 17. Jahrhunderts.

Die javanische Kosmographie „Hasto broto"

Richtung	Götter	Farbe	Hauptelement	Eigenschaft
Süd	Ananta	Schwarz	Erde	Geduldig, Erbarmungsvoll
Ost	Waruna	Blau	Wasser	Gleichheit und Zusammengehörigkeit
West	Brama	Rot	Feuer	Vernichtend für alles, das gegen die Gesetze des Kosmos verstoßen hat
Nord	Surya	Gelb	Sonne	Die Lebensquelle des irdischen Lebens
Süd-Ost	Trengana	Dunkelblau	Stern	Ritterlichkeit, richtungweisend in einer dunklen und orientierungslosen Phase
Nord-Ost	Soma	Grün	Mond	Quelle des Wissens und der Intelligenz
Nord-West	Indra	Orange	Luft	Unendlichkeit
Süd-West	Bayu	Lila	Wind	Gerechtigkeit
Zentrum	Wenang	Weiß		Weisheit

bereich, zu dem der Kraton, der Alun-Alun und die heilige Moschee gehörten, und den profanen Randbereich, zu dem die Residenz des Großwesirs, der Markt und die Siedlungen der Beamten, Soldaten sowie der übrigen Bevölkerung gehörten.

Wenngleich in der Mataramphase das Prinzip der räumlichen Zweiteilung vom hierarchisch-mikrokosmischen überlagert wurde, blieb der duale Grundgedanke, nunmehr als profan-sakrale Zweiteilung, erhalten.

Um beide Prinzipien für die Durchführung eines Bauvorhabens oder die Errichtung einer Stadt anwenden zu können, bedurfte es eines Systems von Regeln. Man spricht in diesem Zusammenhang von einer „Kosmographie", denn der Bauprozeß wurde als Nachahmungsakt des göttlichen Schöpfungsaktes verstanden. Erkenntnistheoretisch betrachtet, basiert eine solche Kosmographie auf der Klassifikation von Dingen nach ihren sinnlich-wahrnehmbaren Eigenschaften und deren Beziehungen zueinander.[17] In der javanischen Kosmographie des Hasto Broto erfolgt die „Klassifikation von Dingen" nach dem Gesetz der positiven oder negativen Entsprechungen: Z.B. wird das Element Wasser im Osten angesiedelt und, der negativen Entsprechung folgend, wird das Gegenteil des Wassers, das Element Feuer, dem Westen zugeordnet. Dementsprechend wird die Farbe „blau", die Farbe des Wassers, auch

130

dem Osten zugeteilt, während „rot", die Farbe des Feuers, seinen Platz im Westen hat. Nach diesem Verfahren wird jeder Gegenstand auf der Welt, einschließlich Jahreszeiten, Zahlen, Tönen, auf eine bestimmte Himmelsrichtung bezogen. Somit beinhaltet die Kosmographie nicht nur die Summe aller Dinge auf der Welt, sondern stellt auch deren Beziehungen zueinander dar. Deshalb betrachten die Javaner den Mittelpunkt des nach den Regeln geordneten Raumes als die Mitte der Welt.

Die javanischen Stadtkonzepte stehen also im engsten Zusammenhang mit der herrschenden philosophischen und religiös-kulturellen Weltanschauung. Als Grundlage zur Entwicklung ihrer räumlichen und baulichen Strukturen diente das javanische Klassifikationssystem. Ziel der javanischen Architektur war die harmonische Einheit zwischen Erde und Himmel, die als Voraussetzung für die Existenz der menschlichen Gesellschaft galt. Natürlich wußten die Javaner, daß sich diese Harmonie nicht von selbst einstellen konnte. Deshalb haben die Dinge, die innerhalb des Klassifikationssystems in Widerspruch zueinander gestellt werden, wie Meer und Berg, Erde und Sonne etc., eine zentrale Bedeutung.

In den baulichen und räumlichen Strukturen versuchte man die beiden Elemente in ein bestimmtes Verhältnis zu stellen, so daß sie miteinander harmonisieren konnten. Ein Beispiel für dieses Bemühen war die Trennung von sakralem und profanem Stadtteil: Für die Schaffung des Gleichgewichtes wird der sakrale Raum als „Kernstück" errichtet. Dieser sakrale Raum bildet den Mittelpunkt der mikrokosmischen Welt, in dem – wie Pigeaud sagt – „die Zeitlosigkeit herrscht, als ob die Jahrhunderte still stehen".[18]

Die Anfänge der kolonialen Stadtgeschichte Surabayas

Mit dem Tod von Sultan Agung beginnt der Zerfall des letzten klassischen Binnenreiches der indonesischen Geschichte. Während seiner Regierungszeit (1613–1645) war es Mataram gelungen, sämtliche Häfen und Küstenstädte in Mittel- und Ostjava unter seine Herrschaft zu stellen. Agung ließ sich nach seinem Sieg über Surabaya (1625) mit dem islamischen Titel eines Susuhan (der Erhabene) krönen, um sich mit der Gott-König-Aura eines klassischen Eroberers zu kleiden. Die politisch und wirtschaftlich (Mataram besaß das Staatsmonopol für den Reisexport) repressive Politik unter seinen Nachfolgern führte in den Jahrzehnten danach zu wiederholten Versuchen der Küstenstädte, sich von der Vorherrschaft des Zentrums zu lösen. Die Unfähigkeit dieser Politik, ein ausgeglichenes Verhältnis zwischen Zentrum und Peripherie herzustellen, begünstigte den Eintritt einer neuen Kraft in der javanischen Innenpolitik, den Eintritt der holländischen „Vereenigte Oostindische Compagnie" (V.O.C.).
Gegründet 1602 durch die Zusammenlegung mehrerer kleinerer Gesellschaften und ausgestattet mit dem Recht, quasi souverän eine eigene Politik zu

betreiben[19], gelang es der V.O.C. binnen kurzer Zeit, ihre (ursprünglich nur) auf den Seehandel orientierten Interessen auszuweiten.
1677 wurde Surabaya Zentrum des Aufstandes der Nordküste und einiger Inseln unter Trunojoyo gegen Mataram. Das Binnenreich konnte schließlich nur mit Hilfe der V.O.C. die Rebellen besiegen. Die im Friedensvertrag von 1682 vereinbarten Zugeständnisse an die Holländer sind enorm: Große Küstengebiete müssen an die V.O.C. abgetreten und eine Anzahl von Küstenstädten verpfändet werden. Der Gouverneur der oostindischen Compagnie erhält den Titel eines „Protektors".
Das Schicksal Matarams ist endgültig nach einer weiteren Rebellion (1743) besiegelt, die es wiederum nur mit holländischer Militärhilfe niederschlagen kann. Im Friedensvertrag von Gianti (1755) wird die Teilung des Reiches vereinbart. Die Regenten beider Reichshälften behalten das Recht, ihre Territorien zu verwalten, allerdings nur unter Oberaufsicht der V.O.C. („indirect-rule-policy"). Mataram ist nunmehr Vasall der Holländer.[20]
Ab 1743 untersteht Surabaya – ähnlich wie andere Küstenstädte – der niederländischen Administration in Batavia (heute Jakarta), dem Hauptsitz der V.O.C. Die Anlage der Stadt ist noch eindeutig javanisch, wenngleich aus der kleinen, 1617 von Jan P. Coen gegründeten Faktorei im Norden der Stadt eine

Abb. 7: Surabaya 1787.

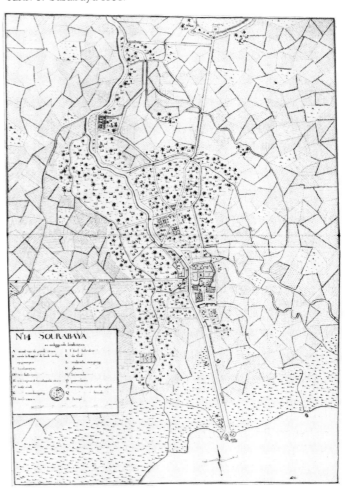

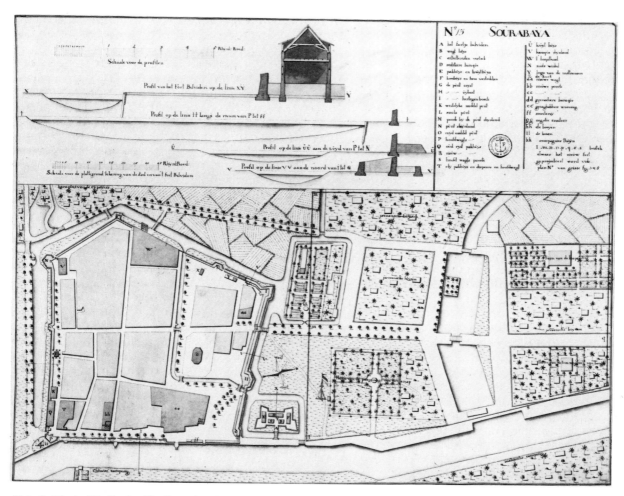

Abb. 8: Die holländische Siedlung im 18. Jahrhundert.

Abb. 9: Ansicht der holländischen Siedlung im 18. Jahrhundert.

Siedlung mit Festung, Kirche, Friedhof, Kantoreien sowie Lager- und Wohnhäusern entstanden ist.

1702 berichtet der Weltreisende François Valentijn, der an einer militärischen Expedition der Holländer zur Niederschlagung eines Aufstandes des ehemaligen V.O.C.-Leutnants, des Balinesen Suropati, teilnahm, über Surabaya.[21] Valentijn beschrieb die Stadt als den „großen und vornehmen Ort" des Mataramreiches mit etwa 10 000 Haushalten. Die Stadt stand unter der Führung eines Prinzen, der das Küstengebiet Surabaya im Namen des Sultans von Mataram regierte. Zu seinen Untergebenen gehörten auch der Fürst von Suhadana (Borneo) und die Königin von Sandah (Borneo). Der Prinz wohnte in einem sehr „hübschen Dalem" (Palast), leitete ein „prächtiges Herrschaftsgebiet" und besaß einen „schönen Stall" für seine Elephanten. Von ihm hieß es, daß er öfter – mit einem seiner Brüder – auf einem großen Elephanten durch die Stadt ritt, auf dessen Rücken ein „gefestigter Sitz für zwei Personen" angebracht war. Die Straßen waren breit, und der zeremonielle Hauptplatz, der Alun-Alun, wo regelmäßig Spiegelfechtereien abgehalten wurden, war tadellos angelegt. Zwischen dem Prinzenpalast und der Festung der „edlen Compagnie" lag ein weitausgestreckter Marktplatz, auf dem man alle „guten Sorten von Waren" erstehen konnte. Über die Nordstadt schrieb Valentyn, daß der Reishandel von Bedeutung war und hauptsächlich von den Chinesen betrieben wurde. Ihr Gruppenführer, ein gewisser Tan Ke Ko, wohne in einem „hübschen Steinhaus". Ebenso lebe der „Kapitän des holländischen Lagers" in einer „schönen Wohnung" außerhalb der Festung.

Die Veränderungen der Stadtstruktur Surabayas durch die Holländer beginnen mit der Ernennung H. Willem Daendels zum Generalgouverneur in Batavia (1808). Daendels, ein Anhänger der französischen Revolution und Bewunderer Napoleons, wird als außergewöhnlich dynamischer Statthalter beschrieben, der es binnen drei Jahren schaffte, die holländischen Festungen auszubauen, gegen Korruption und Ineffizienz der Bürokratie vorzugehen und Erneuerungen im Rechts- und Verwaltungswesen einzuführen. Er senkte den Status der javanischen Aristokratie, indem er sie zu Angestellten der holländischen Verwaltung ernannte und sie somit als direkte Vertragspartner für die Lieferung agrarischer Produkte an die Kolonialmacht entmündigte. Schließlich ließ Daendels den ersten Überlandweg („de groote Postweg") zwischen Bantam und Surabaya bauen.[22]

In seiner Regierungszeit wurden die Grundlagen für „Grooter Soerabaia" (Groß-Surabaya), wie die Holländer es nannten, geschaffen: Zwei Forts (Kali Mas und Lodewijk) werden gebaut sowie ein Bauunternehmen gegründet. Mit der Errichtung des Gebäudes für den „Raad van Justitie" am Alun-Alun im Süden der Stadt setzt die Kolonialmacht ein erstes Zeichen, daß sie die Gesamtstadt zu beanspruchen gewillt ist. Weitere Gebäude wie das Hospital in Simpang, eine Kaserne und ein Gefängnis folgen.[23]

Abb. 10: Surabaya 1821.

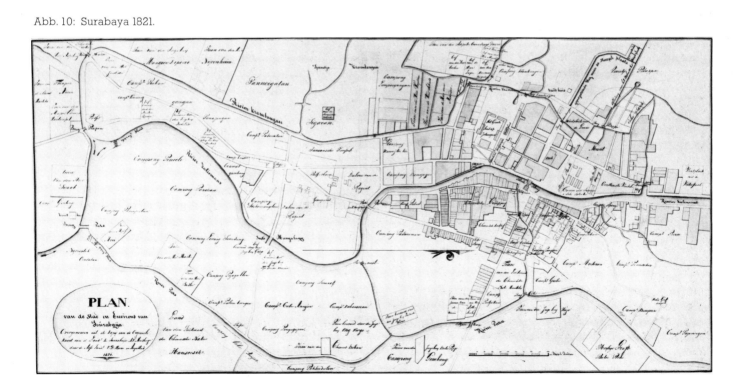

Die Expansion der Nordstadt unter den Holländern

In der 2. Hälfte des 19. Jahrhunderts beginnt für Surabaya eine neue Phase seiner kolonialen Stadtgeschichte.

Die Einführung der Zwangskultivierung und der plantagenmäßige Anbau vor allem von Zuckerrohr verschaffen den Holländern enorme Gewinne. Der Außenhandel blüht. An dieser Hochkonjunktur haben jetzt verstärkt private Geschäftsleute, Händler und Bankiers teil. Unter dem Druck „aufgeklärter kapitalistischer Kräfte" in den Niederlanden liberalisiert der absolutistische Staat seine Wirtschaftspolitik und erteilt Lizenzen und Pachtverträge an interessierte „Particuliere" (Privatpersonen). Mit neuem Selbstverständnis richtet sich die Kolonialmacht auf eine „endlose" Periode der Herrschaft über Niederländisch-Indien ein.

Die Nordstadt Surabayas erstickt in dieser Zeit buchstäblich am Bedarf an Lager- und Gewerbeflächen. Der Mangel an Wohnraum wird chronisch.

In den 60er Jahren pachten die ersten holländischen Familien außerhalb der europäischen Stadt Land (in Simpang) und errichteten Landhausvillen als ständigen Wohnsitz. Es folgt der Bau einer Offizierssiedlung in der Jl. Radja Wali. Wenig später wird der heilige Platz der javanischen Stadt, der Alun-Alun, parzelliert und an Grundstücksinteressenten verkauft. Die Phase der extensiven Ausweitung beginnt: Die Nordstadt bemächtigt sich des Südens. Ab 1870 vergrößert sie sich radial entlang der wichtigsten Verkehrsachsen (Jl. Pasar Besar, Jl. Tunjungan bis zu Jl. Kali Asim) sowie entlang des Flusses.

Mit der Schleifung der Forts (ab 1871) fallen die letzten Manifestationen absolutistischer Kolonialmacht. Die Verfassungsreform von 1848 unter Wilhelm II. von Oranien wirkt sich auch in Niederländisch-Indien aus: Der Handels- und Umschlagplatz der holländischen Krone, Surabaya, wird eine moderne Handelsstadt des holländischen Bürgertums. Handelsvereinigungen, Zeitungen, Banken und Sozietätshäuser werden gegründet, private Jungen- und Mädchenschulen eingerichtet. 1866 wird die erste Straßenbahnlinie in Betrieb genommen; 1875 (nach der Eröffnung des Suezkanals) legt das erste Dampfschiff der Rotterdamer Lloyd an; 1880 wird der Eisenbahnverkehr zwischen Batavia und Surabaya aufgenommen; ein Jahr später werden die großen Straßen mit Gaslaternen beleuchtet, und als 1890 das erste Automobil durch die Stadt fährt, hat Surabaya den Anschluß an die Standards europäischer Städte gefunden.[24]

Die Dynamik dieser Jahre erfordert andere Formen der Stadtentwicklung. Das Embong-Gebiet wird zum ersten großen Siedlungsprojekt neuer Art.[25] Zunächst beginnen private Kapitalanleger, sich zusammenzuschließen und Ländereien aufzukaufen. Symmetrisch zur Hauptachse, der heutigen Jl. Sudirman, werden Straßen angelegt, das übrige Bauland aufgeteilt und als Wohngrundstücke meistbietend verkauft. Private Vereinigungen, Religionsgemeinschaften etc. errichten anschließend Schulen, Kirchen und Krankenhäuser. Diesem Modell folgen ab 1910 die Wohnsiedlungen in Gubeng, Dharmo,

Nagel…bis Wonokromo, dem südlichsten Endpunkt der Stadterweiterung unter den Holländern.[26]

Auf politisch-administrativer Ebene versucht man der stürmischen Entwicklung mit einer Neuformulierung der Boden- und Baupolitik Rechnung zu tragen. Das „decentralisatie Wet" von 1903 (Dezentralisierungsgesetz) für Niederländisch-Indien hatte den Städten erstmals eine begrenzte Regierungs-und Planungsverantwortung gewährt. Die Stadt wird nunmehr verwaltungstechnisch aufgeteilt in eine offizielle Stadt (bebouwde Kom) und die sogenannten „inlaandse Gemeenten" (einheimische Kampungs), die im Sinne der alten „indirect-rule-policy den Bupatis unterstellt wurden. Im Gebiet der „bebouwde Kom", dem die holländische Stadtverwaltung vorstand, wird die Eigentums- und Nutzungsstruktur den Bedürfnissen der modernen Stadt angepaßt, was insbesondere die Verpflichtung zur Bebauung gekauften Landes einschloß. Die europäische Form des Privateigentums, die nunmehr in den „bebouwde Kom" gültig wird, negiert dabei völlig die bestehenden Formen des Besitzes: Nach javanischer Auffassung bestand Eigentum in dem Recht, Nutzungen des Bodens zu vererben. Diese Nutzungsrechte waren an Absprachen mit dem Dorfrat (Desa) gebunden. Vergabe und Nutzung von Land und Boden unterstanden also dem Konsens der Gemeinschaft. Lediglich der König hatte ein übergeordnetes Verfügungsrecht: Bestimmte Nutzungen, beispielsweise der Reisanbau, wurden mit Abgaben an ihn belegt.[27] Die unbeschränkte private Verfügung – wie sie das europäische Privateigentum impliziert – war ausgeschlossen.

Das „bebouwde Kom" wird zum Inbegriff des „neuen" Surabaya schlechthin: Theater, Sozietätsgebäude, Kinos, der Stadtgarten, die modernen Post- und Telegraphenämter, das Gebäude der niederländisch-indischen Handelsvereinigung…, all diese neuen zentralen Einrichtungen bilden die Kulisse der modernen aufstrebenden Stadt – mit Jl. Pasar Besar, dem Boulevard, als Mittelpunkt des städtischen Lebens.

Auch das Selbstverständnis seiner europäischen Bewohner wandelt sich: Die Kolonie ist nicht mehr nur Sprungbrett für militärische und politische Karrieren oder Quelle wirtschaftlicher Profite, sondern wird zur „Heimat" vieler Europäer. Die Anzahl der Mischehen nimmt zu; Töchter und Söhne werden lediglich zu Ausbildungszwecken nach Europa geschickt.

Der Wandel hinterläßt auch seine Spuren in der Architektur. Wenn auch der Beginn der niederländisch-indischen Architektur bereits Mitte des 19. Jahrhunderts bei den Landhausvillen erkennbar ist, bildet er sich bewußt doch erst mit der Jahrhundertwende heraus. Die Wohnbauten in Dharmo oder das neue Gebäude der Stadtverwaltung (das heutige Walikota) sind Zeugnisse der Anpassung der holländischen Architektur an die kulturellen, geographischen und klimatischen Bedingungen Javas: großzügige, offene Wohngrundrisse, welche die klassische Dreiteilung javanischer Hausarchitektur in Empfangs-, Familien- und getrennten Küchen- wie Dienstbotenbereich assimilieren; Einführung eines zweiten Eingangs; Auflösung der einheitlichen

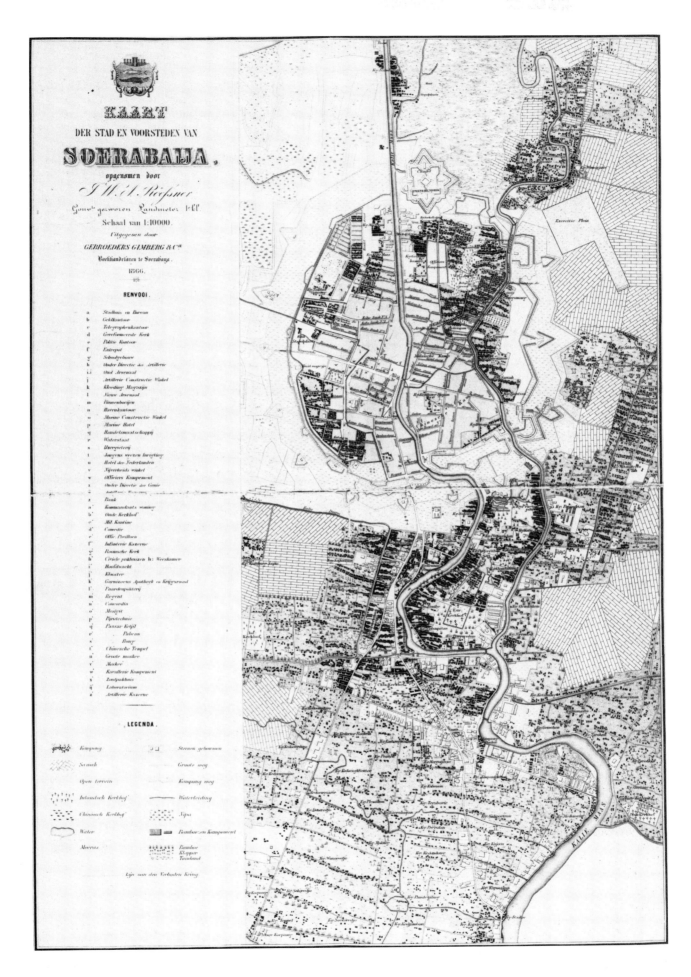

Abb. 11: Surabaya 1866.

Dachform in mehrere, z.T. vorspringende Walm- und Satteldächer, welche die Dreiteilung betonen; Übernahme von Luftschlitzen über Türen und Fenstern zur Verbesserung der natürlichen Luftzirkulation... Unterstützt wird der Wandel des Selbstverständnisses durch die Umorientierung der offiziellen Kultur- und Wirtschaftspolitik gegenüber der indonesischen Bevölkerung. Die innenpolitische Diskussion in den Niederlanden über die Zustände in den Kolonien und die Lebensbedingungen der einheimischen Bevölkerung fordern den politisch Verantwortlichen Maßnahmen zur „Wiedergutmachung" ab. 1920 wird die sog. „ethische Politik" zum Programm erklärt. Die in ihr formulierten Zielsetzungen „erheben" die ehemals als „einheimisch oder eingeboren" bezeichnete Bevölkerung Indonesiens zu „Unterentwickelten", die durch Integrationsmaßnahmen in ihrem Entwicklungsprozeß unterstützt werden sollten: Vertreter der indonesischen Aristokratie werden nunmehr als Repräsentanten der Bevölkerung in den Stadträten zugelassen; die Mittelschicht wird stärker an der Wirtschaft beteiligt; die Bildung von Vereinen, politischen Parteien und wirtschaftlichen Verbänden wird erlaubt. Der Architekt H. McLaine Pont, der seit den frühen 20er Jahren Studien und Veröffentlichungen zur traditionellen javanischen Architektur unternommen hatte, erhält den Auftrag, Wohnsiedlungen für indonesische Angestellte und Beamte zu bauen.[28] Der mit Untersuchungen zur allgemeinen Volksgesundheit beauftragte Arzt F. Tilbema entwickelt erste Sanierungsvor-

schläge zum „Kampongverbettering", das über den Ausbau der vorhandenen technischen Infrastruktur erfolgen soll.[29]

Am Ende der kolonialen Herrschaft ist Surabaya zur zweitgrößten Stadt in der niederländisch-indischen Kolonie herangewachsen. Infolge der Weltwirtschaftskrise hat sich die Bevölkerung gegenüber 1920 nochmals verdoppelt (auf etwa 400.000 Einwohner). Der stadträumliche Dualismus von profaner Nord- und sakraler Südstadt ist völlig der Konzeption einer modernen europäisch orientierten Großstadt gewichen, die allerdings einen neuen sozial-räumlichen Dualismus hervorgebracht hat: die Unterscheidung der Stadt in bebaute europäische Gebiete (bebouwde Kom) und einheimische Wohnquartiere (inlaandse Gemeenten).[30]

Surabaya seit der Unabhängigkeit Indonesiens

Die erste Periode nach der Erlangung der Unabhängigkeit Indonesiens (1949–1965) ist von den Versuchen der jungen Republik gekennzeichnet, einen eigenständigen Weg zu finden. Surabayas berühmtester Sohn, Bung Sukarno, wird ihr erster Präsident. Unter seiner Politik der „gelenkten Demokratie" und des Nasakom (Synthese von Nationalismus, Religion und Kommunismus) werden Teile der Wirtschaft nationalisiert – ihr monostruktureller und exportorientierter Aufbau bleibt jedoch erhalten.

Abb. 12: Das Wachstum Surabayas von 1905–1980.

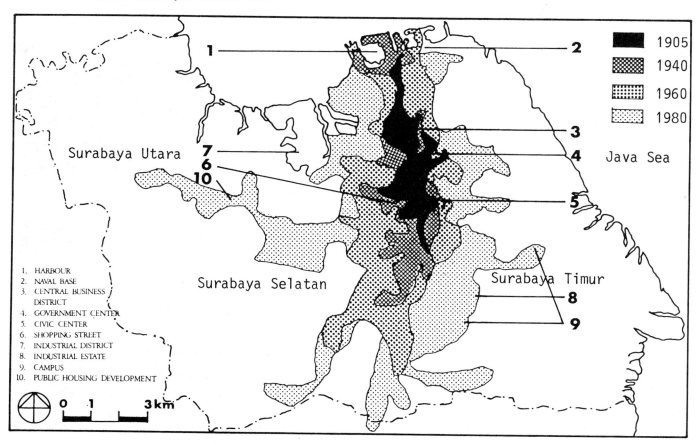

Mit Beginn der 60er Jahre gerät die politische Konzeption der „Verschiedenheit in der Einheit" (Pancacila) in eine schwere Krise, die sich in Auseinandersetzungen zwischen orthodoxen islamischen und kommunistischen Strömungen, Massenarbeitslosigkeit und einer rasanten Geldentwertung ausdrückt. Mitte der 60er Jahre bricht die Wirtschaft zusammen. Surabaya, die Stadt des „11. November '45", weiß bis dahin kaum eine eigenständige Stadtplanungspolitik zu entwickeln. Unkontrolliert weitet sie sich aus: Die Bevölkerung wächst zwischen 1950 und 1966 von 720 000 Einwohnern auf 1.3 Millionen an.

Mit den ersten Auswirkungen der Politik des „New Order" unter dem zweiten Präsidenten, Suharto, dynamisiert sich die Entwicklung der Stadt. Indonesien öffnet seine Wirtschaft für ausländische Investoren und prosperiert durch den verstärkten Export von Öl. Die dadurch stabilisierte und aufsteigende Binnenwirtschaft fördert die Handelsaktivitäten im Land. Ein hoher Anteil binnenwirtschaftlicher Produkte (insbesondere aus Ostindonesien) wird im Hafen von Surabaya umgeschlagen. Surabaya wird zur wichtigsten Stadt des Binnenhandels dieser Region (25 Prozent aller Erwerbstätigen sind direkt im Handel beschäftigt). Zugleich steigt ihre Bedeutung als Industriestadt: Der Hafen wird erweitert (auf nunmehr 400 Hektar), die Schiffswerften werden modernisiert und große Industrieparks in Tandes (im Westen) und Rungkut (im Süd-Osten) planmäßig angelegt. Die wichtigsten Industriezweige sind: Zigarettenproduktion, eisenverarbeitende Industrie, chemische Industrie (Waschmittel, Kosmetik, Pharmazeutika ...), Herstellung von Glas, Bierbrauerei, Montagewerk für Automobilmotoren, Elektroindustrie, Produktion von Fahrrädern, Gießerei und Zementherstellung. Dem steigenden Bedarf an qualifizierten Fachkräften wird mit dem Ausbau des Schul- und Hochschulwesens Rechnung getragen. Surabaya verfügt heute über eine Pädagogische Hochschule (IKIP) und vier Universitäten (Universitas Erlangga, Institut Teknologi Surabaya, Universitas Kristen Petra und Universitas Sunan Ampel).

Die innere Dynamik einzelner Stadtgebiete:

Die Nordstadt

Mit der Verlagerung des Hafens an die Küste hat die alte Hafenanlage am Kali Mas ihre Bedeutung als Exporthafen Surabayas verloren. Ihre überragende Stellung als Umschlagplatz für die nunmehr motorisierten Segelfrachter des Binnenhandels ist dennoch ungebrochen. Mittels dieser traditionellen Frachtschiffe – zumeist von Buginesen aus Sulawesi betrieben – wird faktisch der größte Teil des innerindonesischen Seetransportes abgewickelt, da nur diese Boote die kleinen Häfen der Außeninseln anlaufen können. Die Nordstadt bleibt das Zentrum des Seehandels mit vielfachen Import-Export-Tätigkeiten bis nach Singapur und Hongkong.
Der infolge des wirtschaftlichen Aufschwungs notwendig gewordene Bedarf an Büro-, Gewerbe- und

vor allem Lagerflächen führte zur zunehmenden Auslagerung der Wohnnutzung – insbesondere der bessergestellten Bevölkerungsschichten – an die Peripherie der Stadt. Neben vereinzelten Um- und Neubauten bleibt in diesem Umnutzungsprozeß die baulich-räumlich kolonial geprägte Stadtstruktur erhalten, ein Umstand, der in der Nordstadt schon heute zu chaotischen Verkehrsverhältnissen und enormen Lärm- und Schadstoffbelastungen der Luft führt.
Die in Gang gekommene Modernisierung der Wirtschaft schließt die Nordstadt stärker denn je in die Gesamtstruktur Surabayas ein, vor allem im modernen tertiären Sektor. Entlang der Jl. Tunjungan (Richtung Süden) entstehen Banken- und Versicherungs-

Abb. 13: Yalan Pasar Besar 1984.

Abb. 14: Lagerhallen am Kali Mas 1984.

Abb. 15: Die Nordstadt 1984.

Abb. 16: Yalan Tunjungan 1984.

Abb. 17: Garden Hotel.

Abb. 18: Heldendenkmal.

hochhäuser, Hotels sowie große Einkaufsmärkte. Jl. Pasar Besar behält zwar seine Funktion für Wirtschaft und Verwaltung, verliert aber ihre ehemalige Bedeutung als Boulevard der Stadt. Die zentralen Einrichtungen, welche die Holländer seit Beginn der Modernisierungsphase Surabayas gebaut haben, sind fast vollständig übernommen und erweitert worden: das Gouverneursgebäude, das Rathaus, der Zoo, die Bahnhöfe sowie die verschiedenen Krankenhäuser, Schulen und Kirchen. Das Gebäude der Justiz, in dem während der japanischen Okkupation (1941–1945) die Zentrale der berüchtigten Geheimpolizei, Kenpetai, untergebracht war, wurde während des Freiheitskampfes im September 1945 gestürmt und niedergebrannt. An seiner Stelle steht heute das Wahrzeichen der Stadt, der Tugu, als Symbol der wiedergewonnenen Mitte.

Zu den übernommenen Einrichtungen kamen neue hinzu: neben den schon erwähnten Ausbildungsstätten, Märkten und Industrieanlagen ein Sportstadion, Freizeit- und Vergnügungsparks, große Kinos, Hotels sowie mehrere Bauten der öffentlichen Verwaltung.

Die neuen Bauten der Stadt zeichnen sich – nach einem kurzen Wiederaufleben holländisch beeinflußter Architekturstile in den 50/60er Jahren – durch eine Abkehr von der niederländisch-indischen Architektur aus. Insbesondere die vom Wachstumsboom der 70er Jahre reich gewordene neue Mittelschicht orientiert sich auf der Suche nach eigener Identität an einer Architektur mit stark repräsentativem Gehalt unter Verwendung aller denkbaren Architekturelemente meist europäischer Herkunft, wie klassische Säulen, Architrave, spanische Fenster etc. Die Wohnbauten der Oberschicht als auch die Bank- und Hotelbauten richten sich demgegenüber einerseits eher am internationalen Baustil moderner Großstädte aus wie andererseits auch an dem Versuch, altjavanische Feudalarchitektur in einer Art post-traditionellem Architekturstil zu verarbeiten.

Die ehemaligen holländischen Wohngebiete

Im Kontext der gesamtstädtischen Entwicklung Surabayas erfahren die holländischen Wohngebiete eine Auflösung ihrer „gesonderten Stellung" durch den Einzug indonesischer Familien (zumeist Angestellte, Beamte, Freiberufler und Unternehmer). Im Laufe der Zeit nehmen diese umfangreiche Um- und Ausbauten vor, um die Häuser ihren Bedürfnissen besser anzupassen. Die Gebiete verdichten sich beträchtlich. Zugleich verändert sich ihr monostruktureller Charakter: Infolge des Wirtschaftsaufschwunges und mangelnder Expansionsflächen in der Innenstadt dringt gewerbliche Nutzung in die Wohngebiete ein. Vor allem entlang der breiten Straßen, die zu den Hauptverkehrsachsen führen, werden Büros eingerichtet, eröffnen Apotheken, kleine Institute, Friseurläden, Restaurants und dergleichen mehr. Etliche dieser Straßenzüge sind schon überwiegend umgenutzt. Die Auflösungserscheinungen des Wohncharakters dieser Gebiete verstärkt sich zusätzlich durch nicht-ständiges Gewerbe (wie Straßenrestaurants, Läden, Tabak- und Zeitungsstände) sowie durch den zunehmenden Anlieger- und Durchgangsverkehr.

Die Entwicklung der „inlaandse Gemeenten"

Der Agglomerations- und Urbanisierungsprozeß Surabayas vollzieht sich am deutlichsten im Zuwachs der Wohnquartiere (Kampungs). Die Zunahme ist intensiv und extensiv zugleich. Wenngleich die städtische Bevölkerung und das Stadtgebiet seit der Gründung der Stadt kontinuierlich zunehmen, lassen sich in diesem Jahrhundert Perioden deutlich überproportionalen Zuwachses feststellen: in den 30er Jahren (Zucker- und Weltwirtschaftskrise), in den 60er Jahren (Zusammenbruch der bis dahin beibehaltenen kolonialen Wirtschaftsstruktur) und in den 70er Jahren (erste Prosperität als Folge des Ölbooms und der damit zusammenhängenden Forcierung der industriellen Entwicklung). Der Prozeß der flächengreifenden Ausweitung der Wohngebiete geht mit der infrastrukturellen Erschließung der Stadtperipherie, der Zunahme des privaten Kraftfahrzeugverkehrs und dem Ausbau des öffentlichen Nahverkehrswesens einher. Demzufolge konzentriert sich die Expansion der Stadt in Richtung Süd, Ost und West, vor allem entlang der wichtigsten Verkehrsachsen.
Mit dem quantitativen Wachstum der Stadt verändert sich auch die Struktur ihrer Quartiere. Die Kampungs passen ihre traditionellen urbanen Strukturen den Erfordernissen der modernen Großstadt an. Diese Transformation ist durch die Auflösung homogener und im wesentlichen territorial orientierter Strukturen gekennzeichnet. Kampungs sind heute demographisch, sozial und professionell heterogen und in zunehmendem Maße in die produktiven Strukturen der Gesamtstadt integriert. Dennoch ist die räumliche Entwicklung der alten wie auch der neuen Kampungs weiterhin eher territorial, also quartiersbezogen.
Zum besseren Verständnis der gesamtstädtischen Entwicklung soll im folgenden auf die beiden dominanten Quartierstypen, den innerstädtischen und den peripheren Kampung, näher eingegangen werden.

Die innerstädtischen Kampungs

Wenngleich die Gründung vieler innerstädtischer Quartiere in die vorkoloniale Periode Surabayas fällt und ihre Namen bis heute tradiert sind, haben sie ihre ursprünglichen Funktionen verloren. Der Umbruch beginnt in der Phase des „neuen" Selbstverständnisses der holländischen Kolonialmacht und des Ausbaus Surabayas zu einer modernen Stadt des Handels und der Produktion in der zweiten Hälfte des 19. Jahrhunderts. Der Bedarf an ungelernten wie qualifizierten Arbeitern und Handwerkern, an Personal für Verwaltungen und Dienstleistungen zieht Menschen aus den städtischen Kampungs wie aus dem ländlichen Umland an, die sich – soweit wie möglich – in der Nähe ihrer Arbeitsplätze niederlassen. Für die Migranten bilden die bestehenden Wohngebiete ideale Ansiedlungsorte, da sie in diesem sozial, ökonomisch wie kulturell urbanisierten Milieu den Verlust ihrer eigenen ländlichen Identität am ehesten ausgleichen können. Zugleich erweitern die Bedürfnisse dieser Neuansiedler für die ansässige Bevölkerung die Erwerbsmöglichkeiten in Form von Vermietung bzw. Verkauf von Grundstücken sowie Dienst- und Versorgungsleistungen jeglicher Art. Dieser Dynamik zufolge verdichten sich die Kampungs, differenzieren und erweitern sie ihre sozialen und ökonomischen Strukturen. Es entstehen Läden und Märkte für Lebensmittel und andere Konsumgüter, Schmiede- und Tischlerwerkstätten, Kleinstbetriebe für Teilproduktionen jeglicher Art und dergleichen mehr. Arbeiter, Angestellte, Beamte, aber auch Freiberufler siedeln sich an.
Die Politik der Holländer (seit 1906), die Stadt in bebaute und nicht-bebaute Gebiete (inlaandse Gemeenten) zu trennen und letztere den Bupati zu unterstellen, fördert sowohl die räumliche Abgrenzung der Kampungs von der Stadt als auch eine gewisse Autonomie dieser Territorien. Innerhalb der Kampungs wurden alle internen juristischen, administrativen, sozialen und kulturellen Angelegenheiten nach den tradierten Gewohnheitsrechten (Adat) geregelt.
Die Herausbildung räumlich abgesonderter Stadtteile – trotz gesellschaftlicher Integrationsbestrebungen – dauerte auch in der Phase extensiver Sied-

Abb. 19: Kampung Pandegiling.

Abb. 20: Kampung-Weg.

Abb. 21: Wohnhaus im traditionellen Stil im Kampung Pandegiling.

Abb. 22: „Taubenhäuser" im Kampung Pandegiling.

Abb. 23: Wohnhaus für Großfamilie im Kampung Pandegiling.

lungs- und Stadtplanung durch die Holländer an (von 1870 an). In diesem Zeitraum bildet sich die in der heutigen morphologischen Stadtstruktur typische „Block-Innen-Bebauung" heraus: holländische Bebauung entlang der Straßen – einheimische Kampungs im Innern der Blockrandbebauung.

Die neuzeitliche Entwicklung Surabayas nach dem Unabhängigkeitskrieg perpetuiert im Grunde genommen die in der späten Kolonialzeit angelegten Muster des Wachstums – allerdings unter veränderten gesellschaftlichen Rahmenbedingungen. Die innerstädtischen Quartiere wachsen bis weit in die 70er Jahre, ehe sie einen gewissen „Sättigungsgrad der Verdichtung" erreicht haben. Die Einwohnerdichte wächst bis zu 1000 Personen pro Hektar[21], die Grundstücke werden kleiner parzelliert, so daß die Häuser nunmehr dicht an dicht stehen. Gleichzeitig ist eine Verbesserung der Bausubstanz erkennbar: Lediglich 8 Prozent der Häuser bestehen ausschließlich aus Holz- und Bambusmaterialien. Die meisten Haushalte (90 Prozent) verfügen über separate oder gemeinschaftliche Versorgung mit Wasser und Elektrizität.

Die gewerbliche Nutzung in den Quartieren nimmt ständig zu: In etwa einem Drittel aller Häuser befinden sich Gewerberäume verschiedenster Art. In weiteren 50 Prozent der Häuser finden gewerbliche Tätigkeiten ohne gesonderten Raumbedarf in Form von Heimarbeit statt. Wenngleich sich ein großer Teil dieser Gewerbe am quartiersinternen Bedarf orientiert, nehmen auch im produktiven Bereich (z. B. in der Teilproduktion oder der Baubranche) die Beziehungen zu städtischen Abnehmern zu. Dominant sind dennoch die klassischen Aktivitäten im Bereich der Dienstleistungen wie Transport, Kleinhandel etc.[32]

Der stetigen, teilweise explodierenden Ausweitung des Stadtgefüges, den Integrationsprozessen auf politischer, wirtschaftlicher, administrativer Ebene sowie der „inneren" Heterogenisierung der Sozialstruktur der Quartiere steht weiterhin das „territoriale Beharrungsvermögen der Kampungs" als eine gewisse stadträumliche Kuriosität gegenüber. Denn die Kampungs sind wei-

Abb. 24: Kleiner Gemischtwarenladen (toko).

Abb. 25: Werkstatt für becak (Fahrradtaxi).

Abb. 26: „Fliegender Händler" (pikul).

terhin vitaler Bestandteil der sich modernisierenden Stadt. Trotz des Wirtschaftsaufschwungs der 70er Jahre und der enormen Stadterweiterung haben sie im wahrsten Sinne des Wortes „nicht an Boden verloren". Auch dem vom Norden der Stadt ausgehenden Spekulationsdruck konnten sie bisher standhalten, worauf die geringe Fluktuationsrate ihrer Bewohner hinweist.

Als funktionale Begründungen für dieses Beharrungsvermögen lassen sich Standortvorteile, geringe Wohnkosten, Kapitalschwäche des staatlichen Wohnungsbaus etc. anführen. Dennoch wird damit nicht genügend und nur partikular das charakterisiert, was wir im folgenden als das „territoriale Bewußtsein" der Kampungbewohner beschrieben werden. Zugespitzt ausgedrückt, konstituiert sich die heutige Struktur der Stadt aus einer Makroebene („großen Welt"), die alle gesamtstädtischen Bereiche der Wirtschaft, Politik, Verwaltung und Kultur umfaßt, und aus einer Vielzahl von Mikroeinheiten („kleinen Welten"), eben den Stadtquartieren, einer Art von „Mikrokosmen" der Gesamtstadt. Das Verhältnis beider Ebenen ist keineswegs in einem simplen Dualismus erklärt, da sich „große" und „kleine" Welt auf vielfache Weise sozial, ökonomisch und kulturell verbinden und bedingen. So ist es beispielsweise für die Kampungbewohner selbstverständlich, die kulturellen Einrichtungen der Stadt – wie den Zoo, die Vergnügungsparks, die Kinos, die Freibäder – in ihrer Freizeit aufzusuchen. Mit anderen Worten: Die Bewohner der „kleinen Welten" nehmen am kulturellen Leben der Stadt teil. Auch ist für einen zunehmenden Teil der Bevölkerung der Standort der Wohnung nicht mehr durch seine Nähe zum Arbeitsplatz bestimmt. Im Gegenteil, viele nehmen Anfahrtswege bis zu einer Stunde in Kauf, um in ihrem Kampung wohnen zu bleiben. Die beiden Ebenen der Stadt stehen also weder dual zueinander, noch ist jede für sich autonom. Die Grenzen sind vielmehr fließend.

In der Differenzierung der Stadtstruktur in Makro- und Mikroebenen – im Sinne einer hierarchisierten Verzahnung von territorialen Einheiten („kleine Welten") in eine städtische Gesamtstruktur („große Welt) – drücken sich nach wie vor zwei wichtige ethische Grundprinzipien der javanischen Gesellschaft aus: einerseits das Prinzip der Konfliktvermeidung zur Aufrechterhaltung eines Zustandes sozialer Harmonie (Rukun) und andererseits das Prinzip der Respektierung, welches auf der Auffassung basiert, daß alle gesellschaftlichen Beziehungen hierarchisch geordnet sind. Dahinter steht wiederum das Ideal einer wohlgeordneten Gesellschaft, in der jeder seinen Ort hat und seine Aufgabe kennt und somit dazu beiträgt, daß die verschiedenen sozialen Gruppen eine harmonische Einheit bilden. Wenngleich der Zustand der Harmonie auf allen gesellschaftlichen Ebenen erstrebt wird, ist er nur in definierten sozialen und somit auch in räumlichen Einheiten (Familie, Nachbarschaft, Betrieb …) zu erreichen, die ihrerseits wiederum in der gesellschaftlichen Ordnung ihren festen Platz haben.[33]

Mit anderen Worten: Erst im Kontext einer auf diese Weise definierten sozial-räumlichen Struktur ist der Wunsch nach Rukun in seinen verschiedenen Spiel-

Abb. 27: Kampungeingang.

arten praktizierbar, etwa beim Musyawarah, dem Prozeß der Entscheidungsfindung durch gegenseitige Konsultationen, oder beim Gotong Royong, dem Sich-Gegenseitig-Helfen bzw. dem kollektiven Arbeiten im Interesse der Gemeinschaft.

In der hierarchischen Ordnung der modernen Stadt stellt die „kleine Welt" eine derartige territoriale, also sozial-räumliche Einheit dar, die ihren Ursprung in der javanischen Stadtkonzeption hat. Allerdings ist sie transformiert: Aus den ehemals homogenen Kampungs wurden demographisch wie ökonomisch heterogene Stadtquartiere, deren soziale Organisationsform und Lebensweise sich den veränderten städtischen Bedingungen anpaßten. In diesem Anpassungsprozeß konnten sich – unterstützt durch die dualistische Stadtplanung in der kolonialen Phase – traditionelle Gewohnheitsrechte bedingt erhalten. So erhielten sich die Organisationsstrukturen der Selbstverwaltung der Kampungs und Formen des Eigentums, der Aneignung und der Produktion. Musyawarah und Gotong Royong sind weiterhin Grundlage für die meisten Maßnahmen sozialer, kultureller und baulicher Art, und sehr viele Eigentumsverhältnisse basieren auf tradierten Formen des Nutzungsrechts bzw. des islamischen Stiftungswesens (Waqf). Die meisten gewerblichen Betriebe zeichnen sich durch ihre paternalistische Struktur aus.[34] Nicht zuletzt muß angeführt werden, daß sich der Bezug zum Territorium auch darin ausdrückt, daß es in der indonesischen Sprache kein Synonym für „nach Hause gehen" gibt. Man sagt Pulang Kampung, wörtlich: „ins Kampung gehen".

Die Organisation in einzelne Nachbarschaften (Rukun Tangga) und zusammengeschlossene Nachbarschaften (Rukun Warga), die Formen der Konsensbildung (Musyawarah), die kulturelle Praxis bei Festen und Spielen und schließlich die baulichen Manifestationen der Gemeinschaft (Schulen, Versammlungshäuser, Moscheen, Plätze) bilden zusammen das sozio-kulturelle Gefüge dieser mikrostädtischen Einheiten, um das Bedürfnis nach Harmonie (Rukun) realisieren zu können.

Anfang der 70er Jahre hat die offizielle Stadtplanungspolitik dieser Struktur der Stadt mit dem „Kampung Improvement Program" (K.I.P.) zwar relativ spät, aber dennoch erfolgversprechend Rechnung getragen. Bis zu diesem Zeitpunkt waren die Kampungs in den Stadtplanungsmaßnahmen unberücksichtigt geblieben. Sie waren in den Köpfen der technokratisch orientierten Planer eher veraltete unproduktive Strukturen und für ihre Modernisierungskonzepte unbrauchbar. Diese Auffassung modifizierte sich partiell infolge einiger erfolgreicher Einzelprojekte auf Distriktebene (etwa seit 1969), in denen Sanierungsmaßnahmen in Zusammenarbeit mit der ansässigen Bevölkerung realisiert worden waren. Es wurde einsichtiger, daß die Stadt politisch und wirtschaftlich absehbar nicht in der Lage sein würde, eine an westlichen Standards orientierte Alternativplanung (z.B. einen staatlich subventionierten sozialen Wohnungsbau anstelle der Kampungs) zu realisieren. Statt dessen wurde beschlossen, sich auf Maßnahmen zur Verbesserung der technischen Infrastruktur zu konzentrieren. Das 1974 begonnene Programm investiert folglich

Abb. 28: Freitagsmoschee (Kampung Pandegiling).

Abb. 29: Gebetshaus (langgar).

Abb. 30: Hahnenkampf im Kampung.

nicht in Wohnungsbau, sondern verbessert Straßen und Wege in den Kampungs, baut das vorhandene Kanalisationssystem (Be- und Entwässerung) aus, stellt gemeinschaftlich zu nutzende Toiletten und Waschgelegenheiten zur Verfügung und errichtet – soweit noch nicht vorhanden – soziale Einrichtungen, wie Schulen, ärztliche Ambulanzstationen sowie soziale Beratungsstellen.

Mit diesem Ansatz sollen in den Kampungs solide Voraussetzungen geschaffen werden, welche die Bewohner ermutigen, weiterhin in die Verbesserung und den Ausbau ihrer Häuser sowie des Wohnumfeldes zu investieren, um auf diese Weise die rasante Entwicklung in den Quartieren zu konsolidieren.

Das Programm wird von der Bevölkerung fast durchgängig unterstützt – und dies aus unterschiedlichen Gründen:
- Die technische und soziale Infrastruktur wird verbessert, ohne daß die Kosten dieser Maßnahmen direkt auf die Bewohner abgewälzt werden;
- die Projektmaßnahmen werden der vorhandenen Gebietsstruktur angepaßt, so daß praktisch niemand aus dem Sanierungsgebiet umgesiedelt werden muß;
- für die Betroffenen bedeutet das Programm mehr Sicherheit für Haus und Grundstück, obwohl K.I.P. weder Land- noch Haustitel garantiert, noch sie in irgendeiner Weise grundbuchrechtlich registriert.

Nach nunmehr 12jähriger Sanierungspraxis konnten die Lebensbedingungen für den größten Teil der städtischen Kampunggebiete deutlich verbessert werden. K.I.P. hat sich als erster Ansatz bewährt und ist mittlerweile nationales Programm für alle Mittel- und Großstädte Indonesiens.[35]

Abb. 31: Kampung nach KIP-Sanierung.

Die peripheren Kampungs

Seitdem die innerstädtischen Gebiete die Grenze ihrer Verdichtungskapazität erreicht haben, beginnt sich die Stadt an ihrer südlichen, östlichen und westlichen Peripherie auszuweiten. Dieser Prozeß hat sich in der zweiten Hälfte der 70er Jahre enorm beschleunigt und konzentrierte sich zuerst auf bestehende und randstädtische Kampungs mit weitgehend ländlichem Charakter. Deren semi-rurale Strukturen wurden dabei in städtische umgewandelt. Die neuen Ansiedler sind großenteils Migranten aus Dörfern und Kleinstädten Ostjavas sowie Bewohner innerstädtischer Gebiete, die bis zum Stadtrand ziehen. Die erste Stufe dieser Transformation beginnt mit der Erschließung der peripheren Ansiedlungen an das gesamtstädtische Straßen- und Verkehrsnetz. In der Folge investieren Teile der lokalen Bewohnerschaft in Grundstücken entlang der neu entstandenen Verbindungsstraßen. Wohnhäuser, Läden und anderes Gewerbe siedelt sich an. Die Peripherie beginnt, sich an die gesamtstädtische Nachfrage- und Bedarfsstruktur anzupassen. Die bestehende Infrastruktur wird ausgebaut – sie wird städtisch.

Hat ein Gebiet diese Entwicklungsstufe erreicht, wird es interessant sowohl für ländliche als auch für städtische Migranten, die billige und erschlossene Grundstücke erwerben wollen, als auch für größere Investoren der Privatwirtschaft und der öffentlichen Hand, die neben preiswertem Baugrund auch gelernte wie ungelernte Arbeitskräfte benötigen. Städtische Großbauprojekte wie der Neubau der Technischen Universität Surabaya im Osten der Stadt oder das Industrieparkprojekt „Rungkut" im Süd-Osten förderten binnen kurzer Zeit das Anwachsen solcher randstädtischer Agglomerate. Ein weiterer Faktor der modernen Entwicklung der Peripherie sind die privatwirtschaftlich bzw. die mit öffentlichen Mitteln erstellten Wohnsiedlungen (Real Estates/Perumnas), die vor allem im Osten und Westen der Stadt gebaut werden. Die Ansiedlungen entlang der Verkehrsachsen sowie die clusterartigen konzentrischen Ansiedlungen um moderne Industrie- und Dienstleistungsanlagen und um die geplanten Wohnsiedlungen ergeben die typische Bebauungsstruktur der heutigen randstädtischen Kampungs.

Wenngleich vereinzelte Projekte in verschiedenen Gebieten zur Verbesserung der Peripherie implementiert wurden, fehlt eine übergreifende Konzeption, wie sie etwa im K.I.P. für die innerstädtischen Kampungs entwickelt worden ist. Im neuen Stadtentwicklungsplan für Surabaya wurden allerdings einige Planungsrichtlinien aufgestellt:
- Festlegung und Kontrolle der Flächennutzung der noch agrarisch genutzten Stadtgebiete;
- Absicherung ausreichend großer Stadtareale für zukünftige Entwicklungsmaßnahmen;
- Ausbau sozialer und weiterbildender Einrichtungen (allgemeinbildende und Berufsschulen) zur Verbesserung des Ausbildungsniveaus der randstädtischen Bevölkerung;
- gezielte Programme zur infrastrukturellen Verbesserung weit entwickelter Gebiete (Einschluß in das K.I.P.).[36]

Abb. 32: Real-Estate-Häuser in Dharmo.

Stadtlegenden – oder die Sehnsucht nach kultureller Kontinuität

Unser Versuch, die Entwicklung Surabayas in einer historischen, also zeitgebundenen Perspektive zu beschreiben, sollte auch einige Indizien für bestimmte Kontinuitäten in den räumlichen Transformationsprozessen der Stadt aufzeigen: geschichtlich am Beispiel der Übergänge von der vorkolonialen zur kolonialen bzw. der kolonialen zur postkolonialen Stadt; strukturell am Beispiel des Verhältnisses „Quartier zur Gesamtstadt", das wir zu interpretieren versuchten über die traditionelle javanische Stadtkonzeption als der geordneten Aufteilung der Stadt in Territorien, die in einem dualen und hierarchischen Verhältnis zur (Stadt-)Mitte standen (früher Zentrum – Peripherie oder sakral – profan, heute Makro- – Mikrowelt). Ein ähnlicher Nachweis für Kontinuität im Transformationsprozeß ließe sich sicherlich auch auf anderen Ebenen, beispielsweise an der Entwicklung des javanischen Wohnhauses, erbringen.

Einen ganz anderen Versuch, eine „Kontinuität zwischen gestern und heute" herzustellen, möchten wir zum Abschluß anführen, nämlich die Volkslegenden, die man sich bis auf den heutigen Tag in den Kampungs erzählt (wobei natürlich jeder Erzähler seine eigene Variation hat). Diese Art von Kontinuität ist nicht Produkt der Auseinandersetzung mit der „realen" Geschichte. Die Dimension der Zeit scheint weniger wichtig zu sein als die Tatsache, ob die Erzählungen mit der Lebens- und Denkweise, vor allem mit ihren ethisch-religiösen Empfindungen übereinstimmt oder nicht.

Adipati Jayengrono, so wird erzählt, der Statthalter von Surabaya, hatte eine Tochter namens Raden Kusuma Ning Ayu Probowati. Als Prinzessin Probowati ins heiratsfähige Alter gekommen war, bewarben sich zwei junge Männer, die Prinzen Situpondo und Johotruno, um ihre Gunst. Eigentlich hielt man Situpondo für tüchtiger und mächtiger als seinen Rivalen, doch da er eine fürchterliche Narbe im Gesicht hatte, mochte ihn die Prinzessin nicht heiraten. Sie forderte die beiden Männer statt dessen auf, miteinander zu konkurrieren, und versprach denjenigen der beiden zu heiraten, der in der Lage war, die größte Waldfläche zu roden und die schönste Siedlung auf dem neuen Land zu bauen.

Da Prinz Johotruno ahnte, daß er den Wettkampf verlieren würde, bat er um die Hilfe des Sohnes einer Medizinfrau, die „Jamu", einen Kräutersaft, dem man Kraft und Gesundheit nachsagt, verkaufte.

Am Ende des Wettstreits bekam keiner der beiden Rivalen die Prinzessin zur Frau, sondern ihr Mann wurde Jojo Jumput, der Sohn der Medizinfrau.

Die Bewohner einiger Quartiere im Süden der Stadt, die diese Geschichte erzählen, glauben, daß es Prinz Situpondo war, der ihre Siedlung errichtet hat. Es gibt viele Legenden dieser Art in Surabaya, welche die Errichtung einer neuen Siedlung thematisieren. Zumeist sind diese Siedlungsgründungen mit Liebesgeschichten gekoppelt, die, wenn sie „glücklich" enden, Liebende verschiedener Klassen zusammenführen, etwa einen Prinzen mit einer schö-nen Frau aus einfachen Verhältnissen oder eine Prinzessin mit einem von den Göttern mit übernatürlichen Kräften ausgestatteten Mann aus dem Volk. Andere Legenden handeln von den unzähligen heiligen Plätzen (Grabstellen, Brunnen, Steinen etc.), die es in Surabaya heute noch gibt.

So wird erzählt, daß der oben erwähnte Jojo Jumput den großen, fast rechteckigen Stein, der sich heute neben der Poliklinik im Kampung Bany Urip befindet, versetzte, einen Stein, den niemand sonst überhaupt anzuheben vermochte. Die Leute glauben, daß Joho Jumput diesen Stein für seine Mutter dahin geschleppt habe. Sie benutzte ihn als Arbeitstisch für ihre Kräutermischungen, die, darauf zubereitet, noch besser und heilkräftiger wurden. Heute wird dieser Stein als Opferaltar für religiöse Zwecke benutzt. Der Name des Kampungs Bany Urip, wo der Stein sich befindet, hat mit dem Prinzen Situbundo zu tun: Dieser traf bei der Rodung des Waldes zur Gründung einer neuen Siedlung auf Joho Jumput, der gerade Holz für seine Mutter sammelte. Das Schicksal wollte es, daß beide in Streit gerieten und miteinander kämpften. Prinz Situbundo verlor den Kampf und floh. Schließlich, den Tod fast vor Augen, erreichte er Kedung Gembol (Kedung = Sumpf/Teich) und trank Wasser aus dem Kedung. Der Platz, an dem er das Wasser trank, hieß später Bany Urip (Heilwasser).

Eine andere interessante Volkslegende basiert auf dem noch heute lebendigen Ahnenkult in Java:

Adipati Jayengrono, Surabayas Statthalter, unterstützte viele Feinde der Holländer. Die Stadt hatte Anfang des 19. Jahrhunderts trotz des Monopolanspruches der V.O.C. ihre Handelsbeziehungen zu den Engländern wieder aufgenommen. Der holländische Oberbefehlshaber Knol setzte daraufhin den König von Mataram, Pahubuwono, unter Druck, das eigenmächtige Handeln Surabayas zu unterbinden. Mit der Drohung, die gesamte Stadt zu zerstören, gelang es dem König schließlich, Jayengrono zur Kapitulation zu bewegen, unter der Bedingung, daß seiner Familie nichts geschehe und sein Sohn als Nachfolger designiert werde. Knol und Pahubuwono stimmten zu. Jayengrono wurde schließlich 300 Kilometer von Surabaya entfernt in der Hauptstadt Matarams Kertasura hingerichtet.

In einigen Kampungs Surabayas behaupten die Bewohner, daß Jayengrono auf ihrem Territorium begraben liege. Während des Kampfes um die Unabhängigkeit Indonesiens spielte die Figur des Statthalters eine wichtige Rolle im Widerstand gegen die Holländer. Die Vertreibung der kolonialen Macht sei, so wird erzählt, die Rache für seinen Tod.

Das Bedürfnis nach „historischer" Kontinuität wird in der Geschichte über die Statue von Joho-Dolok deutlich. Die Statue stellt, so wird erzählt, den Gründer von Surabaya dar. Tatsächlich ist die Figur die Darstellung eines javanischen Königs aus dem 13. Jahrhundert als Buddha Ahsobhya. Ihr ursprünglicher Standort war in der Nähe von Trowulan, wo sich das Zentrum des Majapahitreiches befand. 1817 entdeckten die Holländer die Statue und transportierten sie nach Surabaya, um sie von dort nach Amsterdam zu verschiffen. Aus noch unbekannten Gründen blib sie jedoch in Surabaya und ist heute nahe der früheren Residenz des holländischen Gouverneurs zu sehen.

Die Legenden von Jayengrono, Situpondo, Joho Dolok und den vielen anderen, sie alle drücken die „Sehnsucht" der Bevölkerung aus, gestern und heute zu verbinden. Die Kontinuität einer Stadt spiegelt sich auch in den Versuchen wider, „reale"

Geschichte in einer anderen gesellschaftlichen Situation legendenhaft neu zu interpretieren, so daß die Ganzheit wie der Bezug zum Ursprung nicht abgerissen wird: Es ist nicht der Anspruch des Erzählers, geschichtliche Realität wiederzugeben, sondern die Ganzheit als Ergebnis der Zeit zu betonen, d.h. den Zusammenhang der heute lebenden Menschen mit dem, was vor ihnen geschah.[37]

Zur Konzeption des traditionellen javanischen Wohnhauses

„Denn jede ‚nicht unterworfene' Gesellschaft versteht sich selber als Erdmittelpunkt, und ihre Architektur muß vom Innern her als Produkt einer – im Vergleich zu allen anderen – zentralen Gesamtheit gesehen werden."

(Enrico Guidoni)[38]

Gleich der javanischen Stadt, deren Gestalt und Struktur als Abbild des Makrokosmos verstanden wurde, repräsentierte das Wohnhaus eine Ebene der vielschichtigen Menschenwelt (Mikrokosmos). Die Sehnsucht nach Harmonie und Gleichgewicht „aller im Raum wirkenden Kräfte"[39] erforderte auch für die kleinste gesellschaftliche Einheit, die Familie, eine baulichräumliche Entsprechung. Folgerichtig bildeten die Prinzipien der Zweiteilung und Hierarchisierung, denen die javanische Kosmographie des Hasto Broto als Klassifikationssystem zugrunde lag, die Basis zur Gestaltung von Raum und Bauform des javanischen Wohnhauses.

Obschon die javanische Stadt sowie ihre Wohnhausarchitektur, deren Gestaltungsprinzipien wir im folgenden umreißen werden, sich historisch betrachtet in der Periode buddhistisch-hinduistischer Einflußnahme auf Java (7.–14. Jh.) entwickelte[40], lassen sich einige Grundmerkmale bis in die protomalayische Kultur (bis etwa zum 5. Jh. v. Chr.) zurückverfolgen. Zur Veranschaulichung dieser „Kontinuität" zwischen den Raumprinzipien der „primitiven Kulturen" und der „Hochkulturen", die allzuoft in Betrachtungen über die Entwicklung der javanischen Raumstrukturen ausgeklammert wurde, möchten wir ein Beispiel anführen:

Die Dörfer aus der Insel Nias[41], die der Westküste Sumatras vorgelagert ist, sind noch heute existierende Beispiele für eine Raumkonzeption und Architektur, wie sie aller Wahrscheinlichkeit nach für das gesamte Inselreich Indonesiens typisch waren.[42]

„Das Gründungsritual des Dorfes bestand in der Auswahl eines geeigneten Ortes, in der sorgfältigen Rodung des Geländes und in der Erstellung des ‚Nabels', des Mittelpunktes der neuen Siedlung (Fuso Newali). Rund um dieses heilige Zentrum wurden, um den wichtigsten Teil, den Platz, abzugrenzen, einige hölzerne Grenzpfähle angebracht, die als Fragmente des kosmischen Baumes (Eho) angesehen wurden. Dieser Baum war (zugleich) Träger der sozialen Struktur: Wie in der Stufenfolge der Welt der wohltätige Gott auf der höchsten Stufe residierte, so war der Häuptling auch die Spitze des Baumes selbst, dessen Zweige den an ihn gebundenen und von ihm geförderten Sippen gleichgesetzt wurden."[43] Die Raumstruktur des Dorfes wurde gestaltet als Abbild der „Unterwelt", dargestellt durch das Symbol der kosmischen Schlange oder des Krokodils, an deren Spitze der Häuptling residierte.[44]

Die kosmischen Vorbilder der Dorfstruktur auf Nias lassen sich in zwei Gruppen aufteilen: in „Himmelssymbole" (Baum, Milchstaße etc.) und in „Unterweltssymbole" (Schlange, Krokodil). Die Gestaltung des Dorfes nach diesen Symbolen versinnbildlichte nichts anderes als eine Art „Versöhnungsakt" mit dem gesamten Universum. Das Dorf war zugleich Abbild des Himmels und der Unterwelt, dargestellt durch Baum und Schlange.[45]

Wir finden also bei den „primitiven" Protomalayen in Nias ein

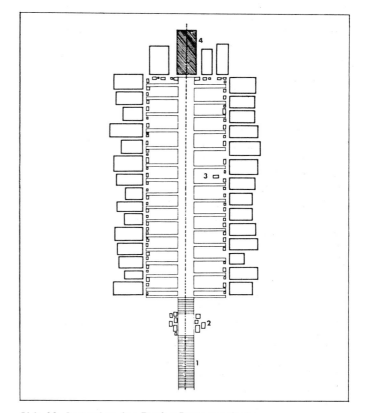

Abb. 33: Lageplan des Dorfes Bawamataluwo
1 Zugang   3 Kultstein
2 Megalithen 4 Häuptlingswohnung

Grundelement der Raumordnung, nämlich das Prinzip des mikrokosmischen Abbildes, das auch in der Epoche der Hochkulturen (Majapahit und Mataram) als Grundprinzip der Raumgestaltung galt. Sowohl bei den Protomalayen als auch bei den hochentwickelten Javanern ging man davon aus, daß die Errichtung einer Siedlung oder eines Bauwerkes nach dem Abbild der kosmischen Ordnung vollzogen werden mußte. Allerdings wurden in der Zeit der Hochkulturen die aus der Natur abgeleiteten kosmischen Symbole (Krokodil, Schlange, Baum etc.) durch geometrische Archebilder (Kreis, Viereck, Kreuz) ersetzt.[46]

Das traditionelle javanische Wohnhaus[47] repräsentierte in gleicher Weise ein Modell der „Totalität des Lebens", die als dreigeteilte Gesamtheit (Himmels-, Menschen- und Unterwelt) interpretiert wurde. Form und Inhalt bildeten dabei eine baulichräumliche Einheit – im Gleichklang mit der javanischen Überzeugung, daß Lahir (Körper) und Bathin (Seele) unzertrennbar seien.

Abb. 34: Luftfoto einer Hausanlage in Yogyakarta.

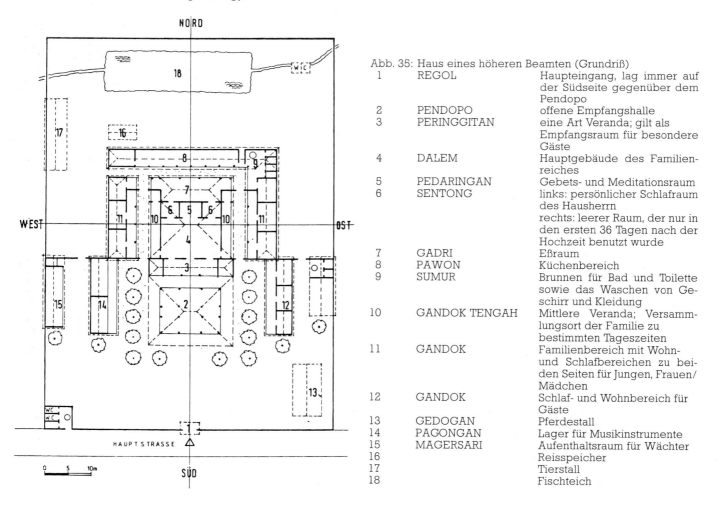

Abb. 35: Haus eines höheren Beamten (Grundriß)

1	REGOL	Haupteingang, lag immer auf der Südseite gegenüber dem Pendopo
2	PENDOPO	offene Empfangshalle
3	PERINGGITAN	eine Art Veranda; gilt als Empfangsraum für besondere Gäste
4	DALEM	Hauptgebäude des Familienreiches
5	PEDARINGAN	Gebets- und Meditationsraum
6	SENTONG	links: persönlicher Schlafraum des Hausherrn rechts: leerer Raum, der nur in den ersten 36 Tagen nach der Hochzeit benutzt wurde
7	GADRI	Eßraum
8	PAWON	Küchenbereich
9	SUMUR	Brunnen für Bad und Toilette sowie das Waschen von Geschirr und Kleidung
10	GANDOK TENGAH	Mittlere Veranda; Versammlungsort der Familie zu bestimmten Tageszeiten
11	GANDOK	Familienbereich mit Wohn- und Schlafbereichen zu beiden Seiten für Jungen, Frauen/Mädchen
12	GANDOK	Schlaf- und Wohnbereich für Gäste
13	GEDOGAN	Pferdestall
14	PAGONGAN	Lager für Musikinstrumente
15	MAGERSARI	Aufenthaltsraum für Wächter
16		Reisspeicher
17		Tierstall
18		Fischteich

Die Häuser waren in Nord-Süd-Richtung orientiert und ihre Grundstücke von einer Ringmauer umschlossen.[48] Innerhalb dieser Ringmauer befanden sich eine Anzahl von Einzelbauten, die in genau bestimmten Bereichen errichtet wurden:
– im Norden: der Küchen- und Hauswirtschaftsbereich sowie Bad und Toilette,
– in der Mitte (einschließlich der West- und Ostseite): der Familienbereich, und
– im Süden: der Gäste- und Empfangsbereich, teilweise auch der Arbeitsbereich.
Im Haus hatte jede Person ihren genau bestimmten Platz in Abhängigkeit von ihrer sozialen Stellung bzw. der Art ihrer Tätigkeit. So befand sich im Norden der Frauenbereich, in der Mitte der Familienbereich und im Süden des Hauses der Männerbereich (Arbeit und Repräsentation).
Ebenso folgte das Verhältnis von „Außen" und „Innen" einer dreifach gegliederten Raumaufteilung: Geschlossene Räume symbolisierten die körperliche Passivität und zugleich den Zustand tiefster Meditation; in halbgeschlossenen Räumen fanden eingeschränkte Aktivitäten statt (beispielsweise ruhte man sich hier aus), während die offenen Räume für eine Vielzahl unbegrenzter Aktivitäten offenstanden.
Die Räume selbst waren nicht nur funktional und sozial zueinander geordnet, sondern auch in ihrer Bedeutung hierarchisiert. Hier zwei Beispiele:
Der Dalem war der wichtigste Teil des Hauses in seiner Eigenschaft als Hauptgebäude des Familienbereiches. Seine Lage im Schnittpunkt der vier Himmelsrichtungen galt als Orientierungspunkt für alle anderen Teilgebäude. In ihm befand sich der Gebets- und Meditationsraum (Pedaringan) für den Hausherrn. – Dieser geschlossene Raum – er besaß einen Eingang, aber kein Fenster – galt als sakral und wurde als Hausaltar zur Verehrung der Ahnen benutzt, auf dem täglich kleine Opfergaben dargereicht wurden. Links und rechts des Pedaringan befanden sich zwei weitere Räume: zur linken der persönliche Schlafraum des Hausherrn und zur rechten der Raum, der nur in den ersten 36 Tagen nach der Hochzeit benutzt wurde. Die Höhe des Fußbodens im Dalem lag über der der anderen Räume, Türhöhen waren leicht herabgesetzt, um somit den respektfordernden Charakter dieses Raumes zu betonen. Das Dach ruhte auf 8 Hauptstützen (Soko Guru), die die acht untrennbaren Eigenschaften des Menschen analog zur javanischen Kosmographie repräsentierten.
Die offene Halle (Pendopo) an der Eingangsseite des Grundstücks stellte einen anderen markanten Raumtypus des javanischen Hauses dar. In ihr wurden ankommende Gäste empfangen. – Die innere Grundfläche des Pendopo war um etwa 30 cm erhöht und an ihren vier Ecken von jeweils einer Stütze (Soko Guru) begrenzt. Diese vier Stützen symbolisierten die vier Leidenschaften des Menschen, Zorn, Gier, Liebe und Großmut, die es zu kontrollieren galt; ihre Fußpunkte waren reichlich verziert und standen auf steinernen Sockeln, die Schutz gegen aufsteigende „Erdgeister" bieten sollten. Die Anschlußpunkte von Stützen und Dachbalken wurden mit einem weißen Tuch dekoriert, das das wichtigste Versprechen des Hausherrn symbolisierte: „to make his house a home of virtue".[49]
Der folgende Grundriß ist der Arbeit von J. Subekti[50] entnommen und zeigt das Haus eines höheren Beamten der „äußeren Administration". Es ist selbstverständlich nicht repräsentativ für alle sozialen Schichten der javanischen Gesellschaft und dient uns lediglich zur Veranschaulichung einiger Gestaltungsprinzipien des javanischen Hauses.
Die vertikale Aufteilung des Raumes in Himmelswelt (Dach), Menschenwelt (Wandstütze und Unterwelt) (Fußboden/Fundament), die Verwendung verschiedener Dachformen (Joglo, Limasan, Kampung), die hierarchisierte Ordnung der Räume nach ihrer Bedeutung sowie die Differenzierung der Fußbodenhöhen, all diese Gestaltungsprinzipien des javanischen Hauses dienten als Mittel zur Herstellung einer äußeren und inneren Harmonie – geordnet auf der Grundlage der javanischen Kosmographie (Hasto Broto).
Kernstück und Mittelpunkt des Hauses (Mikrokosmos) bildete ein sakraler Raum (Dalem), in dem sich sämtliche Eigenschaften in einem Gleichgewichtszustand befanden.
Die Bedeutung des Hasto Broto beschränkt sich allerdings nicht nur auf seine Rolle als Hilfsmittel zur Anwendung kultureller Prinzipien beim Hausbau, sondern liefert gleichzeitig die Grundlage zur Interpretation der Architektur.
Anhand einiger Beispiele wollen wir deshalb zum Schluß darstellen, wie in der javanischen Gesellschaft das Verhältnis zwischen

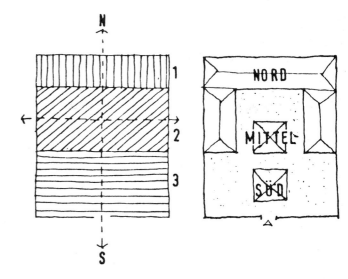

Abb. 36: Aufteilung der horizontalen Ebene in Nord (1), Mitte (2) und Süd (3).

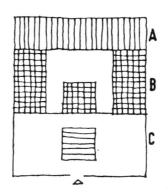
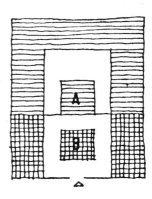

Abb. 37

A Frauenbereich
B Familienbereich
C Männerbereich

A Mitbewohnerbereich
B Gästebereich

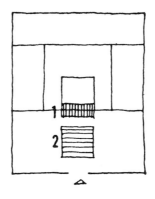
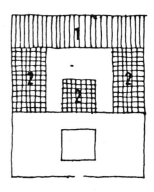

1 Peringgitan
2 Pendopo

1 Gefolgschaft
2 Familienmitglieder

Abb. 38: Beispiel einer Halle (Moschee) mit strahlenförmigem Unterdach.

Mensch und Raum unter Einbeziehung des dort geltenden Klassifikationssystems verstanden werden kann:
Das Verhältnis zwischen den Menschen und den Dingen wird in der javanischen Gesellschaft durch die Beziehungen ihrer Eigenschaften definiert. Das javanische Klassifikationssystem ist in diesem Sinne nichts anderes als ein Wertsystem von Eigenschaften oder ein immaterielles Wertsystem. Jeder Mensch besitzt all diese Eigenschaften. Sie äußern sich in verschiedenen Gemütszuständen, wie Traurigkeit, Heiterkeit, Freude, Zorn, Leidenschaft, Haß usw., oder in verschiedenen Charakteren, wie mutig, vorsichtig, klug, kriegerisch, friedlich etc. Dagegen hat jedes Ding oft nur wenige Eigenschaften: Wasser hat z.B. die Eigenschaften „ruhig" und „gleichwertig"; Feuer ist dagegen „zerstörerisch" und „vernichtend". Dieser „Ordnung von Dingen" entsprechend gibt es in der javanischen Denkweise keine wertfreien Interpretationen vom sozialen, natürlichen, physikalischen oder ähnlichen Phänomenen. Komplizierte chemische oder physikalische Prozesse werden nicht in „wertfreien naturwissenschaftlichen Kategorien" erklärt, sondern nur konkret in ihren Beziehungen zu Menschen, Tieren, Pflanzen etc.
Auf Java ist es z.B. üblich, Kupfermünzen an der Unterkante der Holzpfosten so anzubringen, daß sie eine Zwischenschicht zwischen Stütze und Sockel bilden. Wenn man die Leute fragt, warum, erklären sie, daß das Kupfer Licht reflektiere und „böse

Geister" vor diesem Licht Angst hätten. Deshalb lassen sie das Holz unbeschädigt. Wie würden wir selbst dieses Phänomen erklären? Das Klima in Indonesien ist immer feucht, und wenn es regnet, steigt die Feuchtigkeit vom Erdboden durch den Sockel in die Holzpfosten hoch. Aus Kupfer und sauerstoffreichem Regenwasser ergibt sich Kupfersäure, die die schädlichen Pilzkeime an den Holzpfosten „tötet". Aber diese Erklärung kann uns der javanische Baumeister nicht geben. Seine Erklärung ist eine andere: Durch den Regen entstehe ein Übergewicht von Wasser. Das Wasser komme mit Holz zusammen. Wenn es regnet, entstehe also ein Übergewicht des Wassers im Holz. Der Baumeister schaut in seiner Kosmographie nach und findet heraus, daß dieses Übergewicht mit dem Element „Metall" neutralisiert werden kann. Dann sieht er weiter nach, welches Metall für welches Holz notwendig ist, und findet dann das Element „Kupfer" heraus.
Jedes javanische Gebäude besteht aus drei Teilen: Der Fußboden entspricht der Erde, das Dach dem Himmel und die Stütze der Verbindung zwischen Himmel und Erde. Die Qualität eines Einzelelementes des Hauses wird danach beurteilt, inwieweit es der zugedachten Eigenschaft entspricht. Die Dachkonstruktion eines Pendopos beispielsweise wird hauptsächlich von durch Zugkräfte beanspruchte Holzsparren ausgesteift.
Im Innern dieses Gebäudes sehen diese flachgelegten Holzsparren wie Strahlen aus, die vom obersten Punkt des Daches ausgehen. Die Anordnung dieser Sparren hat sehr wohl ihre konstruktive Logik. Aber die Javaner finden sie nicht wegen ihrer konstruktiven Logik richtig, sondern wegen ihrer strahlenartigen Form, da diese der Eigenschaft des Himmels entspricht.
Ebenso finden wir im Pendopo auf dem oberen Teil der Stützenkonstruktion eine verzwickte horizontale Balkenkonstruktion (Tumpangsari). Diese gestaffelte Balkenkonstruktion spielt für die horizontale Aussteifung der Säulenhalle eine zentrale Rolle. Fragt man Javaner nach der Funktion und dem Nutzen dieser Konstruktion, dann begründen sie sie damit, daß ihre Ahnen sich dort aufhielten, um das Gebäude vor starkem Wind oder Erdbeben zu schützen.[51]
Raum, Konstruktion und Material im javanischen Haus stehen also über ihre materielle Existenz hinaus in einer unauflöslichen Beziehung zum Weltganzen. Jedes Detail hat seine sakrale bzw. immaterielle Bedeutung – entschlüsselbar nur über das Wissen ihrer Einordnung innerhalb der javanischen Kosmographie. Oder, um mit Guidoni zu enden, „die Architektur muß sich, um historisch verständlich zu sein, auf die Gesamtheit der räumlichen Tätigkeiten und auf ihre Interpretation im ‚Innern' der untersuchten Gesellschaft ... beziehen".[52]

Anmerkungen

1 Claude Levi-Strauss, Traurige Tropen, Frankfurt/M. 1968.
2 Als Einstieg in die moderne Geschichte Indonesiens empfehlen wir J. Chesneaux, Die Geschichte Süd-Ost-Asiens, Köln 1969.
3 Vgl. auch Aldo Rossis Ausführungen zu den primären Elementen der Stadt, in: Aldo Rossi, Die Architektur der Stadt, Düsseldorf 1973.
4 Siehe Johan Silas, Surabaya autara dongeng dan sejarah, in: Surabaya Post vom 30./31.5. und 1.6.1983. In dieser Artikelreihe (Surabaya zwischen Märchen und Geschichte) versucht Silas, seine fünfjährige Arbeit über Legenden zu dokumentieren.
5 Siehe auch: H. J. Graaf, Soerabaia in de XVII Eeuw, von de Koninkrijk tot Regentschop, in: Djawa, Batavia 1941. S. 199–225.
6 Th. Pigeaud, Javaansche Wichelarij en Klassifikatie, in: Feestbundel Bataviaasche Genootschap II, Batavia 1929.
7 Johan Silas, Surabaya abad pertengahan suatu tinganan tata kotanya, in: Surabaya Post vom 30.5.1981.
8 Surjadi Santoso, Zur Konzeption, Gestalt und Struktur der javanischen Stadt bis zum 18. Jahrhundert, Diss., Hannover 1983.
9 Kris ist ein javanischer Dolch, vergleichbar in seiner Bedeutung mit dem japanischen Samuraischwert.
10 Zu den Begriffen „innere und äußere Administration" siehe: Selosoemardjan, Social Change in Djogjakarta, Ithaca/N.Y. 1962.
11 Siehe auch: W. F. Stutterheim, Oost Jawa en de Hemelberg, in: Djawa, Batavia 1926. S. 333–349.
12 Näheres über Geomantie und ihre Bedeutung für die Stadt- und Architekturplanung in Europa siehe: Nigel Pennick, Die Wissenschaft der Geomantie, München 1982.
13 Vgl. J. Ensink, Siva-Buddhism in Java und Bali, in: H. Bechert, Buddhism in Ceylon and Studies on Religious Syncretism in Buddhist Countries, Symposium zur Buddhismusforschung 1, Göttingen 1978. S. 178–198, und Th. Pigeaud, a.a.O. S. 273–290.
14 Zum javanischen Machtsystem siehe auch: A. Fachry, Sistem Kehuasaan Java dan stabilitas politik orba, in: Kompas vom 2.3. und 3.3.1984.
15 Selosoemardjan, a.a.O. s. 23 f.
16 Surjadi Santoso, a.a.O. Kapitel D.
17 Levi-Strauss spricht in diesem Zusammenhang von „Systematisierung der sinnlich wahrnehmbaren Gegebenheiten auf der Grundlage einer ‚konkreten Logik'". Siehe: Claude Levi-Strauss, Das wilde Denken, Frankfurt/M. 1968.
18 Vgl. auch Surjadi Santoso, a.a.O. Kapitel E: Bruch und Kontinuität in der baulich-räumlichen Transformation.
19 Die Privilegien der V.O.C. umfaßten das Recht, Kriege zu führen, Verträge auszuhandeln und abzuschließen, Geld zu drukken und jede Kolonie selbst zu regieren. Siehe auch: Allen Sievers, The mystical World of Indonesia – Culture and Economic Development in Conflict, London 1974. S. 58–66.
20 Zur Geschichte Matarams siehe auch: John Villiers, Südostasien vor der Kolonialzeit, Frankfurt/M. 1965, und Selosoemardjan, a.a.O.
21 Die Reisenotizen von Valentijn entnahmen wir aus G. H. von

Faber, Oud Soerabaia I und II, Soerabaia 1920.

22 Siehe auch: Allen Sievers, a.a.O. S. 66–72.

23 Siehe auch: G. H. von Faber, a.a.O. S. 35–42.

24 Siehe auch: ebenda.

25 Vergleichbar mit den heutigen Real Estate-Projekten. Siehe auch in diesem Beitrag unter „Surabaya seit der Unabhängigkeit".

26 Siehe auch: G. H. von Faber, a.a.O. (das Kapitel über die „Stadtsuitbreiding").

27 Die Diskussion um vorkoloniale Formen des Eigentums ist in Europa unter dem Stichwort „asiatische Produktionsweise" bekannt geworden. Für Indonesien siehe unter „Grond (Recht op)" in der Niederländisch-Indischen Enzyklopädie, Amsterdam 1917.

28 Weitere Ausführungen hierzu in: Indische Bouwkundig Tijdschrift, Amsterdam/Batavia, Jg.1924, und Djawa, Batavia, Jg.1924.

29 Von Tillema stammen auch umfangreiche Studien zu den Wohnbedingungen und der ländlichen Architektur auf Java, die er in seinem mehrbändigen Werk „Kromo Banda" zusammenfaßte.

30 Die ausführlichste Beschreibung der kolonialen Stadtgeschichte des 20. Jahrhunderts findet sich im 2. Band von Fabers Arbeit („Nieuw Soerabaja").

31 Weitere Informationen zur Situation der Stadtquartiere finden sich in: Johan Silas, Spatial Structure, Housing Delivery, Land Tenure and the Urban Poor in Surabaya, Surabaya 1983.

32 Ebenda.

33 Die besten Ausführungen zu den ethischen Grundlagen der javanischen Gesellschaft finden sich in: Franz von Magnis-Suseno, Javanische Weisheit und Ethik – Studien zu einer östlichen Moral, München/Wien 1981.

34 Weitere Ausführungen zu den Produktionsformen in indonesischen Kampungs finden sich in: Elia Hermanto/Heinz Kull/Bernd Multhaup, Informelle Bauproduktion in Jakarta – ein Beitrag zur Stadtentwicklungsplanung, Berlin 1983.

35 Ausführliche Darstellung und Evaluierung des Kampung Improvement Program in: Johan Silas (Hrsg.), Program perbaikan kampung – suatu inventarisasi dan evaluasi, Surabaya 1983. Und John L. Taylor, An Evaluation of Selected Impacts of Jakarta's Kampung Improvement Program, Diss., Los Angelos 1983.

36 Siehe auch: Johan Silas, Villages in Transition – A Case Study from Rural to Urban, Surabaya 1980.

37 Die angeführten Legenden entstammen der fünfjährigen Forschungsarbeit von Johan Silas, s. Anm. 4

38 Enrico Guidoni, Architektur der primitiven Kulturen, Stuttgart 1976. S. 9.

39 Niels Mueder bezeichnet dieses „Lebensprinzip" als „Javanismus". Siehe: Niels Mueder, Mysticism and Everyday Life in Contemporary Java, Singapur 1978.

40 Siehe auch: R. Heine-Geldern, Weltbild und Bauform in Süd-Ost-Asien, in: JB d. Vereins d. Freunde asiatischer Kunst und Kultur in Wien, Wien 1930. S. 28–178.

41 Siehe ausführliche Darstellung der Dorf- und Hausarchitektur auf Nias, in: W. Marshall, Der Berg des Herrn der Erde, München 1979.

42 Der Zusammenhang zwischen der protomalayischen Megalithkultur und der hindu-javanischen Hochkultur läßt sich sehr deutlich an den Tempelbauten des 7.–10. Jahrhunderts (z.B. dem Borubodur-Tempel) nachvollziehen.

43 E. Guidoni, a.a.O. S. 183.

44 Weiter schreibt Guidoni: „Diese beiden Figuren, die wahrscheinlich als Überlagerungen anzusehen sind, ergeben ein Interpretationsmodell für die Anlage des Dorfes. Der Baumstamm und die Schlange sind die zentrale Wegachse; die Seitenäste entsprechen den Terrassen und den zu beiden Seiten angeordneten Häusern, während die Spitze (oder der Kopf der Schlange selbst) mit dem Häuptlingshaus und die Wurzeln (der Schwanz) mit dem unteren Teil, dem Eingang und der Zugangstreppe, übereinstimmen."

45 Surjadi Santoso, Zur Problematik des baulich-räumlichen Transformationsprozesses in der vorkolonialen Epoche Javas – Eine Studie über Konzeption, Gestalt und Struktur der javanischen Stadt bis zum 18. Jhdt., Diss., Hannover 1983, Kap. D: Die javanischen Binnenzentren.

46 Es muß aber festgehalten werden, daß solche Archebilder keineswegs nur bei den „hochentwickelten Kulturen" bekannt sind. Die Bedeutung von solchen Urbildern wie „Kreuz" und „Viereck" kann bei den verschiedenen „primitiven Völkern" eine sehr unterschiedliche sein, meist steht sie aber im Zusammenhang mit Zauberei und anderen religiösen Ritualen. Siehe auch: E. Durkheim/M. Mauss, Primitive Classification, Chicago 1966 (Nach der franz. Ausgabe von 1901).

47 Wir beziehen uns im folgenden auf Arbeiten über das traditionelle Wohnhaus in Zentral-Java, insbesondere auf die Veröffentlichung von Joko Subekti, Das traditionelle javanische Wohnhaus – Konzept und Transformation, hrsg. vom Studienschwerpunkt „Planen und Bauen in anderen Kulturen" der HdK Berlin 1982. Vgl. des weiteren: Djauhari Sumintardja, Traditional Housing in Indonesia: East Java, in: Masalah Bangunan, Vol. 19, Nr. 4, 1974; H. F. Tillema, Kromoblanda – Over't vraagstur van het wonen in kromo's grotte lands, Bd. I–V, insbes. Bd. V, Den Haag 1922; H. Maclaine Pont, Javaansche Architektuur, Batavia 1923; Ders., Beginselen der javaanschen bouwconstructie, in: Indische Bouwkundig Tijdschrift, Batavia 1924, Nr. 11

48 Maclaine Pont bezeichnete deshalb das javanische Wohnhaus als „omvalling-architectuur" (Ummauerungsarchitektur).

49 „Sein Heim zu einem Haus der Tugend machen" (im Sinne von „männlichen" Tugenden wie Tapferkeit, Edelmut, …), Dr. Sumintardjy, a.a.O. S. 37.

50 J. Subetki, a.a.O., S. 18–21.

51 Siehe auch: S. Santoso, a.a.O., Kap. E: Bruch und Kontinuität in der baulich-räumlichen Transformation.

52 E. Guidoni, a.a.O. S. 9.

Glossar

Adat: Traditionelles Gewohnheitsrecht.

Alun-Alun: Plätze nördlich und südlich des Palastes; der Nordplatz wurde als zeremonieller Hauptplatz benutzt. Auf der Platzmitte waren zwei Waringin-Bäume eingepflanzt.

Bupati: z. Zt. Matarams: Ein vom Sultan ernannter Verwalter für die Peripherie (Mancanegara), der aber nur dem Großwesir verantwortlich war – im Gegensatz zum „Pati", ein vom Sultan ernannter Landverwalter für das „heilige Land" (Negara Agung), der beauftragt war, Steuern und Abgaben für den Sultan einzutreiben.

Dalem: Wohnsitz des Herrschers im Kraton, der sakralen Charakter besaß.

Desa: Dorf.

Goton Royong: Traditionelles System der gegenseitigen Hilfe.

Kampung: Bezeichnung für städtisches Quartier.

Kraton: Palastkomplex des Herrschers sowohl in der hinduistisch-javanischen als auch in der islamisch-javanischen Periode.

Kris: Traditioneller javanischer Dolch, dem man magische Kräfte nachsagt.

Mancanegara: Bezeichnung für Peripherie im Gegensatz zu Negara Agung (Zentrum).

Musjawarah: Treffen, Aussprache zur Herstellung einer von allen getragenen Entscheidung (vergleichbar etwa dem afrikanischen Palaver).

Pasar: Markt.

Pusaka: Herrschaftliche Insignien, die ihrem Besitzer kosmische Kräfte verleihen.

Tugu (wörtlich: Nabel): Ein Obelisk, der nördlich des Palastes in der Mitte zweier sich kreuzender Straßen errichtet wurde.

Die Schaulust an der exotischen Architektur

Jan Pieper

Abb. 1: Tiepolo, Deckenfresko in der Würzburger Residenz (1753), (Ausschnitt).

Die lebensfrohe Gruppe der Allegorien der vier Kontinente, wie sie uns etwa Tiepolo in seinem Dekkenfresko der Würzburger Residenz vorführt (Abb. 1), hat in neuerer Zeit ein erschreckendes Revirement erfahren müssen: An die Stelle der üppigen, vom Dromedar herablächelnden Negerfürstin Africa oder der im Federschmuck schillernden America und der sybellinischen Asia, die selbstbewußt in ihrer Weibespracht der blonden Europa gegenüberstehen, ist ein geschlechtsloses Männlein getreten: das „Dritte-Welt-Männlein", eine dünnbeinige blähbäuchige, braunzerlumpte Elendsgestalt, die uns mit stumpfen Augen aus den Illustrierten und der Tagespresse entgegenblickt, wann

immer von den tropischen Ländern, von der Dritten Welt die Rede ist. An die Stelle eines sinnlichen Vergnügens an der schillernden Pracht der Welt, wie es Tiepolos üppig drapierte Frauengestalten der vier Erdteile verkörpern, ist mit dem Dritte-Welt-Neutrum das sanitäre Interesse an der Wellblecharmut getreten, dessen Parameter sich zwischen Ekel und Mitleid spannt.

Nichts mehr von der wuchernden Fülle tropischer Natur, von den verführerischen Reizen fremder Rasse, von den lasziven Phantasien der unerreichbaren Haremswelten, nichts mehr von den schweren Knoblauchdüften der verwirrenden Basare, vom Gedröhn der Trommeln, dem mysteriösen Halbdunkel der Tempel, nichts mehr von diesen jahrhundertealten Faszinationen und Fiktionen, nur noch das Bild des geduldigen Bettels, das peinlich berührt.

Es ließe sich nun leicht nachweisen, daß sich die Verhältnisse seit Tiepolos Deckenfresko (1753) nicht in dem Maße geändert haben, wie die kümmerliche Neubesetzung des allegorischen Figurenkabinetts glauben machen möchte. Es ist keineswegs so, daß in den letzten zwei Jahrhunderten aus den tropischen Wunderländern Wellblecharmenhäuser geworden wären. Zahlreiche authentische Berichte europäischer Reisender, etwa von Montseratte, der im 16. Jahrhundert das Moghulreich besuchte, belegen[1], daß in den Zentren der südasiatischen Kulturen die Extreme von staatlichem oder kommunalem Glanz und individueller Einfachheit – und oft auch bitterer Armut – ebenso dicht beieinanderlagen wie im zeitgenössischen Europa. Aber das Gesamtbild, das die Reisenden der europäischen Klientel vermittelten, war ein ganz anderes: Kultureller Reichtum, technische Großartigkeit, natürlicher Überfluß, bis hin zum exotischen Klischee. Wir wissen, welche Impulse von dieser positiven Sicht außereuropäischer Kulturen ausgegangen sind. Der durch Augenzeugen vermittelte und idealisierend überhöhte kulturelle Reichtum des Orients wurde als kreative Herausforderung, ja als moralische Instanz für die eigene kulturelle Arbeit verstanden. Wie anders kann man jene für das europäische Verhältnis zur Fremde charakteristischen Sätze verstehen, mit denen Piranesi seine visionären Rekonstruktionen des Campo Marzino einleitet.

„So wie ein Zwilling dem anderen ähnlich ist, so gleichen die Beweggründe derjenigen, die von einem Land ins andere ziehen, um – nicht zum Vergnügen, sondern zum allgemeinen Nutzen – die Sitten, Gebräuche und Lebensgewohnheiten der Völker auf das Genaueste zu studieren, den Motiven jener, die die antiken Monumente untersuchen … ein forschendes Bemühen, das man sehr wohl eine Pilgerfahrt nennen könnte … Warum sollte nicht gleiches oder, wie ich meine, größeres Lob jenen gezollt werden, die sich ganz der Erforschung der Vergangenheit verschrieben haben?"[2]

Piranesi schrieb diese Zeilen, wie man sieht, nicht ohne polemischen Unterton. So groß war das Prestige der reisenden Forscher, daß sie den Raum kultureller Kritik und Maßgabe nahezu völlig besetzten, ein Platz, der seiner Meinung nach der Altertumsforschung gehören müsse, deren idealisierende Rekonstruktion römischer Größe zur moralischen Instanz des künstlerischen und architektonischen Schaffens werden sollte.

Die Allegorien Tiepolos, die Theorien seines Zeitgenossen Piranesi sind exemplarisch zu nehmen, das positive Bild der außereuropäischen Kulturen tat seine Wirkung in allen Bereichen des europäischen Geisteslebens. Es war ein idealisiertes Bild, und niemanden scherte die Frage, wie exakt dieses Bild die Realität abbildete, da es eine notwendige Funktion als positiv verstandenes Gegenbild zur eigenen Welt darstellte. Man wollte den kulturellen Reichtum der Fremde sehen als Inspiration, als Herausforderung, als Triebkraft des eigenen kulturellen Lebens. Offensichtlich wollen wir genau dies nicht sehen, sondern etwas ganz anderes, eben die materielle Armut ohne jeden Seitenblick auf die vorhandenen Enklaven und Rückzugsgebiete kulturellen Überflusses. Offensichtlich brauchen wir die materielle Armut der Dritten Welt als Gegenbild für unsere kulturelle Armut, und hier wird deutlich, daß das apathische Dritte-Welt-Männlein, durch das die lebendigen Gestalten der Asia, Africa und America ersetzt wurden, eigentlich keine allegorische Figur ist, sondern ein magisches Objekt, ein Fetisch. Wir brauchen diesen hölzernen Fetisch, damit wir, seine kantigen Züge vor Augen, es leichter ertragen, daß auch aus der sonnigen Europa – schon bei Tiepolo eine rokokohaft leblose Dame – vollends eine unsinnlich plastische Anthropoide geworden ist. Um schließlich auf das konkrete kulturelle Ambiente – auf unsere Städte und ihre Architektur – zu kommen: Wir brauchen die Schockfotos von Kalkutta, damit Frankfurt noch auszuhalten ist. Fakten, die diese Fiktion stören, werden nicht wahrgenommen. Etwa die Tatsache, daß Kalkutta für den weitgehend traditionell bestimmten indischen Raum die absolute Ausnahme darstellt. In der Sprache der Statistiker: Nur etwa 18 Prozent der indischen Bevölkerung werden überhaupt als „städtisch" eingestuft, der Rest lebt auf dem Lande. Von dieser Gruppe der „Städter" leben mehr als 70 Prozent in den Landstädten (unter 80 000 Einwohner), die sich in ihrem traditionellen Charakter als Marktorte, Sitz regionaler Verwaltung oder Tempelstädte seit Jahrhunderten kaum verändert haben. In den Großstädten leben dagegen nur 30 Prozent der städtischen Bevölkerung, und davon konzentrieren sich wiederum mehr als 25 Prozent auf nur etwa zehn großstädtische Agglomerationen, in denen die vielbeschworenen Verelendungserscheinungen uneingeschränkt gelten mögen[3]: Verstädterung, zweifelsohne ein Riesenproblem der Metropolen, ist, auf den Gesamtraum bezogen, untypisch. Demgegenüber ist Frankfurt für die architektonische Kultur der Bundesrepublik nur in der Größenordnung eine Ausnahme; der ästhetischen – d. h. imaginativen, bilderstiftenden und damit beheimatenden – Qualität nach ist es nichts anderes als die Cityversion eines beliebigen Einfamilienhausgebietes.

Günter Grass hat diesen Zusammenhang in drastischer Sprache auf den Begriff gebracht:

„Warum nicht ein Gedicht über den Haufen Scheiße, wie Gott ihn fallen ließ und Kalkutta nannte. Wie es wimmelt, stinkt, lebt und immer mehr wird. Hätte Gott einen Haufen Beton geschissen, wäre Frankfurt rausgekommen."[4]

Dieses Betonkalkutta, als Emblem der modernen städtischen Zivilisation verstanden, ist unser ureigenes kulturelles Problem, das uns in seinen ganzen Ausmaßen erst vor Augen tritt, wenn wir es mit dem Gegenbild städtischen Lebens kontrastieren, das wir, wenngleich mühsam, aus der Historie rekonstruieren können:

Die Städte, in denen wir heute leben, haben nur noch wenig Ähnlichkeit mit unseren historischen Stadtarchitekturen. Dies gilt nicht nur für ihre Ausstattung mit materiellen Infrastrukturen, sondern vor allem für

Abb. 2: Die Uferterrassen (Ghats) von Benares.

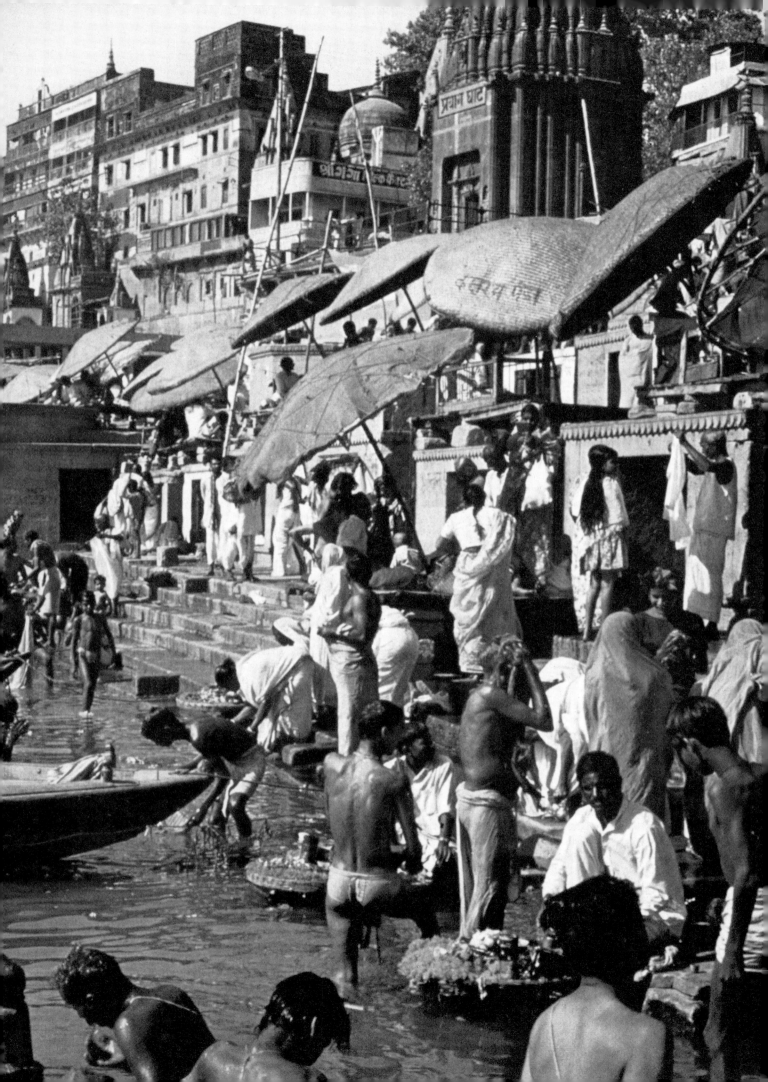

ihren architektonischen Charakter. Während die Stadtbautechnik einen immer höheren Grad der Perfektion erreicht hat, ist die Stadtarchitektur im gleichen Maße verarmt; gegenüber der historischen Stadtbaukunst hat der moderne Städtebau nur noch ein sehr beschränktes architektonisches Repertoire verfügbar.

Die Architektur unserer historischen Städte ist nach einem begrenzten Kanon architektonischer Prinzipien geordnet, die sich in den verschiedensten Schulen und Stilepochen immer nur in neuem Gewand zeigen, ohne daß sie je vernachlässigt oder gar aufgegeben wurden. Viele dieser Prinzipien verweisen auf elementare Zusammenhänge zwischen der bebauten Umwelt und den Erfahrungen, die wir mit unserem eigenen Körper machen. So besteht in den Raumfolgen historischer Stadtanlagen (Sequenzen von Straßen und Plätzen als „Wege"- und „Orträume") häufig ein offensichtlicher Zusammenhang zu den Gesetzen der menschlichen Bewegung. Wir finden Entsprechungen in den Anlageprinzipien städtischer Strukturen und in unserem „Körperschema" (d.h. archetypischen Bildern und Vorstellungen, mit deren Hilfe wir uns selbst, unseren Körper und unsere Psyche begreifen.) Städtebauliche Volumina und Fassadenarchitekturen sind in traditioneller Stadtbaukunst häufig in Analogie zu zeitgenössischen Praktiken des menschlichen Körperschmucks dekoriert. Historische Städte haben oft die Funktion eines „kollektiven Gedächtnisses". Ihre Architektur tradiert Qualitätsbegriffe von Stadtraum, Stadtgemeinschaft, Stadtleben usw. vergangener Epochen in räumlichen Bildern und architektonischen Metaphern, die auf die folgenden Generationen einwirken, die sie prägen, aber auch herausfordern: Stadtarchitektur ist ein Medium, in dem sich kulturspezifische Anschauungen vom Leben und Wirtschaften nicht nur abbilden, sondern in dem sie selbst neue Gestalt gewinnen.[5] Viele dieser „dysfunktionalen Funktionen" der Stadt sind der modernen städtischen Welt abhanden gekommen, und man möchte zusammenfassend sagen, daß es vor allem vier charakteristische Absencen sind, die die gesamtkulturelle Situation exemplarisch benennen:
- das Unvermögen, sorgfältig und in architektonisch bedeutsamer Weise mit den Naturelementen umzugehen,
- die Abwesenheit nahezu aller Elemente der Schaulust, der Phantastik und des Spielerischen, alles dessen, was als „Mirabilienarchitektur" zum festen Bestand der historischen Baukunst gehört hat,
- die Ungeeignetheit der modernen Architektur, physischen und psychischen Grundtatsachen zu entsprechen und elementare menschliche Befindlichkeiten zu beheimaten,
- die Tatsache, daß moderne städtische Räume entweder gar nicht oder nur sehr selten ein kollektives Ereignis sein können, weder in ihrem Entstehungsprozeß noch im späteren alltäglichen oder festlichen Gebrauch.

Während diese Absencen den gesamten Wohn- und Lebensbereich der modernen Zivilisation charakterisieren, also auch den ländlichen Raum und die nur vermeintlich erhaltenen historischen Städte

Abb. 3: Die Uferterrassen (Ghats) von Benares.

umfassen, haben sich in außereuropäischen Kulturen zahlreiche Formen des traditionellen Umganges mit Stadt und Architektur erhalten. Dies gilt insbesondere für jene Länder, die nur teilweise in das weltumspannende System westlicher Konsumption und Vermarktung einbezogen sind. An erster Stelle ist hier der indische Raum zu nennen, der wohl das größte zusammenhängende Rückzugsgebiet traditioneller Kultur darstellt. Die wenigen Metropolen – im Jargon der internationalen Zusammenarbeit „entwickelte Sektoren" oder „Wachstumspole" genannt – sind hier kaum mehr als Enklaven in einem ganzen Kontinent traditionellen Lebens und Wirtschaftens. Der kulturelle Reichtum, der einem auf Schritt und Tritt im Lande begegnet, sobald man die Tollhäuser von Wachstum und Entwicklung hinter sich gelassen hat, muß für jeden, der sehen kann, zum Urerlebnis werden, zur konkreten, sinnlichen Erfahrung eines Gegenbildes zu jenen Absencen, die wir in der Realität der modernen Stadt als bedauernswerten Verlust empfinden: Zu einer Herausforderung, das unvollendete Projekt der voreingenommenen Exotiker des 18. Jahrhunderts fortzuführen und wie sie – bewußt idealisierend, einseitig und in pointierter Auswahl – in diesem partiellen Bild der fernen Welt die unausgeschöpften Möglichkeiten der eigenen realisiert zu sehen.

*

Neben den bekannten und seit Max Weber[6] immer wieder kontrovers diskutierten Unterschieden zwischen dem „okzidentalen" und „östlichen" Städtewesen ist von wirklich grundlegender Bedeutung für die räumliche Gliederung indischer Städte, daß sie keine öffentlichen Plätze in unserem Sinne kennen. Das Marktgeschehen ist in der Regel linear, in „Basaren" organisiert, öffentliche Versammlungen sind an Bautypen wie Moschee oder Tempel mit ihren weiten Hofräumen geknüpft, oder sie finden auf den

Abb. 4: Typologie der Bauformen der Ghats: Achteckige Plattform; achteckige Plattform mit Baum; Pavillon; überbaut mit Arkaden; endlose Treppe um einen tiefliegenden Badeteich; Stufenpavillon.

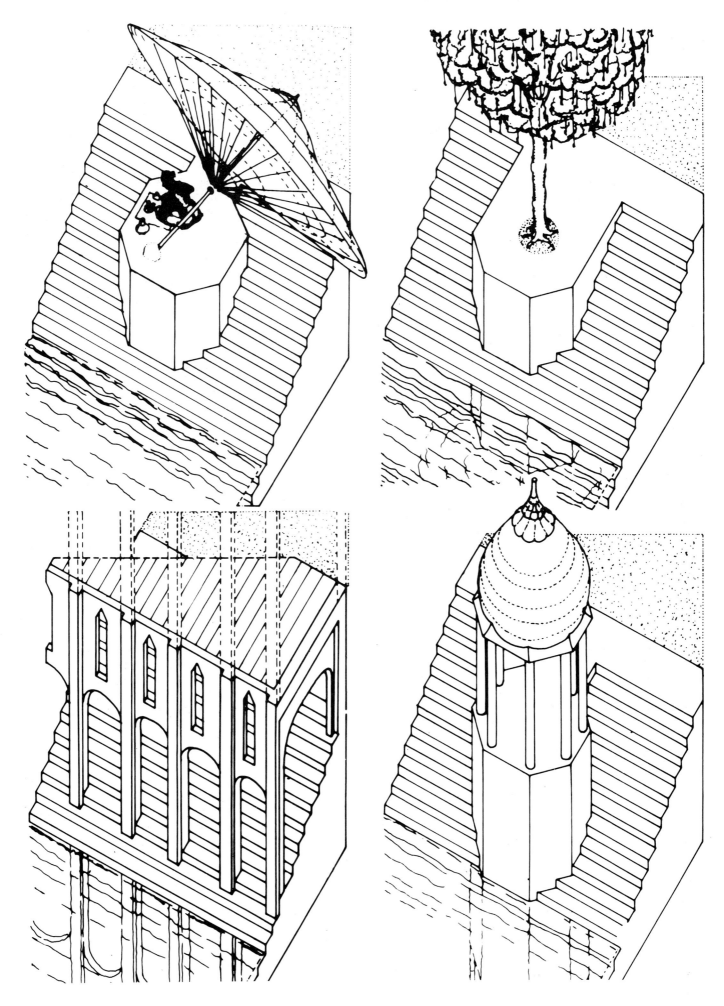

weiten Flächen vor den Mauern statt, die man gewöhnlich – ebenfalls mit einem persischen Wort – "Maidan" nennt. Selbst große Städte, wie etwa das alte Benares, das sich vom Fluß weg mehr als drei Kilometer ins Land erstreckt, sind nur in Straßen unterschiedlicher Größe, Geradlinigkeit und Nutzung gegliedert, ohne in Platzräume oder auch nur diffuse Marktflächen einzumünden. Wenn man aber dieses oft verwirrend unregelmäßige Netz der Gassen und Wege durchstreift und einer deutlich vorhandenen Orientierung folgend dem Fluß zustrebt, wenn man plötzlich am Ende der Gasse den Dunst der großen Wasserfläche ahnt und wenn man dann schließlich mit wenigen Schritten aus dem engen und dämmrigen Straßenraum auf die weiten, in der Hitze flimmernden Steinterrassen tritt, die in endlosen Läufen zum Fluß hinabführen, wo es wimmelt, meditiert, betet, singt und badet, eingetaucht in die Musik des Ragas, die aus den Lautsprechern klingt, dann begreift man ohne weitere Erklärung: dies ist der öffentliche Raum der großen Stadt. Die Uferterrassen, "Ghats" genannt[7], sind das spezifisch indische Gegenstück zu unseren Plätzen (Abb. 2, 3). Hier am Wasser pulsiert das eigentlich städtische Leben, hier trifft man sich, hier badet man gemeinsam, sei es zum Vergnügen oder zur rituellen Waschung, hier wird gemarktet, auch dies in einer kulturspezifischen Form, denn die Ware besteht weniger aus den Notwendigkeiten des gegenwärtigen als des zukünftigen Lebens.

Für diesen Typus des öffentlichen Raumes gibt es nicht nur den Sanskritausdruck "Ghat", der mit "Uferterrasse" nur sehr unvollkommen wiedergegeben werden kann, sondern auch eine kulturspezifische architektonische Form, die ihresgleichen in der übrigen Welt nicht kennt. Vergleichbar wären allenfalls noch die kolossalen Projekte, die Alessandro Specchi 1704 für die Terrassierung des Tiberufers in Rom entwarf, jedoch wurde nur ein kleiner Teil davon, der Porto di Ripetta, verwirklicht, und auch dieser ist bezeichnenderweise im Zuge der ingenieurmäßigen Umgestaltung des Lungotevere verschwunden, die in dem Flußlauf nur eine lästige Schmutz- und Gefahrenquelle erblickte.[8]

Die indischen Ghats sind steile, durch Podeste gegliederte Treppenfluchten, die von der Höhe des Ufers zum Wasserspiegel hinabführen. Da der Wasserstand starken Schwankungen unterworfen ist – in Benares sind Unterschiede von acht Metern keine Seltenheit –, wandert das rege Leben im Jahresrhythmus auf den Terrassen aufwärts und abwärts. Neben einfachen Plattformen, die als Aufenthaltsflächen dienen, gibt es eine reiche Typologie der verschiedensten Kleinbauten für den gleichen Zweck, vom schattenspendenden Baum in einem zylindrischen "Wurzelbecken" bis hin zu mehrgeschössigen Pavillonbauten (Abb. 4).

Eine ganz besondere Faszination der Ghats in Benares liegt darin, daß das gegenüberliegende Flußufer unbebaut ist. Der Ganges ist hier so breit, daß die Stadt nur auf dem westlichen Ufer liegt, und so ist das Gegenüber zu dieser ungeheuer dicht bebauten, jahrtausendelang bewohnten und über die Ghats bis zum Wasserspiegel hinab in jedem Winkel künstlich bearbeiteten Stadt eine endlose Dschungel-

Abb. 5: Benares. Pilgerkarte der Stadt und des heiligen Umlandes (Kasi-Kshetra) aus dem Jahre Vikram Samvat 1933 (=1876n.Chr.), mit fünf Stempeln aus Stoff gedruckt im Auftrage des Kailash Nath Sukul (Originalgröße 83 x 95 cm), nach indischer Tradition nach Süden ausgerichtet. Derartige Karten dienen Pilgern zur Orientierung auf dem Wege zu den heiligen Stätten. Die Topographie wird idealisiert dargestellt. Das gegenüberliegende Flußufer ist durch Baumsignaturen als Wildnis gekennzeichnet.

fläche: ein weiter Horizont unberührter Natur, über dem am frühen Morgen, wenn das Gedränge und Getriebe auf den gegenüberliegenden Uferterrassen am lebhaftesten ist, die leuchtend rote Scheibe der indischen Sonne aufsteigt (Abb. 5).

Kein Zweifel, die Macht der Natur – die Gewalt des breiten Flusses, die lebensfeindliche Kraft der Sonne, die Undurchdringlichkeit des Urwaldes – dies ist der eigentliche Wurzelgrund der indischen Architektur und Stadtbaukunst, die nicht nur Schutz vor diesen Urgewalten schafft, sondern zugleich einzelne Elemente herausgreift, einfaßt und ästhetisch überhöht, wie hier das Element Wasser im architektonischen Gestus der Uferterrassen.

Haben wir dies einmal als ein Grundanliegen der indischen Architektur erkannt, so fällt der Blick allenthalben auf Naturelemente, die in gleicher Absicht architektonisch gefaßt sind. Neben dem Wasser sind vor allem Bäume ein so häufiges Thema des Bauens, daß man von einer regelrechten "Baumarchitektur" sprechen kann.[9]

Für diese Häufigkeit mag zunächst eine Ursache darin zu suchen sein, daß Indien ungemein reich an Baumarten ist, von denen einige durchaus als "natürliche Architektur" anzusprechen sind. Besonders der Banyan-Baum (Ficus Bengalensis) ist eine solche Spezies, die mit ihren herabhängenden Luftwurzeln im Boden neu ausschlägt und so mit der Zeit eine "Palisade" oder einen "Stützenkranz" um den eigentlichen Stamm bildet. Unter dem dichten Blattwerk ist jede fremde Vegetation unmöglich, der Boden ist hart und glatt wie eine Tenne, und wenn man, von außen herkommend, zwischen den Luftwurzeln unter die weit ausladende Krone tritt, hat man das Gefühl, sich in einem tatsächlichen, wenngleich lebenden wachsenden und von der Natur selbst geschaffenen Innenraum zu befinden.

Die Banyanbäume werden häufig mit nur wenigen baulichen Ergänzungen und Kunstgriffen zu tatsächlich genutzten Räumen umgebaut. Besonders häufig findet man an den Landstraßen Bäume, die als Rastplätze dienen. Zu diesem Zweck sind sie mit einer breiten, steinernen Plattform eingefaßt, die sich zum Schutz gegen Insekten und Feuchtigkeit etwa einen Meter über dem Boden erhebt. Bei größeren Bäumen und in günstiger Lage zu Siedlungen kann sie so geräumig sein, daß sie einer komplett mit Samovar, Herd und Wasserstelle ausgestatteten Restauration Platz bietet. Gelegentlich findet man auch Kultstätten, kleine Schreine oder Votivtempelchen, die um den Stamm oder in seine Höhlungen eingebaut sind, und nicht selten ist dann die steinerne Plattform von einem Priester in Besitz genommen, der den Kult versieht und von den Einkünften des Baumheiligtums lebt.

Im islamischen Norden sieht man außerhalb der Ortschaften häufig einen Moscheentyp, der für die Id-Feierlichkeiten benutzt wird und der ebenfalls die bergende, schirmende und beschattende Eigenschaft der großen und dichten indischen Bäume nutzt: Eine rechteckige, sorgfältig aus Werkstein

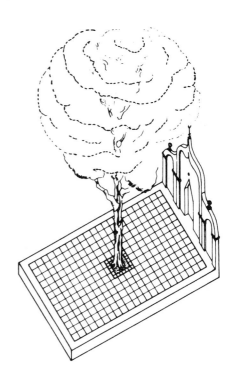

Abb. 7: Kleine „Baummoscheen" sind in ganz Nordindien zu finden. Sie bestehen aus einer steinernen Plattform mit einer dekorierten, nach Mekka gerichteten Qiblah-Wand, während der Baum alle struktiven und schirmenden Funktionen übernimmt. In der Nähe großer Städte dienen solche Moscheen als 'Idgah, als Freiluftmoschee, die nur aus Anlaß der 'Id-Feierlichkeiten benutzt werden.

Abb. 6: Die Ghats von Benares vom Ganges aus gesehen.

Abb. 8: Eine der Abstraktionsformen des Baumes: die freistehende Säule als Lichterbaum.

errichtete Plattform ist mit ihrer Längsachse nach Mekka ausgerichtet, und diese Seite ist, wie in jeder anderen Moschee auch, durch eine pilastergegliederte Mauer (Pilaster = Wandpfeiler) mit Mihrab und Schmuckflächen als die Kibla-Wand gekennzeichnet. – In der Mitte der Plattform jedoch erhebt sich ein mächtiger Baum, dessen weitausladende Krone die gesamte Versammlungsplattform bedeckt und der die eigentliche Behausungsfunktion dieses merkwürdigen Zwittergebildes aus Kunst und Natur übernimmt.

Banyanbäume werden auch ohne jede künstliche Ergänzung architektonisch genutzt. So steht in wohl jedem indischen Dorf an prominenter Stelle ein großer Banyanbaum, unter dem seit Jahrhunderten der Panchayat, der Dorfrat, tagt. Diese Verbindung des Baumes mit den elementaren Formen der Souveränität, die in einem legendären goldenen Zeitalter, als jedes Dorf noch seinen eigenen König wählte, auch die Gerichtsbarkeit mit einschloß, hat den Baum zum Symbol der Macht werden lassen, zum Würdezeichen, das vor allem in seinen Abstraktionsformen nachwirkt: in der freistehenden Säule, die im historischen Bautyp der Inschriftensäule (Stambha) die königlichen Edikte trug, als hölzerner Pfahl in der Mitte des Dorfteiches, wo sie den Lebensbaum assoziiert, in der Lichtersäule (Dipdan) (Abb. 8), wie sie in den Tempeln und an den Wegkreuzungen Maharastras als Hoheitszeichen steht, und schließlich in der einfachen hölzernen Anschlagsäule des indischen

Abb. 9: Abstraktionsform des Baumes als Würdeform: der Zeremonialschirm.

Alltags. Neben der freistehenden Säule gilt der Schirm als Abstraktionsform des Versammlungsbaumes, und so fungiert auch er als Würdezeichen: als notwendiges Requisit einer indischen Hochzeit, als Attribut des Indischen Königtums, als Paraphernalie in hinduistischen Prozessionswesen und hier, besonders bezeichnend, in mehrfach abstrahierender Verfremdung als verkleinerter Messingschirm (Abb. 9), der neben dem Baldachin des Lokalgottes getragen wird – Metamorphosen eines Würdezeichens also vom Baum zum Schirm, und von dort zu Materialwechsel, Veredlung und Verkleinerung der nur noch symbolischen Replique.

Als Würdezeichen verwendet auch der indische Städtebau den Baum, einzeln, im Mittelpunkt der Stadt oder als Baumkonstellation an den Grenzen des Weichbildes. In Badami (Distrikt Bijapur, Karnataka) ist im Stadtplan ein orientiertes Hauptstraßenkreuz viergeteilt (Abb. 11). Am Schnittpunkt dieser Straßen liegt das kultische Zentrum der Stadt, ein Doppeltempel, und in einer Ausweitung der Ost-West-Achse erhebt sich davor ein großer Tamarinden-Baum, der einzige Baum im Stadtgebiet, der im öffentlichen Raum steht. Dieser Baum markiert den Mittelpunkt des Stadtsystems, eine Erinnerung zugleich an den mythischen Baum Kalpavriksam auf dem Berge Meru im Mittelpunkt des indischen Kosmos und an den Mittelpunktsbaum im Zentrum der altindischen Siedlung, unter dem vor Zeiten die weisen Könige Gericht hielten. Tatsächlich besitzt dieser Baum keinerlei solche oder ähnliche Funktionen. Er ist zum reinen Symbol geworden, zum Zeichen der kollektiven Ordnung des städtischen Gemeinwesens. Diese zeichenhafte Bedeutung des Baumes, die durchaus an unsere mittelalterlichen Marktkreuze, Perrons, Rolandssäulen oder andere Insignien städtischer Freiheit erinnert, wird noch durch ein interessantes Detail der Straßenpflasterung unterstrichen. Während die Ost-West-Achse mit großen, quadratischen Steinplatten rechtwinklig zur Straßenrichtung gepflastert ist, weist die Nord-Süd-Achse ein Diagonalpflaster auf, und der Schnittpunkt beider Achsen ist wiederum durch einen Ring kleinformatigen Pflasters abgesetzt, der ein ebenfalls kleinformatig und diagonal gepflastertes Feld einfaßt. Mit diesem Kunstgriff wird die Bedeutung der Straßen als orientierte Achsen noch einmal hervorgehoben, die Wichtigkeit des Mittelpunktes unterstrichen und somit die Deutung des gesamten Systems durch den Mittelpunktsbaum als Kosmosanalogie oder auch einfach als Abbild idealtypischer städtischer Ordnung akzentuiert.[10]

Während in Badami Baum und Straßenkreuz symbolische Bedeutung besitzen, wobei der Baum das Stadtgefüge deutet und interpretiert, gibt es im indischen Raum auch zahlreiche Stadtanlagen, bei denen ein Naturelement nur um seiner selbst willen architektonisch gefaßt ist: Ein Baum wegen seines gewaltigen Wuchses, ein Berg wegen seiner bizarren Formation oder irgendein anderes, am Ort bereits vorhandenes Naturelement wird ganz in die Architektur einbezogen, eingebaut oder von dem System der Stadt umschlossen. Eine sehr schöne Anlage dieser Art ist der Wallfahrtsort Sringeri im bewaldeten Bergland der Western Ghats (Kadur

Abb. 10: Die Stadtmitte von Badami.

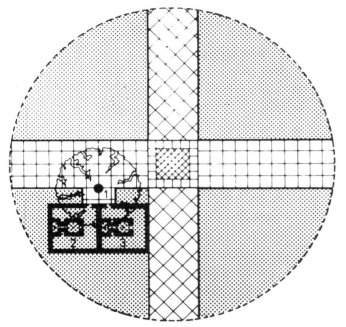

Abb. 11: Badami: Zwei sich kreuzende Achsen, durch unterschiedliche Pflasterung gekennzeichnet. Daneben (1) ein großer Tamarindenbaum vor den beiden Haupttempeln (2, 3).

Abb. 12: Isometrische Planskizze von Sringeri. Links die Ghats, in der Mitte der eingebaute Berg.

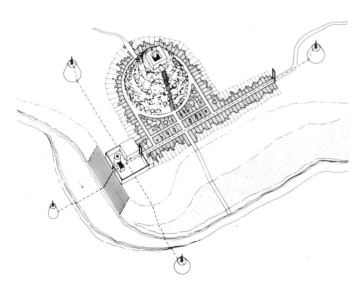

District, Karnataka) (Abb. 12). Dort liegt über einer Biegung der Thungabhadra ein kleiner, aber sehr steiler kegelförmiger Hügel, Sringa-Giri genannt, der im Ramayana als Geburtsort des Asketen Rishya Sringa erwähnt wird. Auf seinem Gipfel wurde schon früh ein Shiva-Tempel errichtet, dessen Alter legendär ist und der einen regen Pilgerbetrieb anzog. Um den Fuß des Hügels wuchs deshalb eine ringförmige Stadt, die den heiligen Ort in der Mitte völlig umschließt. Im 8. Jahrhundert gründete hier der große shivaitische Reformer Sankara Acharya sein berühmtes Kloster unmittelbar am Steilufer der Thungabhadra, und damit entstand das städtische System, das sich bis heute unverändert erhalten hat: Von den Uferterrassen des Flusses und der Plattform des Haupttempels führt eine Achse nach Norden, vorbei an dem heiligen Berg des Risha Sringa und seiner ringförmigen Umbauung. Diese Achse ist an beiden Enden durch große Torbauten abgeschlossen, und auf diesem Abschnitt werden viermal jährlich im Rahmen mehrtägiger Feste die Tempelwagen hin- und herbewegt.

Am Nordende der Achse, unmittelbar hinter dem Tor und gewissermaßen als Pendant zu den Uferterrassen jenseits des Tempels im Süden, erhebt sich ein kleiner Hügel, der einen der vier Schreine trägt, die das rituelle Umfeld – bezogen auf den Ufertempel als Mittelpunkt – abstecken.

Die Prozessionen, Feste und Stadtrituale sind auf die Nordachse beschränkt. Einmal im Jahr jedoch, während Dashara (dem Fest der Göttin Ganges), wird ein kleiner Wagen mit dem Kultbild des Haupttempels um den Berg gezogen. Die Choreographie der rituellen Begehungen und der zahlreichen Feste im Jahresablauf, von der noch ausführlicher zu reden sein wird, akzentuiert also die Geometrie des Stadtplanes, die mit der axialen Beziehung zwischen Wasser, Tempel, Torbauten und Berg einerseits und mit der ringförmigen Umschließung des exzentrisch gelegenen ursprünglichen Bergheiligtums andererseits vorgegeben ist.

So unterstreichen also die räumlichen Gesten der Feste die Absicht der Stadtarchitektur, die beiden vorhandenen und topographisch bemerkenswerten Naturelemente architektonisch einzufassen: den Gipfel des Berghügels, auf dem vorzeiten der große Asket geboren wurde, und den steilen Abstieg zum Fluß, wo einst Sankara eine Kobra beobachtete, die einen schwangeren Frosch mit ihrem gespreizten Schild vor den Strahlen der Sonne schützte. Wegen dieses ungewöhnlichen Ereignisses werden noch heute die Wassertiere an dieser Biegung des Flusses heilig gehalten, vor allem eine Spezies karpfengroßer schwarzer Fische, die hier so zahlreich sind, daß man ihre Rücken dicht an dicht aus dem Wasser ragen sieht. Der Fluß ist an dieser Stelle buchstäblich lebendig, und dieses merkwürdige Bild trägt nicht weniger zu der eigenartigen Atmosphäre des Ortes bei als der ganz in die Stadt eingebaute Berg und die Achse, auf der die Tempelwagen wie in einem Kindertraum hin- und herbewegt werden.

Eingebaute Naturelemente wie in Sringeri gibt es auch in anderen Städten Indiens, allerdings sind solche architektonisch gefaßten Berge selten. Aber Wasser wird, wo immer es im städtischen Raum vorkommt, von Ghats eingefaßt (Abb. 13). Besonders bemerkenswert ist die Stadtanlage von Pushkar in Rajasthan, wo ein kleiner, dem Brahma geweihter See inmitten der Wüste rings von Bebauung umschlossen ist.

Auch in Badami, der alten Chalukya Residenz (Abb. 14 und 15), ist ein Stauweiher in die Stadtanlage mit-

einbezogen. Ein kunstvoll gebauter, terrassierter Damm sperrt ein enges, von Steilwänden gefaßtes Tal. Auf der einen Seite liegt die Stadt, von ihrem orientierten Achsenkreuz in vier Quartiere geteilt, auf der anderen die Wasserfläche. Dort, wo die Querachse auf den Damm trifft, findet sich eine platzartige Ausweitung, über der sich ein oben auf der Dammkrone errichteter Tempel erhebt. Hoch oben in den Steilwänden rings um den Stauweiher liegen ausgedehnte Höhlentempel und Höhlenklö- ster monastischer Gemeinschaften in einer so augenfälligen topographischen Kontrastsituation, daß man meinen könnte, hier habe sich eine „Stadt Gottes", geschmückt mit allen Assoziationen des Wassers und der roten Felsen, bewußt gegen die Stadt in der Ebene gesetzt.

Von der Höhe der Klöster ist das rigide Achsenkreuz der Hauptstraßen deutlich wahrzunehmen, und man erkennt bei ihrem Schnittpunkt die zwei niedrigen Tempel. Davor steht der große Tamarindenbaum, der ja nicht nur die kosmologische Gesamtanlage deuten will, sondern der als architektonisch gefaß- tes Naturelement im Mittelpunkt der Stadt noch ein- mal in augenfälliger Weise die Bedeutung hervor- hebt, die die indische Architektur ihrer Beziehung zur Natur beimißt, sei es indem sie besondere Sinn- verbindungen zu ihrer naturräumlichen Umgebung herstellt, oder sei es, daß sie einzelne Wässer, Pflan- zen, Steine, ja sogar Tiere wie in Sringeri in ihren innersten Gefäßen trägt.

Abb. 13: Ghats an dem Zeremonialteich von Modhera.

Abb. 14: Blick auf Badami in Karnataka. Links die Stadt in der Ebene, rechts der Stauweiher, darüber im Fels die Höhlenklöster.

*

Abb. 15: Planskizze von Badami, darunter ein Schnitt durch die Ghats.

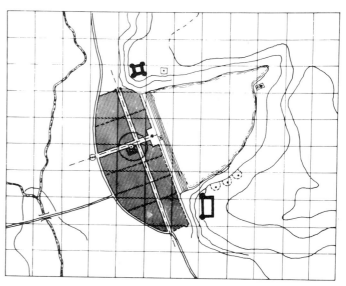

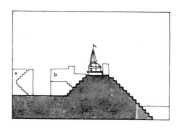

Der mittelalterliche Alexanderroman, ein eindrucksvolles literarisches Zeugnis der Schaulust und Phantastik dieser Epoche, erreicht seinen ersten Höhepunkt in der Episode, in der Alexander bei der Königin Kandake zu Gast weilt.[11] Nachdem der junge König den aus unbekanntem Stein errichteten Palast besichtigt hat, durch dessen durchscheinende Wände er dem Sonnenaufgang zuschauen kann, und nachdem er Räume mit metallenen Wänden und spiegelnden Decken gesehen hat, zeigt ihm Kandake das Prunkstück ihrer Architektur der Schaulust und des Staunens: Ein Haus, das mit seinen Fundamenten nicht auf der Erde ruht, sondern auf einem gewaltigen viereckigen Balkenwerk mit hölzernen Rädern, das von zwanzig Elephanten fortbewegt wird. In diesem „wandernden Haus" wohnte die Königin, wenn sie mit ihren Truppen in die Schlacht zog.

In dieser fabelhaften Schilderung mögen sich Erinnerungen an die mobile Architektur der Antike erhalten haben, etwa an den fahrenden Totentempel, in dem der Leichnam Alexanders von Babylon nach Alexandrien überführt wurde, oder an die Nachbildungen von Toren und Türmen eroberter Städte, die in römischen Triumphzügen umhergeführt wurden. Vielleicht spiegelt sich hier auch das mittelalterliche Interesse an beweglichen Architekturen, wie sie als Requisiten des Standortdramas und des Prozessionsspieles geschaffen wurden und bis in die ephemeren Bauwerke der barocken Festarchitektur nachwirken.[12] Möglicherweise ist hier aber auch eine indische Quelle verarbeitet worden, wie sie in den nachantiken Überarbeitungen des Alexanderromans an vielen Stellen nachzuweisen sind, ein auf langen Umwegen in den Westen gelangter Augenzeugenbericht über die fahrenden Tempel der Inder. Denn was im Alexanderroman als Inbegriff einer Architektur des Unwahrscheinlichen geschildert wird, ist im indischen Raum eine sehr formenreich entwickelte Realität.[13] Im Hochtal von Kathmandu, in Orissa, in Kerala, Mysore und vor allem im dravidischen Süden gibt es eine hölzerne Architektur, die in allen Einzelheiten den lokalen Stilen der steinernen Sakralarchitektur entspricht, die jedoch auf ein massiges, oft mehrere Meter hölzernes Fahrwerk montiert ist, so daß sie durch die Stadt bewegt werden kann (Abb. 16 und 17).

Die Tempelwagen finden Verwendung im Zusammenhang mit dem indischen Prozessionswesen und hier vor allem aus Anlaß der Neujahrsfeste oder ähnlicher Erneuerungsrituale, bei denen der mythische Stadtgründer, in der Regel der Gott des Stadttempels, das Terrain förmlich abschreitet, also seine mythische Gründungstat rituell wiederholt und bestätigt.[14]

Die Wagen im südindischen Tamil Nadu sind die monumentalsten Bauten dieser Art, und sie dürften wohl zu den größten mobilen Architekturen überhaupt gehören. Sowohl von der Größe her, die es durchaus mit einem echten Steintempel aufnehmen kann und die ein Gewicht von mehr als zwanzig Tonnen auf die Achsen bringt, sind sie als echte Architekturen zu bezeichnen, als auch wegen ihrer konstruktiven und dekorativen Details, die die Architektur der steinernen Vorbilder bis ins Einzelne wieder-

holen. Denn die Tempelwagen sind hölzerne Nachahmungen der steinernen Tempel, zu denen sie gehören: Schon im äußeren Umriß lehnen sie sich an das signifikante Element der dravidischen

Abb. 16: Tempelwagen (ohne Aufbau) von Jambukesvaram.

Abb. 17: Bauaufnahme des Wagens.

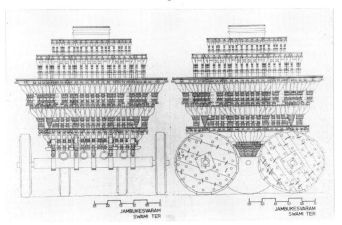

Sakralarchitektur – den Tempelturm (Gopuram) – an (Abb. 18). Auch die Stockwerksgliederung des festen Unterbaues ähnelt diesem Element, und in der Regel ist auch der Bilderschmuck des Sockels und der Volants dem ikonographischen Programm des Muttertempels entlehnt.

Zum Wagenfest kommen die Bauern der Umgebung in großer Zahl in die Stadt. Bei kleinen Tempelstädten ist dies auch unbedingt nötig, da die Stadtbevölkerung allein nicht ausreichen würde, den Wagen zu bewegen. Vor Beginn des Umzuges wird die rechte Vorderachse des Wagens mit Dharbagras geschmückt, eine Kokosnuß zum gnädigen Gefallen der göttlichen Wageninsassen daran zerschmettert, und dann beginnen die Massen an sechs dicken

Tauen zu ziehen, bis sich der Koloß ächzend und schwankend in Bewegung setzt (Abb. 19 und 20). Das Festschema der Wagenfeste ist sehr einfach. Das Prozessionsbild des Stadtgottes wird zu einem eigenen „Besteigungspavillon" gebracht (Abb. 21 und 22),dort auf den Wagen gesetzt und einmal um die Stadt gezogen, wobei jeweils an den Ecken Feuerwerke abgebrannt werden. Anschließend kehrt der Gott in seinen Tempel zurück – nach dem pompösen Umschreiten seines Herrschaftsgebietes, dessen mythische Schöpfung er auf diese Weise alljährlich aus neue bestätigt, wohnt er wieder in dessen innerster Kammer.

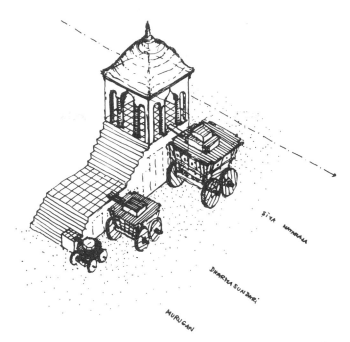

Abb. 21: Ein Ratha Mandapa, ein Bauwerk zum Besteigen des Wagens.

Abb. 19: Der Tempelwagen von Suchindram an der Südspitze Indiens während des Wagenfestes.

Abb. 20: Ziehende Volksmassen.

Abb. 22: Ratha Mandapa aus Pondicherry, dahinter ein „geparkter" Wagen. Außerhalb der Festsaison werden die Wagen mit Flechtwerk aus Palmen geschützt.

Abb. 18: Der Tempelwagen von Srirangam während eines Wagenfestes.

Von besonderer Bedeutung für den ästhetischen
Reiz dieser Architektur ist die Konstruktionstechnik.
Die Wagen sind in einer Blockbauweise aus miteinander verkämmten Balken errichtet, aber ohne
jede Diagonalaussteifung, so daß das Gebilde keine
Torsion aufnehmen kann und sich beim Umzug hin-
und herbewegt, sich dreht und windet, als sei da ein
gewaltiges Tier aus einer fernen Zeit zurückgekehrt,
als noch der schwere Tritt der Riesen und Ungetüme
die Erde erzittern ließ (Abb. 25).
Daß diese Assoziationen durchaus beabsichtigt
sind, zeigt sich auch in einem anderen architektonischen Detail deutlich: in der Form der Hänger und
Volants. Die Hänger sind textile Nachbildungen der
Tempelsäulen, und wenn sich der Wagen bewegt,
schwanken sie hin und her. Da die massiven Holzrän-
der auf den starren Achsen völlig unberechenbar
hin- und herrutschen, sind diese Bewegungen sehr
heftig und ruckartig, wie bei den springenden Tempeln der indischen Märchen, die in einer übermüti-
gen Laune ihre Wände und Gewölbe hin- und her-
werfen und auf ihren Säulen wie auf Beinen tanzen
(Abb. 26).

Abb. 23 u. Abb. 24: Schema des Wagenfestes von Suchindram.
1, 2, 3 die drei Tempelwagen. Der Wagen wird im
Verlauf des Tages einmal um die Stadt gezogen.
Vor Erreichen der Südwestecke der Stadt tanzen die
Götter in effigie vor dem Wagen des Hauptgottes.
Bei Erreichen der Ecke wird ein Feuerwerk abge-
brannt.

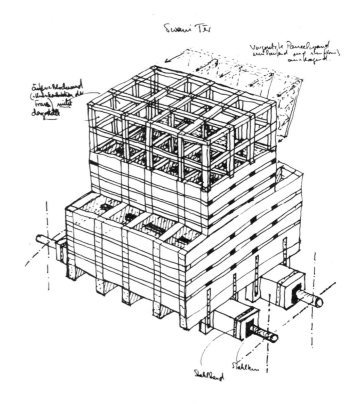

Abb. 25: Konstruktionsprinzip eines südindischen Tempel-
wagens.

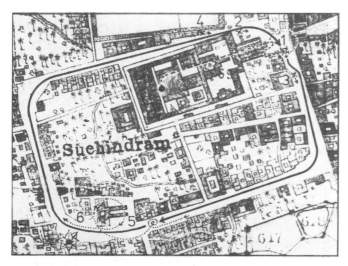

Abb. 26: Der Tempelwagen von Srirangam während eines
Wagenfestes.

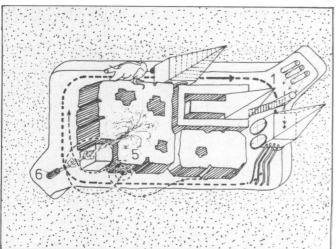

In dieser Architektur wird also die alte, allen Völkern vertraute Vorstellung von der „Kirche, die ums Dorf geht" wörtlich in Szene gesetzt – eine Vorstellung, die sowohl etwas Kurioses als auch Bedrohliches an sich hat, etwas von der Verwirrung all dieser „Verkehrten Welten", die sowohl belustigen als auch beängstigen können. Es scheint deshalb kein Zufall zu sein, daß diese extreme Form der Grenzüberschreitung in der mobilen Architektur so oft an Erneuerungsrituale geknüpft ist, die häufig eine Erinnerung an das uranfängliche Chaos mit beinhalten wie auch eine latente Furcht deutlich machen, daß dieser Zustand plötzlich wieder hereinbrechen könnte.

In Bhaktapur in Nepal findet das Wagenfest am Vorabend des Neujahrsfestes statt, aus Anlaß eines Erneuerungsrituales par excellence also, und hier wird das Ursprungschaos auch tatsächlich im Verlauf des Festes wieder heraufbeschworen.[15] Die beiden Hälften der Stadt, die historisch aus zwei verschiedenen Siedlungskernen entstanden sind, kämpfen gegeneinander um den Besitz des Wagens (Abb. 27), nicht nur symbolisch, sondern im vollen Ernst – und erst am Neujahrstag wird dieser selbstzerstörerische Kampf im gemeinsamen Aufrichten eines phallischen Mastes beendet. So wie die südindischen Tempelwagen die dravidischen Architekturformen nachahmen, so ist das nepalesische Gegenstück unübersehbar in den Details des newarischen Pagodenstils gehalten (Abb. 28), und

wenn er während des chaotischen Kampfes buchstäblich zwischen den beiden Stadthälften hin- und hertanzt, versteht jedermann die Botschaft, daß im uranfänglichen Chaos nicht nur die konventionellen Ordnungen des menschlichen Zusammenlebens, sondern selbst die Gesetze der Natur noch keine Gültigkeit besaßen.

So werden die wandernden Tempel der Erneuerungsrituale zum Symbol einer mythischen Zeit, die weiter zurückliegt als die Ordnungstaten der Kulturheroen, als die Erde in ihren Fundamenten noch

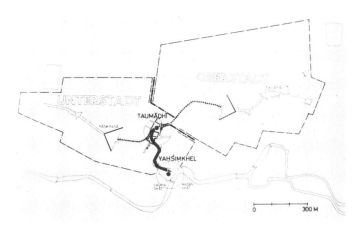

Abb. 27: Plan von Bhaktapur mit dem Wegeverlauf des Wagenfestes.

Abb. 28: Der Bhairav-Wagen von Bhaktapur in Nepal. Im Aufbau ahmt der Wagen die typischen Formen der newarischen Pagodenarchitektur nach.

nicht befestigt war und selbst die Berge noch das
Recht besaßen, sich frei zu bewegen, wie es in
einem indischen Mythos heißt:

„Vor Zeiten, im ersten Weltalter, waren die Berge
geflügelt. Sie gingen in alle Himmelsrichtungen,
geschwind wie Sonnenvögel. Da fürchteten sich, wie
sie dahinzogen, die Götterscharen, während, sie
möchten herabfallen. Darauf ergrimmte der Tausendäugige, Hundertkräftige und schnitt den Bergen zu Hunderttausenden mit seinem Blitzkeil die
Flügel ab.“[16]

Dieser „Tausendäugige“ und „Hundertkräftige“ ist
Indra, der in der indischen Mythologie die sieben
Tagewerke der Genesis vollbringt.

Abb. 29: Am Chupin Ghat wird am Neujahrstag nach Beendi-
gung des Festes ein großer „Weltenbaum“ aufgerich-
tet, an dessen Querholz zwei Fahnen mit Sonne und
Mond befestigt sind.

Abb. 30: „Weltenbaum“.

Abb. 31: Der schwimmende Tempel (Teppa) von Srirangam.

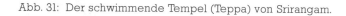

Abb. 32: Isometrische Skizze eines schwimmenden Tempels.

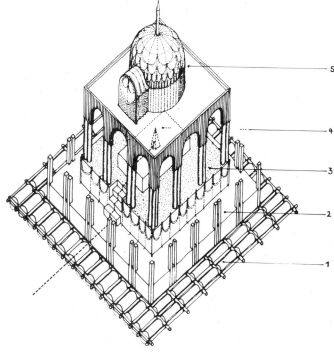

Wenn die mobile Architektur vor allem andern ein wohlüberlegtes Spiel mit den Gesetzen der Tektonik darstellt, in dem vor allem die Schaulust und das Staunen ihr Recht gefordert haben, wenn sie der gleichen Lust zu fabulieren entstammt wie diese Märchen und Mythen, so ist darin sicherlich das zentrale Thema dieser architektonischen Gattung zu erblicken. Daneben gibt es jedoch noch einen weiteren Aspekt, der hier erwähnt werden muß: die Faszination der ständigen Verwandlung, die Freude an immer neuen, sich auseinander entwickelnden Formen, die aus diesen wandernden Architekturen spricht.

So sind die indischen Tempelwagen fahrende Nachahmungen ihrer Tempel; die Tempelcella hat darüber hinaus noch ihre verkleinerte Nachbildung in der Mitte eines quadratischen Teiches, eine zweite in Holz in Form eines Tempelfloßes, und einmal im Jahr macht der Stadtgott auf diesem Lustteich eine Wasserpartie nach einem choreographischen Schema, das mit Feuerwerk und Tanzritual bis in die Einzelheiten dem Wagenfest entspricht.[17] Aber nicht

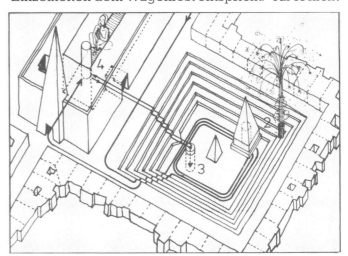

Abb. 33: Ausschnitt des Stadtplanes von Suchin dram. Der Zeremonialteich liegt, genau nach den vier Himmelsrichtungen orientiert, im Norden des Tempels. Auch hier wird bei erreichen der Ecken des Teiches ein Feuerwerk (2) abgebrannt.

Abb. 34: Das Festschema des Floßfestes gleicht dem des Wagenfestes.

Abb. 35: Der Vithala Tempel von Vijananagar mit seiner steinernen Verwandlung eines hölzernen Wagens.

genug damit, daß hier der Tempel sich zweimal in Holz und einmal in Stein, einmal fahrend, ein andermal schwimmend und ein drittes Mal als Insel wiederfindet – der Wagen selbst macht noch mehrere Rückverwandlungen durch, einmal als wortwörtlich in Stein übersetzte Kopie der Kopie, wie etwa im Vithala Tempel in Vijayanagar (Abb. 35), und ein zweites Mal als verfremdete Übernahme der Formen in einem Typ der Pavillonarchitektur, in deren Bezeichnung „Ratha" sich das Wissen um diese endlosen Metamorphosen erhalten hat (Abb. 36). Dies ist es wohl, was Hegel meint, wenn er sagt: „In Indien gibt es keinen Gegenstand, der gegen Phantasie und Poesie fest wäre."[18]

*

Die Kreuzkapelle auf der Burg Karlstein oder die Wenzelskapelle im Prager Veitsdom, die Karl IV. gegen 1372 erbauen ließ, sind wohl deshalb so bemerkenswert, weil sie für die europäische Baugeschichte zwei absolute Ausnahmen darstellen: Die Innenwände und Gewölbe der beiden Kirchenräume wurden von oben bis unten mit Edelmetallblechen überzogen, die einzelne Halbedelsteine und spiegelnde und geschliffene Kristalle einfassen – ein ungewöhnlicher Versuch, die mittelalterliche Edelsteinallegorese oder auch die Lichtmetaphorik der Epoche, die in den diaphonen (durchscheinenden) Glaswänden der Gotik ihren so charakteristischen architektonischen Ausdruck gefunden hat, mit anderen baulichen Mitteln zu wiederholen.
Die Prager Experimente fanden in der europäischen Baugeschichte keine Nachahmung; die Spiegelwände des Barock, die gewisse ästhetische Parallelen zu diesen gotischen Metallarchitekturen aufweisen, schöpfen aus ganz anderen Quellen. Metallische Oberflächen sind jedoch ein ausgesprochen charakteristisches Schmuckelement der Sakralarchitektur im gesamten südostasiatischen Raum, und hier – wo der architektonische Schmuck insgesamt in auffälliger Analogie zu den verschiedensten Formen des Körperschmuckes, der Tätowierung, Bemalung und Maskierung gebildet ist – werden auch die ästhetischen Grundabsichten dieser dekorativen Praxis deutlich.[19]
Eine der bekanntesten und auch wohl größten Architekturen dieses Typus kann man in Amritsar bewundern, in der heiligen Stadt der Sikhs. Der auch ausdrücklich so genannte „Goldene Tempel" dieser Religionsgemeinschaft (Abb. 37) ist vom Dach bis zum Sockelmauerwerk vollständig mit goldglänzendem Metall überzogen, und der unwirkliche irritierende Effekt, den ein solches Bauwerk bewirken muß, das aus einem für das Bauwesen untypischen Material, eben Edelmetall, errichtet ist, wird noch dadurch gesteigert, daß sich das Bauwerk auf einer künstlichen Insel inmitten einer weiten Wasserfläche erhebt, die die irreale Erscheinung vielfältig bricht und spiegelt.
Besonders bezeichnend ist die Verwendung von Metallen in der Fachwerkarchitektur Nepals. Gewöhnlich sind die Gebäude, auch solche, die repräsentativen Zwecken dienen, aus geschnitztem hölzernen Ständerwerk errichtet, und die Gefache sind mit rotem, natürlich belassenem Ziegel gefüllt.

Abb. 36: Fünf monolithische Tempel in Mahbalipur, deren Bezeichnung „Ratha" erkennen läßt, daß es sich um Abstraktionsformen hölzerner Wagen handelt.

Abb. 37: Der Goldene Tempel von Amritsar in Nordindien, eine ganz mit Metallblech überzogene, quasi „maskierte" Architektur.

Auch die Tempelarchitektur ist in dieser Weise gestaltet. Bei besonders wichtigen Kultbauten jedoch, etwa bei dem auch überregional bedeutenden Tempel von Changu Narayan am Nordrande des Kathmandutales, sind die hölzernen Teile durch Metall ersetzt. Sowohl die Pfosten und Rahmen des Fachwerks als auch die reichgeschnitzten hölzernen Panele um Tür- oder Fensteröffnungen sind aus vergoldetem Messing gearbeitet oder zumindest mit Blechen überzogen. Hier ist also das lebende, warme Material des Holzes durch das tote und kalte des Metalls ersetzt. So wird der Kultbau durch die Veredlung und Verfremdung des natürlichen Materials aus der vertrauten Sphäre des Alltäglichen entrückt und als das ganz und gar andere gekennzeichnet.
Dies erinnert uns unübersehbar an eine Praxis des Körperschmuckes, die in Nepal hochentwickelt ist und zudem in enger Verbindung zu kultischen Handlungen steht: an die Praxis der Maskierung. Die magische Faszination der Maske beruht vor allem darauf, daß sie die lebendigen Züge des menschlichen Gesichts in ein absolut totes Material überträgt, in der Regel in Metall, gelegentlich auch in Schildpatt, Muschelwerk oder glasierten Ton, und daß die-

Abb. 38: Die mit Gold überzogenen Türme des Visvesvara Tempels in Benares, die den Mittelpunkt der Stadt besetzten.

ses starre Gesicht dann wiederum von einer lebenden, sich bewegenden und sprechenden Person getragen wird.

Die Übertragung der Maske und der damit verbundenen Assoziationen in das Medium der Architektur hat ihren literarischen Widerhall in dem Märchen von der Messingstadt aus 1001 Nacht gefunden, und in dieser bizarren Geschichte wird auch deutlich, in welcher Absicht die Architektur hier den Kothurn besteigt.

Dort ist die Rede von einer legendären Stadt jenseits der arabischen Welt, wohin eine Handvoll Abenteurer aus Bagdad nach langer und an mysteriösen Erlebnissen reicher Fahrt endlich gelangen. Alles an dieser Stadt ist aus Messing, das in der Sonne glänzt, und als es den Neugierigen nach großen Mühen endlich gelingt, in das Innere einzudringen, bemerken sie voller Verwunderung, daß auch die Straßen, die Plätze, sogar die Häuser mit ihren Fenstern und Türen aus Metall gegossen sind. In diesem schimmernden und abweisenden Ambiente erleben sie, daß die alte Weisheit eines unbekannten Volkes in zahlreichen Inschriften präsent ist, jedoch finden sie nicht ein einziges lebendiges Wesen; die gesamte Bevölkerung liegt tot in den Straßen. Statt

dessen treten scheinbar lebendige Metallfiguren auf, die sich mechanisch bewegen, zu den Besuchern sprechen und ihnen Weisungen erteilen – Weisungen, die so zeitlose Wahrheiten enthalten, daß sie die alternde menschliche Zunge nicht artikulieren könnte. So kann auch der Ort, an dem sie ausgesprochen werden, nur jenseits allen Verfalls liegen, erbaut aus einem zeitlosen Material und bewohnt von alterslosen Figuren, so jenseitig, daß sie metallisch und doch belebt erscheinen.

*

Als Walter Andrae 1941 seinen klassischen Aufsatz „Alte Feststraßen im Nahen Osten" verfaßte[20], eröffnete er damit ein ganz neues Verständnis der Architektur der frühen Hochkulturen. Die monumentalen Architekturen und die häufig nach abstrakten geometrischen Schemata konstruierten Stadtanlagen, auf die die Archäologie bis dahin ihr Hauptaugenmerk gerichtet hatte, erschienen plötzlich als nur eine Seite der städtischen Architektur, deren andere ein außerordentlich entwickeltes Prozessions- und Umschreitungswesen war. Ja, es schien, als sei die Architektur dieser Städte mit ihren komplizierten Systemen aus Achsen, Stufentempeln und Stationsbauten eigentlich nur ein Vorwand für die Maschinerie der kultischen Bewegungsabläufe, für das eigentliche Anliegen der frühen Städtebauer.

Das Prozessionswesen des Alten Orients hat seine Wurzeln in der sumerischen Auffassung von der Heiligkeit bestimmter Flecken, an denen sich die Gottheit des Himmels mit der Erde vermählt, in einer „territorialen" Auffassung der Heiligkeit also. Aus dieser grundlegenden Anschauung konnte sich eine territoriale Religiosität entwickeln, die nach territorialen Gesten ihrer Ausübung im Kult verlangt, eben nach raumgreifenden Ritualen, die sich um die numinose Stelle drehen.

Wir wissen wenig über diese frühen Rituale, aber das Bild, das Andrae aus den verfügbaren schriftlichen Quellen und den archäologischen Funden entworfen hat, ist außerordentlich faszinierend. Das städtebauliche Grundgerüst der frühen Städte bestand aus gewaltigen Prozessionsachsen mit ihren Ziel- und Nebenbauten. Um diese Fixpunkte drehte sich ein mit maschinenhafter Präzision ablaufendes Umzugswesen, das feststehenden choreographischen Regeln folgte und das auch in der Zeit durch die immer wiederkehrenden astronomischen Ereignisse festgeschrieben war.

Über die atmosphärischen Eigenarten dieser Feste können wir nur rätseln. Waren sie vom Geschmack des Unausweichlichen, Schicksalhaften gekennzeichnet, wie es ihre Verbindung zu den mechanischen Abläufen der astralen Vorgänge, die ja nach alter Auffassung lebensbestimmend waren, vermuten läßt? Oder waren sie eher Freudenfeste, wie es ihr Charakter als großes kollektives Ereignis ja nahelegt, vielleicht sogar ein kollektiver Rausch?

Möglicherweise waren sie beides, ambivalent und beständig auf der Grenze von Freudentaumel und Massenhysterie, von faszinierendem Schauspiel und erdrückendem prozessionalem Formalismus. In der europäischen Stadtgeschichte wurden diese Ansätze der frühen Hochkulturen nur sehr bedingt weiterentwickelt. Die erwähnten Erscheinungen des mittelalterlichen Prozessionswesens sind wohl eher als Parallelen zu verstehen, die zudem in Geschmack und Gestus auf ganz andere gedankliche Zusammenhänge verweisen.

Dagegen entwickelte sich der Stadtritualismus am östlichen Rande der mesopotamischen Einflußzone weiter. In Indien trieb er seine üppigsten Blüten, ein Zusammenhang, den schon Andrae bemerkt hat.[21]

Vor allem hat sich in Indien, insbesondere im Süden, der Stadtritualismus bis heute lebendig erhalten, und aus diesem Grunde ist das Fest- und Prozessionswesen der Inder für uns besonders interessant. Wir können hier das Phänomen der Massenfeste in seiner ganzen Ambivalenz dokumentarisch fassen, über die die archäologischen Zeugnisse der frühen Hochkulturen schweigen müssen. Und wir können hier teilnehmend beobachten, daß das kultische Festwesen im städtischen Raum trotz seiner oft ernsten und strengen religiösen Bedeutung, trotz seiner unübersehbaren Verbindung zur astrologischen Schicksalhaftigkeit ein überwiegend freudiges Geschehen ist, daß es jene Elemente des städtischen Lebens enthält, die wir in unserer eigenen städtischen Realität als schmerzlichen Verlust vermissen müssen – den gesamten Komplex spielerischer Umgangsformen mit Architekturen und Räumen, die Bühnenfunktionen der Stadt als Instrument kollektiver und individueller Selbstdarstellung, die städtischen Grenzfunktionen als kollektiver Tummelplatz, als „begehbare Plastik", als Ort der Phantasie.

Und schließlich begegnen wir hier dem höchst interessanten Phänomen, daß das Stadtritual die idealtypische Architektur der indischen Tempelstädte, die im gesamten Süden des indischen Subkontinents nach dem gleichen Schema gebaut sind, an die einmaligen topographischen, kleinräumigen Gegebenheiten und Besonderheiten des Standortes bindet, daß es also die Starre der idealen Architektur, die aus dem abstrakten Ordnungsgedanken der überregionalen klassischen Kultur hervorgegangen ist, mit dem erdnahen Genius loci aussöhnt.

Im dravidischen Raum Südindiens liegen etwa dreißig Stadtanlagen, die sehr weitgehend jenem idealtypischen Schema folgen, das der Gegenstand der endlosen Umschreitungen und labyrinthischen Begehungen ist: Die meisten Städte liegen an einem Fluß, wobei die Lage auf dem rechten Ufer bevorzugt wird. Dort finden sich die auch in Nordindien üblichen Ghats (Uferterrassen), unterschieden in solche, die der Verbrennung der Toten – nach Brahmanen und Nicht-Brahmanen getrennt – dienen, und solche, an denen Pilger und Stadtbewohner ihre rituellen Waschungen vornehmen. Der Umriß der Stadt nähert sich Rechteck oder Quadrat (sofern dies die historische Entwicklung und die topographischen Bedingungen zugelassen haben), das Ganze ungefähr orientiert nach den vier Himmelsrichtungen. Im Zentrum der Stadt liegt der Tempelkomplex, der auch bei unregelmäßigen Stadtanlagen aus orientierten, rechteckigen Grundelementen aufgebaut ist. Sein Haupteingang liegt, der Blickrichtung des Kultbildes entsprechend, im Osten.

Um den Tempel schließen sich in konzentrisch ineinanderliegenden Straßenzügen die einzelnen Wohnviertel, ebenfalls, wenn möglich, orientiert. In den kleineren Städten, in denen der Tempel noch weitgehend das Wirtschaftsleben beherrscht, sind diese Viertel von jeweils nur einer Kastengruppe (Varna) bewohnt. Dann liegen, der sozialen Hierarchie entsprechend, die Viertel der Brahmanen direkt an der äußeren Umfassungsmauer des Tempels, die der anderen Kasten je nach ihrer sozialen Stellung weiter nach außen. Häufig läßt sich eine solche Gliederung am Zuschnitt der Grundstücke ablesen; die größte Parzellentiefe findet man im Zentrum, also genau dort, wo in den modernen Industriestädten der kleinste Parzellenzuschnitt anzutreffen ist. Der Haustyp bleibt in allen Vierteln prinzipiell der gleiche: ein ein- bis zweigeschossiges Hofhaus, mit Lauben an der Straßenseite, daran anschließend der Familienschrein und die Repräsentationsräume, dann – immer über eingeschlossene Höfchen oder Dachaufbauten belichtet – die Privaträume der Familie, bis hin zu den Küchen und Wirtschaftsräumen an der Rückseite des Grundstücks, zu dem man in der Regel über einen Hintereingang auf eine Andienungsgasse mit offenem Kanal gelangt. Die Parzellen sind also nahezu vollständig überbaut.

Der Tempel im Zentrum ist eine Stadt für sich (Abb. 39). Gewöhnlich besteht er aus mehreren, von hohen zinnenbekrönten Mauern umgebenen konzentrischen Ringen (Prakramas). Meistens sind es drei, doch können es bei größeren Anlagen bis zu sieben sein. Hier liegen alle Einrichtungen, die für den Betrieb des Tempels und die Durchführung des aufwendigen Tempelrituals notwendig sind.

Im ersten Prakrama (von innen nach außen gezählt) liegt der Schrein der Hauptgottheit (Vimana), mit der Cella (Mulasthana) im Zentrum. Rings um die Cella führt eine gedeckte Passage für die Pradakshina, die rituelle Umschreitung des Kultbildes. Neben

Abb. 39: Schematischer Plan einer südindischen Tempelstadt, A B C Die inneren Prakramas des Tempels D E Wohnviertel 1 Mulasthana (Cella) 2 Flaggenmast 3 Vahana Mandapa 4 Ökonomie 5 Halle der Tausend Pfeiler 6 Tempelteich 7 Schrein der Gefährtin des Hauptgottes 8 Ratha Mandapa 9 Teppakulam (Teich für das Floßfest) 10 Tempel einer „verwandten" Gottheit, die bei bestimmten Festen besucht wird 11 Leichentor 12 Verbrennungsghats 13 Badeghats.

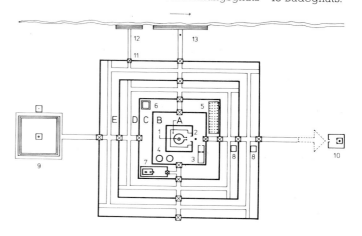

172

dem Bild der Hauptgottheit enthält die Cella die Metallfiguren der Prozessionsbilder.

Im zweiten Prakrama steht unmittelbar vor dem Eingang des ersten der Flaggenmast, auf dem an Festtagen die Insignien der Gottheit gehißt werden. Dann liegen hier in unterschiedlicher Anordnung das Vahana Mandapa – das Schatzhaus und der Pavillon, in dem die verschiedenen Fahrzeuge des Gottes stehen –, das Seillager für die Trossen der Tempelwagen, das Mandapa des Tempelelefanten und bei großen Tempeln auch die Ställe der heiligen Kühe und die Speicher für die Tempelvorräte. Im dritten Prakrama liegt einer der spektakulärsten Nebenbauten des Tempels, die „Halle der Tausend Pfeiler", in der sich die ganze Motivfülle der indischen Plastik entfaltet. Ferner liegen hier der Tempelteich, der für das Baderitual der Fußabdrücke der Gottheit an bestimmten Festen gebraucht wird, dann kleinere Mandapas (Pavillons), die alle zu unterschiedlichen Anlässen, aber meist nur ein einziges Mal im Jahr die Götter aufnehmen, und schließlich ein abgeschlossener Bezirk, ein eigener Tempel, der dem Kult der weiblichen Gefährtin des Hauptgottes dient.

Vom Tempel aus führen lange Achsen in den vier Himmelsrichtungen durch die Stadt und oft ins Umland hinaus. Über ihnen erheben sich große Tortürme (Gopuras), die ganz mit figürlichem Schmuck überzogen sind. Einem bemerkenswerten Entwurfsprinzip folgend, das schon den ersten europäischen Reisenden als ausgesprochener Gegensatz zu den ästhetischen Traditionen des Abendlandes erschien, nehmen sie von innen nach außen an Höhe beträchtlich zu. Dies hängt damit zuammen, daß viele Tempelstädte um ursprünglich kleine Dorfschreine gewachsen sind, die in ihrem Nimbus als heiliger Ort respektiert und trotz der reichen Bautätigkeit ringsum unangetastet blieben.

Alle Prakramas können von den vier Himmelsrichtungen aus betreten werden, mit Ausnahme des Tempelinnersten, das nur aus der Blickrichtung des Kultbildes, in der Regel also von Osten, zugänglich ist.

Die Anordnung von Bauten, deren Notwendigkeit im Tempelritual begründet ist, beschränkt sich jedoch nicht auf den Tempelbezirk allein, sondern erstreckt sich über die ganze Stadt.

An allen wichtigen Punkten der Stadt finden sich Mandapas, in denen die Prozessionsgottheit bei bestimmten Festen aufgestellt wird. Besonders auffallend sind die Ratha-Mandapas, zweigeschossige Pavillons, zu deren obere Ebene eine lange Freitreppe hinaufführt. Von hier aus wird während der großen Wagenfeste das Kultbild auf den Tempelwagen gesetzt, und hier bleiben die Wagen das Jahr über aufgestellt, bis sie das nächste Mal gebraucht werden.

Aus all dem wird deutlich, daß die Architektur der Tempel, einzelner städtischer Bauten, ja sogar Grundrißmerkmale der Stadt, wie Straßenführung und Blocksystem, auf das engste mit den großen Festen verknüpft sind.

Südindische Städte feiern im Jahresablauf in der Regel acht große Stadtfeste, die jeweils neun oder elf Tage dauern und bis zu fünfundzwanzig Umzüge, Prozessionen, Mysterienspiele und ähnliche Straßenvorgänge umfassen. Das Hauptereignis des Festes fällt in der Regel auf den Vollmondtag des Festmonats.

Bei aller Fülle und Variation der Ereignisse folgen die Feste doch einem sehr einfachen Grundschema: Ein südindischer Tempel hat immer zwei Idole. Das eine ist gewöhnlich eine große steinerne Skulptur, die in der Cella fest installiert ist, das andere ein kleines, aus fünf Metallen gegossenes Figürchen. Meistens ist es im Sockel der Hauptfigur untergebracht oder in einem Schrein in deren unmittelbarer Nähe; an Festtagen jedoch wird es herausgenommen, geschmückt und durch die Stadt getragen.

Hier nun entfaltet sich der ganze Ideenreichtum der Inder in der Variation eines einfachen Themas. Zunächst kann man die Stadtfeste nach ihrem Handlungscharakter in zwei Gruppen scheiden: in solche, die überwiegend aus theatralischen Aufführungen – Mysterienspielen, magischen Handlungen, Tänzen u. ä. – bestehen, die also rein darstellenden Charakter vor der zuschauenden Volksmasse haben, und in solche, die primär Umschreitungen, Prozessionen, Umzüge zum Inhalt haben, womit natürlich eine stärkere aktive Beteiligung des Volkes verbunden ist. Außerdem hat jedes Fest seinen eigenen Raum. Einige beschränken sich ausschließlich auf den eigenen Tempelbereich, andere auf bestimmte Straßen, und die größten Feste dehnen sich sogar auf das Umland der Stadt aus, mit Flurprozessionen, die mehrere Tage dauern können.

Eine weitere Variation liegt in den verschiedenen Vehikeln, in denen das Idol transportiert wird. Neben den klassischen Reisechaisen der indischen Rajas, den Palankins, Sänften und Baldachinen, wird eine große Zahl verschiedener Laden benutzt, die auf überlebensgroße, hölzerne, vergoldete oder bemalte Tragetiere montiert sind. Diese Gerätschaften heißen Vahanas, und etwa zehn bis zwölf Männer sind nötig, um sie zu tragen.

An den Höhepunkten der Hauptfeste wird das Idol auf besonders große Vahanas gesetzt: auf einen der hölzernen Tempelwagen (Ratha), von denen eine größere Stadt drei besitzt, oder in einen schwimmenden Pavillon, der bei Nacht dreimal um den Lustteich der Stadt bewegt wird, wobei man sich langer Staken bedient.

Der dafür notwendige Teich, ein größeres, stufengefaßtes Wasserbecken mit einer künstlichen Insel in der Mitte, der meist vor den Toren der Stadt liegt und an seiner rot-weißen Streifenbemalung kenntlich ist, ist also ein weiteres Bauwerk, das nur in dem erwähnten Zusammenhang des Stadtrituals „funktional" ist.

Schließlich sei noch auf ein Grundrißmerkmal der Tempelstädte Tamil Nadus hingewiesen, das ebenfalls vor diesem Hintergrund zu sehen ist. Alle Tempelstädte haben ein Wagenfest und dafür eine eigene, manchmal sogar drei „Wagenstraßen". Sie sind schon rein äußerlich daran zu erkennen, daß keine elektrischen Leitungen über sie hinwegführen. Besonders verblüffend aber ist ein Detail, das in den vier Ecken des Wagenquadrats ins Auge fällt. Dort findet sich nämlich eine enge, blinde Gasse, die in manchen Fällen sogar bis an die Stadtmauer

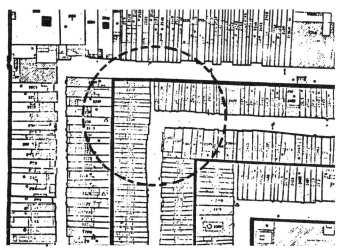

Abb. 40: Ausschnitt aus dem Stadtplan von Srirangam. Besondere technische Probleme bringt das Eckmanöver mit
sich. Damit der Wagen weit genug vorgezogen werden
kann und genug Platz bleibt für die Länge der Zug-
seile, laufen an den vier Ecken blinde Gäßchen gera-
deaus auf die Mauern. Hat der Wagen die Ecke erreicht, werden die Trossen aus den Gassen in die
Straße umgesetzt, und es kann in der neuen Richtung
weitergezogen werden. Die Steuerung des Wagens
erfolgt mittels ölbeschmierter Keile, die vor die Innen-
räder gehalten werden, so daß das Ungetüm Zentimeter für Zentimeter seine Richtung ändert.

Abb. 41: Der Wagen von Srirangam wirkt wie ein Riesenspiel-
zeug, das unter die Zwerge geraten ist.

Abb 42: Plan von Rameswaram.

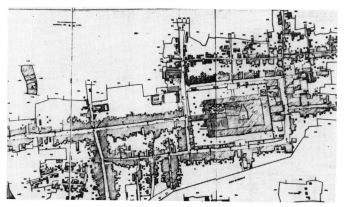

geführt ist (Abb. 40 und 41). Sie wird während des
Großen Wagenfestes benötigt, um bei den schwieri-
gen Eckmanövern genügend Raum für die Menschenmassen zu lassen, die die Seile ziehen – ein
anschauliches Beispiel dafür, wie sehr die Lust am
Spiel hier über den Funktionalismus des technokra-
tischen Städtebaues triumphiert.

Eine Stadt, die in nahezu allen Einzelheiten diesem
Schema folgt, darüber hinaus die charakteristischen
topographischen Elemente des Standortes mit in die
Architektur einbezieht, ist Rameswaram in Südin-
dien (Abb. 42). Rameswaram liegt auf einer langge-
streckten Insel im Golf von Manaar, nahe der Südspitze des Subkontinents.

Die Insel wird im Zusammenhang mit einigen Episo-
den des Ramayana erwähnt, und diese Tatsache,
verbunden mit der exponierten Lage nahe beim
Zusammentreffen zweier Ozeane, ließ hier schon
früh einen bedeutenden Pilgerverkehr entstehen.
Während die Insel als Ganzes wegen ihres muschel-
förmigen Umrisses dem Vishnu heilig ist – die
Muschel ist eines seiner beiden wichtigsten
Embleme – und als eine seiner Vier Residenzen in
den „Vier Ecken Indiens" gilt, ist Rameswaram selbst
dem Vishnu geweiht. Hierzu berichtet das Rameswaram Mahatmiya:

„Als Rama auf der Suche nach Sita mit seinem Heer
auf die Insel übersetzen wollte, versuchte er durch
lange Askese das Meer dazu zu bewegen, sich zu
teilen und den Übergang freizugeben, so daß sie
trockenen Fußes hinübergelangen könnten. Durch
Ramas Askese arg bedrängt, erschien das Meer in
Person vor ihm und beschwor ihn, nichts zu verlan-
gen, was den Naturgesetzen widerspräche, sondern
lieber eine gigantische Brücke über die Meeres-
enge zu schlagen. So geschah es, und Nala, ein
Sohn des Weltarchitekten Visvakarman, baute die
Brücke. Rama beschloß, an dieser Stelle einen Lingam zu Ehren Shivas zu errichten; der Tag wurde auf
einen glückverheißenden Mittwoch, am zehnten Tag
der hellen Hälfte des Jyaishta (Jyaishta Shukla 10),
festgesetzt, an dem der Mond im Zeichen Hasta
(Spica) und die Sonne im Sternbild des Stieres stand.
Hanuman wurde zum Himalaya geschickt, um von
Kailasa einen Lingam zu holen. Da Shiva die Heraus-
gabe des Lingam verweigerte, begann Hanuman zu
seinen Füßen Buße zu tun, während Rama am anderen Ende Indiens wartete. Als die glückverheißende
Stunde der Installation des Lingam näherrückte,
beschloß Rama, sie nicht verstreichen zu lassen, sondern einen Lingam aus Sand am Strand des Meeres
zu errichten. Kurz darauf kam Hanuman, der inzwischen einen Lingam von Shiva erhalten hatte, und
installierte ihn ein wenig landeinwärts, dort, wo
heute der Tempel steht. Seither werden beide Lin-
gams verehrt, zuerst der steinerne Lingam, den
Hanuman von Kailasa gebracht hatte, und dann der
Sandlingam, der für den Augenblick am Strand
geformt wird."[22]

Der Tempel, in seinem heutigen Zustand im siebzehnten Jahrhundert abgeschlossen, ist eines der
mächtigsten Bauwerke Indiens, berühmt vor allem
wegen seiner gewaltigen Korridore, die hier in drei
ineinanderliegenden Gevierten angeordnet sind. In
allen vier Himmelsrichtungen führen axiale Straßen-

züge ins Umland; im Osten und Süden treffen sie schon bald auf das Meer, im Norden auf einen Bewässerungsteich am Stadtrand, aber im Westen führt die Straße nahezu geradlinig bis zum anderen Ende der Insel. Der Haupteingang liegt der Blickrichtung des Kultbildes entsprechend im Osten, obwohl die Masse der Pilger sich der Stadt von Westen nähert. Die Ostachse ist um ca. zehn Grad nach Norden verdreht, was dem Sonnenaufgangspunkt am Tage der Gründungszeremonie (Installationszeremonie) entsprechen dürfte.

Im Innern der Stadt gliedert sich nach diesem Gerüst die Verteilung der Kasten: Die Brahmanen wohnen rings um die Tempelmauern, südlich davon am Strand einige Fischer, nördlich am Stadtrand die Gruppe der Conar (Milchbauern), und an der Westachse sind verschiedene Händlerkasten ansässig. In den Quartieren südlich der Westachse leben Vellala, eine Kaste von Kleinbauern.

Im Vorfeld der Stadt liegen drei wichtige Bauten, die eine Art rituelle Bannlinie um das bebaute Gebiet abstecken, denn bis hierher reichen die Prozessionen und Umschreitungen: im Nordwesten der Ramapadam Mandapa auf einem sandigen Hügel inmitten eines weiten Ödlandes, im Westen der Tank für das Floßfest und ca. acht Kilometer im Südosten an der Straße nach Danuskodi der Shri Kodana Rama-Tempel.

Dieses System von orientierten Achsen, ineinanderliegenden Mauervierecken und Ringstraßen, hierarchisch angeordneten Wohnquartieren und weit draußen liegenden Vorfeldbauten mit dem Schrein des Tempels im Zentrum und der Tirtha – dem Badeplatz – am Strand des Meeres als zweitem rituell wichtigen Punkt bildet nun das räumliche Gefüge, in dem sich die Vorgänge des Stadtrituals bewegen. Wir können hier unterscheiden zwischen kleinen Stadtfesten, großen Stadtfesten und außergewöhnlichen Umzügen, die die ganze östliche Hälfte der Insel umfassen. Hier soll nur von solchen Ritualen die Rede sein, die sich auf den städtischen Raum beziehen (die zahllosen Umschreitungen im Tempel, gewissermaßen in der innersten Kammer des gesamten Raumsystems, die täglich mehrmals ablaufen, können wir hier außer acht lassen).

Die kleinen Stadtfeste finden einmal im Monat statt: Subrahmanya – ein Sohn Shivas – wird auf einer silbernen Pfauenlade einmal um das Wagenstraßengeviert längs der Tempelmauern getragen. – Dreimal jährlich finden große Feste statt, die zehn oder siebzehn Tage lang dauern. Das erste ist das Fest der Vermählung des Hauptgottes mit seiner Gefährtin, das Thirukalyanam-Fest, das im Tamil-Monat Adi (Juli/August) gefeiert wird. Dabei werden die Prozessionsbilder der Hauptgottheiten auf wechselnden Laden täglich zweimal auf der Wagenstraße um die Tempelmauern geführt. Zusätzlich wird das Stadtgebiet an folgenden Tagen begangen: Am sechsten Tag wird die Ostachse abgeschritten, und die Kultbilder werden am Strand verehrt, am achten Tag werden die fünf Tempelwagen gezogen, am zwölften Tag wird die Westachse abgeschritten, und

Abb. 43: Tagebuchaufzeichnungen der im Text ausführlich beschriebenen Stadtfeste und Stadtrituale von Rameswaram.

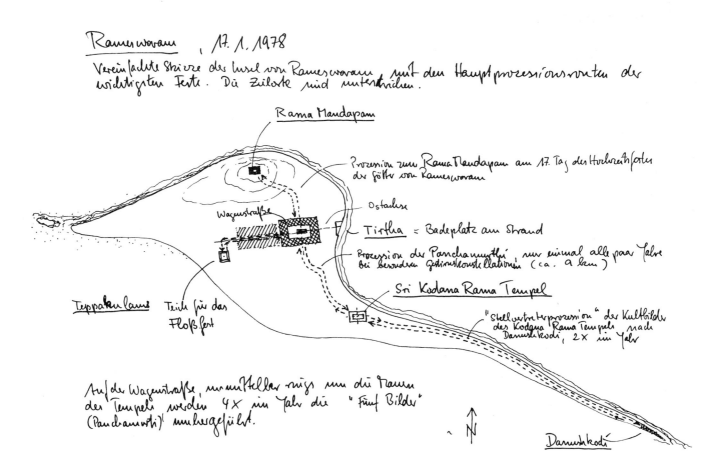

am siebzehnten Tag zieht die Prozession nach Norden zum Ramapadam Mandapam auf dem Hügel vor der Stadt. Im Monat Tai (Januar/Februar) werden ebenfalls zehn Tage lang die Götter zweimal täglich um die Stadt geführt, und in der Neumondnacht werden sie auf einem fackelbeleuchteten Zeremonialfloß dreimal um den Teich im Westen der Stadt gerudert. – Das dritte Fest (Mahasivaratri) findet im Monat Masi (Februar/März) statt und verläuft ähnlich wie das Thirukalyanam-Fest mit Prozessionen zu den rituell markanten Punkten im Osten, Norden und Westen der Stadt.

Man sieht, die Hauptfeste stecken das rituelle Terrain der Tempelstadt ab. Dies wird besonders deutlich, wenn bei bestimmten Gestirnskonstellationen – Ardhodayam und Mahodayam –, die nur einmal in mehreren Jahren vorkommen, die fünf Prozessionsbilder der Hauptgottheiten eine Reise in den Südosten der Insel zum Kodana Rama-Tempel unternehmen und dem Gott dieses Tempels, der stellvertretend für sie zweimal im Jahr die äußerste Südwestspitze bei Danushkodi besucht, ihre Visite abstatten.

Alle diese raumgreifenden Prozessionen sind gemeinschaftliche Ereignisse, bei denen große Volksmengen über Land ziehen. Sie bewegen die Wagen durch die Straßen oder säumen den Rand des Teiches, auf dem das Tempelfloß kreist, während gleichzeitig Böllerschüsse und Feuerwerk abgebrannt werden. Dies gilt nicht in gleichem Maße für die gewöhnlichen Umschreitungen, bei denen die Götter nur in Begleitung ihrer Priester unterwegs sind und an denen das Volk nur Anteil nimmt, indem es die Straße vor der Schwelle des Hauses mit Linienlabyrinthen aus Reispulver schmückt. Aber die raumgreifenden Rituale sind große kollektive Ereignisse, und dies nicht ohne Grund: Sie wollen der gesamten Bevölkerung etwas über die Eigenart ihrer Stadt erzählen. Denn wenn man das Geschehen im Zusammenhang betrachtet, so muß man feststellen, daß die rigide Architektur eine Aussage über die ideal und geometrisch geordnete Welt des Universums formulieren will, während die Prozessionen auf die einmalige besondere Ordnung des Nahbereichs verweisen, indem sie ein Bezugssystem zwischen der gebauten, künstlich geformten und idealen Architektur der Stadt und den natürlichen topographisch vorgegebenen Elementen des Standortes herstellen. Betrachten wir diesen Zusammenhang im Einzelnen.

Rameswaram ist wie jede indische Stadt nach Prinzipien gebaut, die nicht aus der Einmaligkeit der Umgebung abgeleitet sind, sondern die festliegenden, tradierten Vorstellungen davon entsprechen, wie eine Stadt geordnet zu sein hat, wie die sozialen Gruppen zusammen wohnen sollen, wie die architektonischen Dominanten und die untergeordneten Elemente ineinander zu setzen sind. Diese Vorstellungen sind nicht lokal, sondern sie sind dem gesamten Kulturraum gemein; sie sind Ideen im ursprünglichen Sinne des Wortes und wollen so ideal wie möglich verwirklicht werden, wie dies in der Architektur Rameswarams ja in der Tat geschehen ist. Zugleich aber steht diese Stadt nicht irgendwo, sondern an einem konkreten Ort, noch dazu auf der topogra-

phisch so ausgeprägten Formation einer Insel, und auch dies ist für ihre Bewohner nicht weniger bedeutungsvoll als die Tatsache, daß die Architektur nicht die Ausgeburt der Konfusion, sondern Ergebnis kulturspezifischer Vorstellungen von Ordnung und Schönheit ist. Während die große Architektur der Stadt die Beziehung zur Ideenwelt der indischen Kultur herstellt, zu einer „geistigen Heimat" also, muß ein zweites System architektonischer Gesten und Verweise eingeführt werden, das sie in die lokale Topographie einbindet, das die Besonderheit des Ortes faßt und hervorhebt, wenn sie auch konkret stofflich und anschaulich „Heimat" ihrer Bewohner sein will.

Hier nun schlägt das Stadtritual mit seinen Bauten und Stationen und vor allem mit seinen Wegeführungen die Brücke, indem diese Elemente so um den rigide ausgelegten Kernbereich der Stadt angeordnet sind, daß sie die natürlichen Gegebenheiten des Umlandes fassen und hervorheben: Der Ramapadam Mandapam als Nordpunkt des Systems liegt auf einem Hügel. Von hier aus hat man einen weiten Blick über die Insel, und nur hier wird man gewahr, daß man sich auf einem Fleckchen Land befindet, das allseitig von Wassern – von den sehr stürmischen Wassern des Indischen Ozeans – umschlossen ist. Der Strandabschnitt im Osten der Achse, zugleich der östliche Grenzpunkt des rituellen Umlandes, liegt im Bogen einer Bucht, beidseitig von Landzungen flankiert, die die Wucht der Wellen brechen. Die eigentliche Tirtha („Furt"; glücksbringender Badeplatz) ist zudem noch durch eine Felsreihe geschützt, die unmittelbar südlich des Strandes aus dem Sand hervorragt: Hier also ist das Wasser vom Land umschlossen, in seinem freundlichen Aspekt. Der Haltepunkt im Süden dagegen liegt auf einem schmalen Sporn zwischen den Fluten, ein Streifen Land, der die Wucht beider Monsune voll zu spüren bekommt. Und im Westen vor der langen Achse ins Innere der Insel schließlich liegt der Teich für das Floßfest: Wasser in seiner domestizierten Form, das dem freudigsten und farbenfrohesten Ereignis des ganzen Jahres als Festplatz dient. So macht das Stadtritual die Insel zu seinem Thema und die Stadt damit zugleich zum Mittelpunkt, und so bekommt beides seinen Sinn. Die rigide Architektur, ganz das Produkt des Kalküls, hat an solcher Stelle offensichtliche Berechtigung, und die Insel ist nicht länger ein zufällig den Wellen preisgegebenes Stück Land, sondern ein bewohnter Ort, in dessen Mittelpunkt eines der großen Zentren indischer Kultur seinen Platz gefunden hat.

So erklärt es sich, daß die weit in den Raum der Insel ausgreifenden Rituale große kollektive Ereignisse sein müssen, denn indem sie diese Zusammenhänge sichtbar und erfahrbar machen, indem der Zug der Menschenmassen zu den vier typischen Situationen der Insel nicht nur eine Spur im Sand der Dünen, sondern auch im Rhythmus des Kalenders jedes Einzelnen hinterläßt, sind sie so etwas wie eine Sinngebung der eigenen Umwelt. Sie wird den allgemeinen Ideen zugeordnet, die sich mit der klar bezeichneten räumlichen Ordnung der Stadt verbinden.

Dies sind die Rituale der Seßhaften, die in Rameswaram wohnen. Ihre Umschreitungen und Begehungen, ihre Feste und Spiele zielen auf das Ganze; sie gehen aus vom Gerüst der Stadt, von ihren Mauerringen und raumgreifenden Achsen, und sie besuchen die topographischen Extreme ihrer Insel, die sie als deren naturräumliche Fortsetzung deuten. In ihren Handlungen sind sie als Kollektiv organisiert, sie folgen streng den festliegenden Zeiten des Kalenders. Ganz anders die Pilger, die in Scharen durch die Stadt schwärmen. Zwar erweisen auch sie dem Tempel Reverenz – wenn sie über die Achse von Westen einziehen, werden sie ihn einmal umschreiten, ihn dann von Osten betreten und innen die verschiedenen wunscherfüllenden Schreine besuchen –, aber ansonsten interessiert sie weder der Festkalender noch die Architektur, und am wenigsten die Insel.

Ihre Bewegungen folgen einem ganz eigenen Zyklus, unkoordiniert zum Geschehen in Stadt und Tempel, geradezu ataktisch ziehen sie hindurch, nur mit dem einen täglichen Fixpunkt: Bei Sonnenaufgang gilt es am Strand ein Bad zu nehmen (Abb. 44) und an dieser so immens heiligen Stätte, wie sie auf dem mit heiligen Stätten so übersäten Subkontinent kaum noch ein zweites Mal zu finden ist, einen kleinen Lingam aus Sand zu errichten und einen Brahim darüber die heiligen Verse sprechen zu lassen (Abb. 45). In diesem Augenblick, wenn die Sonne aus dem Meer steigt, ist für die Pilger der kleine, kaum geformte Sandhügel, den die Flut in wenigen Stunden hingwegwaschen wird, wichtiger als der gewaltige Tempel und die in seinem Rhythmus atmende Stadt.

Abb. 44: Rameswarampilger auf dem Weg ins Meer bei Sonnenaufgang.

Abb. 45: Brahmane beim Formen und Schmücken des Sandlingams am Strand von Rameswaram.

Anmerkungen

1 Montserrate, zit. in: William Moreland, India at the Death of Akbar, London 1920. S. 8.
2 Giovanni Battista Piranesi, Il Campo Marzio, Rom 1757–1762. Einleitung, S. a.
3 Meera Bapat u. a., The Story of Mygrantabad, DPU-Thesis, London 1970.
4 Günter Grass, Der Butt, Darmstadt 1977. S. 235.
5 Jan Pieper, Architectural Decoration and Clothing Convention, in: Sarayu Doshi/George Michell/Jan Pieper (Hrsg.), The Impulse to Adorn, Marg, Bombay 1982, S. 5. Sowie ders., Ritual Space in India, London 1980.
6 Max Weber, Begriff und Kategorien der Stadt (1921), in: Wirtschaft und Gesellschaft, 5. Aufl., Tübingen 1972. S. 727.
7 Jan Pieper, Water in Hindu Urban Architecture, in: Art and Archaeology Research Papers 15, London 1979.
8 Cesare d'Onofrio, Il Tevere, Rom 1980. S. 285.
9 Jan Pieper, Arboreal Art and Architecture in India, in: Art and Archaeology Research Papers 12, London 1977.
10 Werner Müller, Die Heilige Stadt, Stuttgart 1961.
11 Alexanderroman – Vita Alexandri Magni (übersetzt von Helmut von Thiel), Darmstadt 1974. S. 145.
12 Mario Fagiolo dell'Arco, L'Effemero Barocco, Rom 1978. 2. Bd.
13 Jan Pieper, South Indian Ceremonial Chariots, in: Art and Archaeology Research Papers 16, London 1980.
14 Klaus Beitl, Die Umgangsriesen, Diss., Wien 1961.
15 Niels Gutschow, Stadtraum und Ritual der newarischen Städte im Kathmandu Tal, Stuttgart 1982.
16 V. Ramayana, zit. nach: Heinrich Zimmer, Spiel um den Elefanten (1929), 2. Aufl., Frankfurt/M. 1979. S. 28.
17 Jan Pieper, A Note on the South Indian Ceremonial Floats, in: Art and Archaeology Research Papers 16, London 1980.
18 Georg W. F. Hegel, Werke in zwanzig Bänden, Bd. 18, Vorlesungen über die Geschichte der Philosophie I, Frankfurt/M. 1971. S. 120.
19 Hierzu ausführlich: Jan Pieper, a.a.O., Marg, Bombay 1982.
20 Walter Andrae, Alte Feststraßen im Nahen Osten (1941), Berlin 1964.
21 Walter Andrae, a.a.O. S. 58.
22 Joseph H. Dave, Immortal India, 4 Bde., Bombay 1970, Bd. 1, S. 10 ff.

Orientalisierende Architektur in Deutschland

Annegret Nippa

„Wir altjüngferlichen Deutschen bleiben die selt-
samste Verschmelzung von Kleinstädterei und Welt-
bürgerschaft, die wir kennen."
(Jean Paul, Vorrede zu Dr. Katzenbergers Badereise,
Baireuth 1808)

Exotisierende Architektur thematisiert mehr spezifisch Eigenes als Fremdes. Dieses nur vordergründi-
ge Paradoxon treffen wir unvermutet in einer original orientalischen Geschichte wieder, geschrieben
in einer Zeit, als man diese Art der stilistischen Experimente noch nicht mit irgendeinem Status des Über-
legenen[1] oder mit dem Motiv des Imperialismus
erklärte. Eine Tochter des Sultans von Sansibar
erzählt[2] über ihren Bruder Chalid, der seine „großar-
tige, prächtige Plantage auf Sansibar Marseille"
nannte. „Chalid hatte bei seiner Vorliebe für Frankreich und alles Französische ihr diesen Namen
gegeben." Seine Schwester beschreibt, mit wel-
chen französischen Gegenständen die Anlage
geschmückt war. Dennoch sagt sie: „Marseille", Cha-
lids Marseille, „und das Leben in Marseille waren am
Ersten geeignet, dem Unbefangenen einen wahren
Einblick in den Orient zu bieten." So wie die Prinzessin von Sansibar, die spätere Ehefrau eines Hambur-
ger Kaufmanns, uns erklärt, daß gerade in der okzi-
dentalisierenden Architektur ihres Bruders Chalid

das Orientalische wesentlich zum Ausdruck kommt,
so ist auch das, was wir an orientalisierenden
Modeerscheinungen in Deutschland sehen und
lesen, zutiefst europäisch, wenn nicht sogar Ausfluß
deutscher Kleinstaatlichkeit.

Orientalisierende Zeichen

Um die orientalisierende Architektur als kulturge-
schichtliches Phänomen zu erkennen, werden wir
zunächst die einzelnen Typen formgeschichtlich auf
ihre kennzeichnenden Merkmale reduzieren. Keine
der Einzelformen ist an die orientalisierende Architektur gebunden, sondern findet vielmehr in der
gleichzeitigen Bautradition allgemeine Verwendung. Entscheidend für eine jeweilige Orientzuweisung waren Dachform, Eingänge und Ausblicke,
schmückendes Beiwerk oder eine besondere
Inneneinrichtung.

Abb. 1: „Minarett" in Lednice/Eisgrub (1797–1801).

179

Abb. 2: „Teepavillon" in Dargun, Mecklenburg (1680).

Abb. 4: „Japanisches Palais" in Dresden (1723–1730).

Abb. 3: „Teepavillon" in Karlsruhe (1764).

Abb. 5: „Tabakshäuschen" in Potsdam (1737–1742).

Abb. 6: „Kaffeehaus" in Wolfenbüttel (1832).

Das S-förmig geschwungene Dach, mit einer Betonung des konvexen Schwungs, findet sich auf dem „Teepavillon" in Dargun in Mecklenburg, 1680, das als eines der ältesten Bauwerke seines Typs in Norddeutschland gelten kann (Abb. 2).

Der konkave Schwung, mit einer Tendenz zum Zeltdach, wie in Karlsruhe, 1764, gehört zu den einfachen, schier in Serie produzierten Häuschen. Figuren auf dem Dach und Palmen an der Wand sollen die Orientzuweisung verdeutlichen (Abb. 3).

Die konkav geschwungene Doppelstufe erscheint als besonders typisch. In Sachsen wird dieser Doppelschwung mit der Assoziation Indien oder Japan verbunden, sei es am „Indianischen Palais" in Pillnitz, 1720/21, oder am „Japanischen Palais" in Dresden, 1723–1730 (Abb. 4).

Eine Kombination aus Grundform 1 und 2 ist das Dach des „Tabakshäuschens" in Potsdam, 1737–1742 (Abb. 5).

Als Kuppel über einem Zeltdach charakterisiert die Kombination aus den beiden Grundformen 1 und 2 eher „morgenländische" Bauten wie das sogenannte „Kaffeehaus" in Wolfenbüttel, 1832 (Abb. 6).

Wird die Anzahl der Dachstufen mit eingeschobenen Tambouren erhöht, entsteht mit der Pagode die klassische China-Assoziation. In der Zeit der späteren Aufklärung werden Pagoden in deutschen Gärten auch „Konfuziustempel" genannt. Die „Drachenburg" in Potsdam, 1770–1772, war Wohnhaus des königlichen Gärtners (Abb. 7).

Abb. 7: „Drachenburg" in Potsdam (1770–1772).

Diese Dachformen werden für gewöhnlich mit folgenden einfachen Grundrissen kombiniert:

Häufig ist ein quadratischer bzw. regelmäßig oktogonaler Grundriß. Als Sonderform gilt der bei den sogenannten Pagodenburgen verwendete oktogonale Grundriß, dem vier Kabinette angegliedert werden.

Geometrisch runde Gebäude sind seltener als vieleckige, dem Rund angeglichene Grundrisse. Orientalische Tempel als Rundbau – wie der dem Original keineswegs entsprechende runde „Thurm zu Babel" der europäischen Malerei – waren eine beliebte Vorstellung. Gesellschaftserklärende Theorien des späten 19. Jahrhunderts (Tönnies und Bachofen z. B.) runden die Fiktion orientalischen Wesens ab, indem sie bestimmte Inhalte bestimmten Formen zuordnen: dem Abendland das männliche Prinzip, die Gesellschaft, die Herrschaft und das Viereck, dem Orient das weibliche Prinzip, die Gemeinschaft, die Despotie und das Rund.

Der runde oder viereckige Zentralbau mit symmetrischen kleineren Annexen ist eine typische Kreation der Repräsentationsarchitektur des Barock. Dieses Schema wurde auf die Anlage einer Moschee angewendet, wobei die Annexe verkleinert und dichter am Zentralbau zu Minaretten umgestaltet wurden.

Rund- und Spitzbögen werden in der historisierenden Architektur des 19. Jahrhunderts in vielen Formen variiert, eindeutig orientalisierend sind sie nur an Minaretten und Moscheen (Abb. 8; vgl. Abb. 1 und 13).

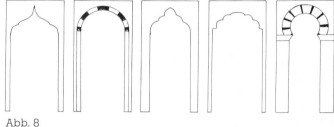

Abb. 8

Chinesisch – Japanisch – Indianisch?

Die Bezeichnungen chinesisch, japanisch oder indianisch, die altertümliche Form für indisch, werden oft synonym verwendet und beziehen sich auf Vorbilder irgendwo aus dem Fernen Osten. „Die Bezeichnung ‚Japanisches Palais' (in Dresden) verdankt der Bau nicht allein den Dachmotiven, die ostasiatische nachahmen wollten. Die Pläne sahen vor, das ganze Haus im fernöstlichen Stil mit Porzellan auszustatten. Die Dächer sollten mit farbigen Porzellanfliesen gedeckt und die Wände im Innern mit Reihen dekorativ gestellter Gefäße geschmückt werden."[3] Die auf den Orient verweisenden Zuordnungen bleiben unpräzise. „So ist das ‚Japanische Palais' nach dem ‚Türkischen Haus' ein zweites Denkmal des chinesischen Geschmacks in Dresden gewesen"[4], schreibt H. G. Franz 1949 und fällt damit in dieselbe Indifferenz gegenüber geographischen und ethnischen Unterschieden, die den Orientalismus bestimmt.

Abb. 9: „Chinesisches Zimmer" in Wörlitz (1769–1773).

Inneneinrichtung:
Gleichzeitig mit den ersten Teepavillons Ende des 17. Jahrhunderts werden in norddeutschen Fürstensitzen Zimmer nach holländischem Vorbild (!) „chinesisch" eingerichtet. Wie das „Chinesische Zimmer" in Wörlitz (1769–1773) wurden sie vornehmlich als Wohn- oder Schlafzimmer und nicht als Empfangsräume genutzt (Abb. 9).

Abb. 10: „Japanisches Haus" in Potsdam (1754).

Schmückendes Beiwerk:
Besonders zur Zeit der sogenannten „Grotesken Chinesen" wird den Bauten auch außen viel Nippes, Glöckchen, züngelnde Drachen, Früchte und Regenschirm tragende Männchen aufgesetzt und angehängt (vgl. Abb. 3), um sie noch orientalischer erscheinen zu lassen. Im „Chinesischen" oder „Japanischen Haus" in Potsdam, 1754 (Abb. 10), wurden zu diesem Zweck die Säulen der Vorhalle als Palmen verkleidet, um die eine Rokoko-Gesellschaft, an der nichts außer der Mongolenfalte ostasiatisch ist, zum Picknick lagert.

Abb. 11: „Maurischer Saal" im Thurgau (1891/92).

Abb. 12: Potsdamer Pumpenhaus (1841/42).

Morgenländisch – Maurisch – Mohrisch?

Wenngleich die Kontakte zwischen den deutschen Staaten und dem Osmanischen Reich enger waren als zu den Ländern des Fernen Ostens, war man auch den kulturellen Unterschieden des Nahen Ostens gegenüber gleichgültig, wie die wenig stringente Namensgebung vermuten läßt. Je nachdem, woran die Orient-Reminiszenzen den Auftraggeber erinnern sollten, wurden sie „morgenländisch", „türkisch", „mohrisch", „sarazenisch" oder einfach „orientalisch" genannt. Als Friedrich II. König von Preußen 1763 in einem Brief an seinen Neffen versucht, die Mitglieder einer osmanischen Gesandtschaft, die sich für einige Monate in Berlin aufhielten, zu charakterisieren, bleibt es bei dem etwas absurden Vergleich: „Les T u r c s sont plus A r a b e s que les J u i f s."

Innenraum:
Die Gegenstände, die insbesondere die nahöstliche Orientzuweisung rechtfertigten, waren wertvolle Stoffe, glasierte Keramik und Kacheln und ein als echt türkisch geltendes Möbel, der Diwan oder die Ottomane, wie ein Sofa im 18. Jahrhundert genannt wurde. Den nach dem Vorbild der Alhambra in Granada entworfenen „Maurischen Saal", 1891/92, hatte Graf Albert von Pourtalès, ehemals preußischer Gesandter in Konstantinopel, in Schloß Castel im Thurgau als Herrenzimmer und Rauchsalon seinem Lebensstil angepaßt (Abb. 11).

Fassaden und Silhouetten:
Ob alle mit Ziegelmuster dekorierten, runden oder vieleckigen sich nach oben verjüngenden Schornsteine auf quadratischen Sockeln im Anklang an orientalische Stadtsilhouetten entstanden sind, bleibt unklar. Eindeutig jedoch sind solche Beispiele wie die Potsdamer Moschee-Travestie an der Havel, 1841–42, wo ein höchst profanes Pumpenhaus auf königlichen Wunsch eine sakrale Verkleidung erhielt (Abb. 12).

Gartenarchitekturen als Welt-Allegorien

In ihre Einzelteile zerlegt, verliert die orientalisierende Architektur ihr exotisches Flair, aber auch ihren Sinn. Erst unter Berücksichtigung der Situation, in welcher sie entstand, und der Umgebung, in welche sie gestellt wurde, können wir diese Mode verstehen.

Die meisten Bauten waren im 18. Jahrhundert Teil ausgedehnter Gartenanlagen, deren Besitzer die Herren kleinerer und bedeutenderer Machtzentren waren. In ihren Palästen und Gärten zeigten sie, was von der bewohnten Welt wesentlich bekannt, aber nicht alltäglich präsent war. Mit Hilfe allegorischer Figuren wurden die vier Erdteile vor Augen geführt, und ihre verschiedenen Attribute zeigten die Erdteile von ihrer attraktivsten Seite: Wild, reich und schön. Nahezu jeder Fürst jener Zeit stattete einen seiner Räume mit allen vier Allegorien aus. Befand sich in demselben Raum eine Bibliothek oder eine Ahnengalerie, war die Repräsentation eines Weltganzen erreicht, insofern die jeweiligen Grenzpunkte des Wissens vorgeführt wurden: im Raum die vier Erdteile, in der Zeit die Geschichte und in der persönlichen Zeit eine möglichst tiefe Genealogie. In ihren Schloßgärten ließen sie Gebäude errichten, deren Vorbilder in der Antike, im Mittelalter in Europa oder in Asien zu finden sind, ja sogar in der Südsee wie Tahiti für das „Ottaheidische Haus" in Danzig (1792). Die Allegorie war eine dingliche, nicht akademische Möglichkeit, die Kenntnis von der Welt zu erinnern. Räumlich und zeitlich entfernt Liegendes wurde in einer erträglichen Dimension neu zusammengesetzt und reproduzierte so die Welt im Kleinen, eine Welt, an deren göttlicher Erschaffung man nicht länger glaubte. In der Universalgeschichte wurde die „gottlose Idee" von den historischen Zusammenhängen der Menschheit als ein alle Menschen vereinheitlichendes Prinzip entwickelt. Diese neue Weltanschauung unterlag den beschriebenen fürstlichen Inszenarien.

Der allegorischen Absicht entsprechend artet die Vorführung eigener Weltkenntnis gelegentlich in eine ermüdende Zitierwut des Bauherrn aus, und es entstehen Gärten, wie der Schloßgarten in Hohenheim bei Stuttgart[5], mit 60 verschiedenen Bauten. An einigen Stellen erhalten die nach bestem Wissen konstruierten Welt-Modelle ihre lapidare Verkehrung, mit welcher der Beobachter aus der Welt in seinen Haushalt zurückgeholt wird. Hinter einer exaltierten Scheinarchitektur verbirgt sich das Vertraute: Der Rundtempel enthält die Küche, das Gotische Haus den Schweinestall, die Pyramide den Eiskeller …

Andere Allegorieentwürfe dagegen legen mehr Wert auf eine feinsinnige Anordnung, die das Welt-Modell in Raum und Zeit zusammenhält. Im Neuen Garten am Heiligen See in Potsdam reichten zwei Gebäude für die Einlösung des Konzeptes aus. 1792 hatte der für die Gestaltung verantwortliche Gärtner Eisenbeck mit einem „Maurischen Tempel" im Norden und einem „Gothischen Thurm" im Süden die Grenzen des Sees betont. Der eher orientalisierende Bau lädt als Belvedere ein, weit über das Land zu schauen, in eine Ferne, aus der sein Vorbild kommen mag. Der gotisierende Bau hingegen lädt als Bibliothek ein, in die Vergangenheit zu schauen, jene Richtung, aus der sein Vorbild kommen mag. Jedes Gebäude ist der Kontrapunkt des anderen, erst zusammen ergeben sie einen Sinn: die Veranschaulichung des Ausmaßes von Welterfahrung als ein Problem von Raum und Zeit.

„Allegorie" nennt W. H. Wackenroder 1793 den Park der Markgräfin Wilhelmine von Bayreuth in Sanspareil und schwärmt: „Diese Allegorie ließ ich mir gern gefallen; denn ich ward wirklich beim ersten Anblick … in eine ganz fremde Welt gezaubert."[6] Nicht das Abbild der real existierenden Welt war verlangt, sondern eine Haltung ihr gegenüber. Es ging um die Kunst, im Angesicht der Welt verzaubert zu sein und zu bleiben. Nicht Unkenntnis oder Unfähigkeit waren die Ursache für die stilistischen und funktionalen Verzerrungen dieser Architekturen, sondern eine nicht auf Imitation zielende Absicht, die Schaffung künstlicher Residuen für das „empfindsame" Individuum. Wie Inseln der „Empfindsamkeit" gaben die Landschaftsgärten mit ihren Seen, Bächen, Hügeln, Bergen, Wiesen, Büschen, Wäld-

Abb. 13: Schloßpark in Schwetzingen (Baujahr der Moschee 1778–1782).

chen und den unterschiedlichen Architekturen der Entfaltung des Individuums Raum. Die Englischen Landschaftsgärten stellen so etwas wie eine gelungene Verschleierung der menschlichen Aneignung von Natur dar. Während jeder Garten, vom Bauerngarten bis zum Französischen Garten, die Beziehung zwischen arbeitendem Menschen und bearbeiteter Natur deutlich zu erkennen gibt, gaukelt der Landschaftsgarten dem Betrachter eine harmonisch sich selbst gestaltende Natur vor. Dieser Versuch, Natur als harmonische und so erst vollkommene Natur zu erklären, wurde möglich, nachdem Gott aus der Erschaffung der Welt ausgeschlossen und der Mensch und die Naturgesetze an seine frei gewordene Stelle gesetzt worden waren.

In der Idee des Landschaftsgartens findet das Individuum seine Selbstbehauptung gegenüber einer schöpferlosen Natur und in den dazugehörigen architektonischen Welt-Allegorien seine Selbstbehauptung gegenüber der Geschichte der Menschheit.

Weltläufig und Barbarisch

Die Moscheen in den Gärten deutscher Fürsten galten seit ihrer Entstehung den einen als Zeichen aufgeklärter Weltoffenheit, den anderen waren sie ein Stein des Anstoßes. Anders als die Verwendung antiker oder ostasiatischer sakraler Bauformen, deren eigentliche Nutzer schon lange tot waren oder doch zumindest in undeutlicher Ferne lebten, war die Imitation einer Moschee heikel.

Zum Schwetzinger Garten und besonders zu seiner Moschee kennen wir einige Überlegungen von Zeitgenossen, die fast alle ihr Befremden ausdrücken. Heinse, ein Besucher des Gartens, findet 1780 die Anlage „ganz albern, ich sehe da weder Sinn noch Zweck", und Schiller nennt 1795 „diesen Geschmack, der Moscheen und griechische Tempel in buntem Gemisch durcheinander wirft ... barbarisch".[7] Es steht mir nicht an, den Erbauer von Schwetzingen, Carl Theodor, oder sonst einen der Herren mit ihrem Hang zum Absoluten Barbaren zu nennen. Keinem von ihnen war es um eine Annäherung an Fremdes

Abb. 14: Das Giraffen-Haus im Berliner Zoologischen Garten (1872).

184

Abb. 15: Villa Kruse in Anklam (vor 1866). Architekt Hitzig.

zu tun oder gar um Verständnis von etwas, was außerhalb ihres räumlichen und zeitlichen Horizontes lag. Diese ignorante Weltläufigkeit nannte Schiller barbarisch.

Weltläufig und barbarisch, auf jeden Fall grotesk, waren die heute noch als passend empfundenen Orient-Zitate in der Architektur der Zoologischen Gärten. Die Luxuskäfige, die orientalischen Palästen und Tempeln glichen, sollten an die Herkunft der Tiere erinnern, was angesichts ihrer Busch-, Urwald- oder Wüstenheimat absurd ist. In Wilhelminischer Zeit jedoch hielt man es für ebenso angemessen, Menschen aus verschiedenen Teilen der bewohnten Welt einem aufgeschlossenen Publikum vorzuführen. Während einer Generation waren Völkerschauen ein beliebtes Schauspiel in Zoologischen Gärten und Parkanlagen. Das größte Spektakel dieser Art in Deutschland fand 1896 im Treptower Park in Berlin statt, als auf ca. 100 ha afrikanische und orientalische Dörfer, Stadtteile und Märkte rekonstruiert wurden. Dazu gab es echte Neger, Samoaner, Ägypter etc. zu sehen. Ihre Häuser wurden wie Theaterkulissen nach der Vorstellung abgerissen, und „Schaustellern" und Zuschauern blieb selten mehr als eine vage Erinnerung von gegenseitigem „kan nit verstan".

Der orientalisierende Stil fand, in Einzelteile zerlegt, Eingang in die von Bürgern und Kommunen bevorzugte repräsentative Architektur der Villen, Bahnhöfe oder Kaufhäuser. Die neuen Eklektizismen sind Synthese alles Verfügbaren, in der alles Fremde entfremdet und zu Eigenem geworden ist.

Anmerkungen

1 Siehe S. Koppelkamm, Architektonische Wunschträume – Exotische Baustile. In: Bauwelt 1983, Nr. 20. S. 764. Der Autor kann auch nicht erklären, warum „spielerische Aneignung" des Fremden „Souveränität voraussetzt", wie er behauptet. So einfach gesagt, ist diese Vermutung sicher falsch; erinnert sei hier nur an die „spielerische Aneignung" des Erwachsenen-Habitus bei Kindern. Der Wunsch zur Imitation setzt weder „Souveränität" noch „politische und ökonomische Überlegenheit" voraus. Koppelkamm unterliegt darüber hinaus, wie andere Autoren auch, einer zweiten tatsächlich ethnozentristischen Blindheit, wenn er behauptet, daß der umgekehrte Fall des Okzidentalismus, „daher" – weil die Orientalen seiner Einschätzung nach nämlich die Unterlegenen seien (!) – „in den außereuropäischen Ländern eine höchst seltene Ausnahme" bilde bzw. „undenkbar gewesen" sei.

2 E. Ruete, Memoiren einer arabischen Prinzessin. Berlin 1886, Bd. 1. S. 168 f.

3 H. G. Franz, Dresdener Barockpalais, in: Zeitschrift für Kunst 3, 1949. S. 80.

4 Ebenda.

5 Der Führer durch „Hohenheim, Schloß und Gärten" von Elisabeth Nau (Stuttgart 1967) beschreibt nahezu jedes der unterschiedlichen Bauten. Die Mehrzahl der 66 allegorischen Attribute entstammen der griechisch-römischen Antike und dem mitteleuropäischen Landleben. Dazu gesellten sich ein „amerikanischer Garten", Gewächshäuser, ein „Caféhaus" und eine „Moschee".

6 Zitiert nach: Franz Prinz zu Sayn-Wittgenstein, Schlösser in Franken. München 1974. S. 152.

7 Zitiert nach: Kurt Martin, Die Kunstdenkmäler Badens, Bd. 10, II. Abt. Schwetzingen. Abb. 276.

Anhang

Danksagungen

Wir bedanken uns bei folgenden Personen und Institutionen für ihre freundliche Unterstützung und für die Bereitstellung von Informationen und Material.

Deutsche Ansichten/Orientalisierende Architektur

Bibliothek der Hochschule der Künste Berlin

Prof. Jonas Geist, Berlin
Heimatmuseum im Schloß, Wolfenbüttel
Kunstbibliothek Berlin, Preußischer Kulturbesitz
Kunstgewerbemuseum Berlin, Preußischer Kulturbesitz

Metropolen

Wissenschaftliche Beratung:
Bangkok: Dipl.-Ing. Sirigul Sakornrattanagul, Institut für Anthropogeographie, Angewandte Geographie und Kartographie, Freie Universität Berlin
Kairo: Dr. Hamra Abdulmassib, Institut für Stadt- und Regionalplanung, Technische Universität Berlin
Mexiko-Stadt: Dr. Roberto Sanchez, Mexiko-Stadt

Luiz Sanchez de Carmona, Asesor del C. Secretario, Secretaria de Desarrollo Urbano y Ecología, Mexiko-Stadt
Prof. Dr. U. Freitag, Institut für Anthropogeographie, Angewandte Geographie und Kartographie, Freie Universität Berlin
Fred Kooyman, Institute for Housing Studies, Rotterdam
Dr. Janos Zimmermann, GTZ, Kairo

Aleppo

Generaldirektion der syrischen Antikenverwaltung Damaskus – Aleppo
Maher Barghoud, Aleppo
Jean-Claude David, Lyon
Thierry Grandin, Aleppo
Mahmoud Hereitani, Aleppo
Lina Chabarek, Aleppo
Eugen Wirth, Erlangen

Banjul

Mr. Samba Badjie, Alkalo von Talinding Kunjang
Mr. Kebba Ceesay, Alkalo von Old Jeshwang
Alhadji Nyanko Diop, Alkalo von Serekunda
Mr. Suleyman Bun Keita, Alkalo von Latrikunda
Mr. Bala Musa Konte, Alkalo von Bundunkakunda
Mr. Abdoulaye Sallah, Alkalo von Eboe Town
Mr. Mamanding Samoura, Alkalo von New Jeshwang
Alhadji Mohammadu Sohna, Alkalo von Dippakunda
Alhadji Arafang Ousman Jammeh, Imam von Baku
Alhadji Omar Jaiteh, Imam von Dippakunda
Mr. Bahoum, Direktor der National Archives, Banjul
Mr. Ousman Janneh, Direktor des Public Works Department, Banjul

Salvador

Den Bewohnern der Stadtviertel Pelourinho/Maciel und Santo Antônio Além do Carmo
Bahiatursa, Órgão Oficial de Turismo
Centro Social de São Miguel
Companhia de Desenvolvimento da Região Metropolitana de Salvador – CONDER
Fundação Cultural do Estado da Bahia
Instituto do Patrimônio Artístico e Cultural da Bahia – IPAC
Ministério da Educação e Cultura, Instituto de Patrimônio Histórico e Artístico Nacional, Salvador
Prefeitura Municipal do Salvador, Órgão Central de Planejamento – OCEPLAN
Universidade Federal da Bahia, Faculdade de Arquitetura, Centro de Estudos da Arquitetura na Bahia – CEAB

Surabaya

Marc Adijipto, Dekan der Architekturfakultät der Universität Kristen Petra, Surabaya
Eddy Indrayana, Leiter des Kampung Improvement Project (KIP) und seinen Mitarbeitern
Johan Silas, Dozent an der Architekturfakultät der Technischen Universität, Surabaya
Moehadji Widjaya, Bürgermeister von Surabaya

Abbildungsnachweis

Deutsche Ansichten

1 Entwurf zu einer Theaterdekoration von Schinkel, Nachdruck von 1847. Bibliothek der Hochschule der Künste Berlin.
2 Ewald Banse, Abendland und Morgenland, Berlin 1926 (Abb. 264).
3 Carl Grommelt/Christine von Mertens, Das Dohnasche Schloß Schlobitten in Ostpreußen, Stuttgart 1962 (Abb. 205).
4 Fischer von Erlach, Entwurf einer historischen Architektur in Abbildungen unterschiedlicher berühmter Gebäude des Alterthums und fremder Völker..., Leipzig 1725 (Abb. Ninive).
5 Rudolf Berliner, Denkmäler der Krippenkunst, Augsburg 1926 ff. Tafelband II, 7.
6 Porzellanfigur, Zeit und Ewigkeit, von Chr. Meyer. 1766, Kunstgewerbemuseum. Staatliche Museen Preußischer Kulturbesitz. Kat./Inv.-Nr.: M 1446, Neg.-Nr.: 31/IV.
7 Ph. von Siebold, Nippon-Archiv zur Beschreibung von Japan und dessen Neben- und Schutzländern..., Leyden 1832, Tab. I.
8 Die Preußische Expedition nach Ost-Asien. 1866. II. Band: Begräbnisplatz in Nangasaki.
9 Die Türkei. Zusammengestellt und eingeleitet von Franz Endres, München 1916. – S. 35: Grabmal des türkischen Eulenspiegels...

10 von Mandelslo, Neue Morgenländische Reyse-Beschreibung..., Hamburg 1696. S. 81.
11 + 15 Im Besitz des Verfassers.
12 Luftbild von Gardaia-Nordafrika. Aufnahme von Isabelle Dillier, Zürich.
13 Gardaia. Isabelle Dillier. Tempera, 1981.
14 Postkarte – Archiv Jonas Geist, Berlin.
16 Orient II, 60 Photos, Architekturen, Landschaften, Volkstypen des Orients. (Mappe) Hochschule der Künste Berlin, Sign. R 12 II.
17 Schlagintweit, Indien in Wort und Bild. Eine Schilderung des Indischen Kaiserreichs, Leipzig 1880.
18 + 19 Mit Reichelt um die Welt. o.J. Bild 37, 38, Band Asien.
20 Armin Wegener, Das Zelt. Aufzeichnungen, Briefe, Erzählungen aus der Türkei, Berlin o.J. Vignette.

Metropolen

1 Paul H. Kuntze, Das Volksbuch unserer Kolonien, Leipzig 1938. S. 138.

2 Eigene Darstellung nach:
 – Statistisches Bundesamt Wiesbaden, Länderkurzbericht Ägypten, Wiesbaden 1976.
 – United Nations, Global Review of Human Settlements. A Support Paper for Habitat. Statistical Annex, New York 1976.
3 Eigene Darstellung nach:
 – Central Agency for Mobilisation and Statistics, Arab Republic of Egypt, Population and Development, Kairo 1973.
 – Abdulmassih Hamra, Verkehrsplanung in Ägypten. Arbeitshefte des Instituts für Stadt- und Regionalplanung der Technischen Universität Berlin. Diss., Berlin 1984.
 – Statistisches Bundesamt Wiesbaden, Länderkurzbericht Ägypten, a.a.O.
4 Eigene Darstellung nach:
 – Statistisches Bundesamt Wiesbaden, Länderkurzbericht Mexiko, Wiesbaden 1983.
 – United Nations, Global Review of Human Settlements, a.a.O.
5 Eigene Darstellung nach:
 – Claudio Stern Feitler, The Growth of Mexico City. Varying Sources of its Migrant Inflow 1900–1970, Washington 1977.
 – Statistisches Bundesamt Wiesbaden, Länderkurzbericht Mexiko, a.a.O.
6 Eigene Darstellung nach:
 – Statistisches Bundesamt Wiesbaden, Länderkurzbericht Thailand, Wiesbaden 1983.
 – United Nations, Global Review of Human Settlements, a.a.O.
7 Eigene Darstellung nach:
 – Ronald C.Y. Ng, Recent Internal Migration Movement in Thailand, in: Annals of the Association of American Geographers, Nr. 59, Lancaster 1969.
 – Pramote Prasartkal, Patterns of Interprovincial Migration in Thailand, in: The Eastern Anthropologist 31 : 4, 1978.
 – Statistisches Bundesamt Wiesbaden, Länderkurzbericht Thailand, a.a.O.
8 Gerd Hennings/Bernd Jensen/Klaus Kunzmann, Dezentralisierung von Metropolen in Entwicklungsländern. Institut für Raumplanung, Universität Dortmund, Dortmund 1978.
 – Statistisches Bundesamt Wiesbaden, Länderkurzbericht Thailand, a.a.O.
 – Statistisches Bundesamt Wiesbaden, Länderkurzbericht Mexiko, a.a.O.
9 Eigene Darstellung nach:
 – Janet L. Abu-Lughod, Cairo 1001 Years. The City Victorians, Princeton 1971.
 – Départamento del Distrito Féderal/Dirreción General de Planificación, Sistema de Planificación Urbana del Distrito Féderal, Mexiko-Stadt 1982.
 – Eckart Ehlers, Ägypten, in: Geographische Rundschau, Heft 5/36, Braunschweig 1984.
 – Larry Sternstein, Portrait of Bangkok, Bangkok 1982.
10 Eigene Darstellung nach:
 – Eckart Ehlers, a.a.O.
 – Institute for Housing Studies BIE, Housing in Bangkok, Rotterdam 1982.
 – Luis Unikel, El Desarrollo Urbano de México, El Colegio de México, Mexiko-Stadt 1978.
11 Eigene Darstellung nach:
 – Ministry of Interior, Department of Town and Country Planning, Bangkok 1980. Bodennutzungsplan.
12 National Housing Authority Bangkok, Annual Report 1979, Bangkok 1979. S. 71.
13 Eigene Darstellung nach:
 – General Organisation for Physical Planning. Existing Land Use 1982, Kairo 1982.
14 Mayr/present
15 Eigene Darstellung nach:
 – Jan Bazant u.a., Tipología de Vivienda Urbana. Editorial Diana, Mexiko 1978.
 – Departamento del Distrito General/Dirección General de Planificación, a.a.O.
16 Gelpke/present.
17 National Housing Authority, a.a.O. S. 6.
18 National Housing Authority, a.a.O.
19 National Housing Authority, a.a.O. S. 32.
20 Herzog/present
21 United Nations, Foto von B. P. Wolff (LS).
22 Herzog/present
23 Pedro Ramirez Vazquez u.a., Asentamientos Humanos, Mexiko 1979.
24 Süddeutscher Verlag

25 Pedro Ramirez Vazquez u.a., Asentamientos Humanos, Mexiko 1979.
26 Joint Venture Bangkok Transportation Study (Hrsg.), Verkehrsplanungsbericht Bangkok, Bangkok o.J. S. 20.

Aleppo

Alle Abbildungen von den Verfassern außer:
 2 Nach: Stefano Bianca, 1983.
 9 a Nach: Kamel Sinjab, Das arabische Wohnhaus des 17. und 19. Jahrhunderts in Syrien, Aachen 1965.
 9 c Thierry Grandin, Aleppo 1984.
 11 a, 15 a–c Nach: J. Sauvaget, Aleppo 1984.
 12 a Nikita Elisséeff, Nur ad-Din, Bd. 3. Pl. 2, Damaskus 1967.
 13 Islamisches Museum, Berlin (DDR). Platte 10040/Ma 29 a.
 16 Nach: André Raymond, Les grands waqfs …, Damaskus 1980.
 21 Nach: Jean-Claude David, 1982.
 22, 23 Jean-Claude David, 1982.

Banjul

Alle Abbildungen von Georg Alexander außer:
 1 Rainer W. Ernst
 2 Johann Leach, Original: Staatsbibliothek Preußischer Kulturbesitz Berlin, Kartenabt. Sign.: Kart. LsUsl7, Kart.-Nr. 54 u. 55.
 6, 15, 25, 26 Eigene Darstellungen nach Unterlagen des Ministry for Local Government and Lands, Physical Planning Dept. Banjul und eigenen Erhebungen.
 7, 14, 23 National Archives, Banjul
 8 Eigene Darstellung nach Unterlagen des Ministry for Local Government and Lands, Physical Planning Dept. Banjul.

Salvador

 1 Manchete
 2 Stadtverwaltung Salvador
 3 Bahiatursa – Aristides Alves
 4 Instituto do Patrimônio Artístico e Cultural da Bahia – IPAC
 5 Bahiatursa – Aristides Alves
 6 Rainer W. Ernst
 7–10 Bahiatursa
 11+12 Herbert Pörtner
 13–16 Martin Hein
 17 Rainer W. Ernst
 18 Martin Hein (Ausschnitt)
 19+20 Bahiatursa
 21 Martin Hein
 22+23 Manchete
 24+25 Bahiatursa
 26 Luís dos Santos Vilhena, A Bahia no Século XVIII, Salvador 1969.
 27 Johann Moritz Rugendas, Malerische Reise in Brasilien, Paris 1835.
 28 Companhia de Desenvolvimento da Região Metropolitana de Salvador – CONDER (Ausschnitt).
 29+30 Rainer W. Ernst
 31 Martin Hein
 32–38 Rainer W. Ernst
 39+40 Sílvio Robatto
 41+42 Edgar R. v. Buettner
 43 CONDER
 44 Manchete
 45 Martin Hein
 46–49 Rainer W. Ernst

Surabaya

Alle Abbildungen von den Verfassern außer:
 2 Aus: S. Takdir Alisjahbana, Indonesia: Social and Cultural Revolution, Oxford 1961.
 5 Eigene Darstellung nach Johan Silas, Spatial Structure, Housing Delivery, Land Tenure and the Urban Poor in Surabaya, Surabaya 1983.
 6–11 Reichsarchiv Utrecht
 12 Eigene Darstellung nach Johan Silas, a.a.O.

33 E. Guidoni, Architektur der primitiven Kulturen, Stuttgart 1976.
35 J. Subekti, Das traditionelle javanische Wohnhaus – Konzeption – Transformation, Berlin 1982. S. 8.
36 J. Subekti, a.a.O. S. 9.
37 J. Subekti, a.a.O. S. 19 f.

Die Schaulust

Alle Abbildungen von dem Verfasser.

Orientalisierende Architektur

Alle Abbildungen von der Verfasserin außer:
1 Burgen und Schlösser der Tschechoslowakei, Prag 1954 (B-219).

2 Jürgen Brandt, Alt Mecklenburgische Schlösser und Herrensitze, Hamburg 1925. S. 26.
3 Bohtz, Karlsruhe. Karlsruhe o.J. (Abb. 36).
4 G. Franz, Dresdener Barockpalais, in: Zeitschrift für Kunst 3, 1949. S. 76.
5 Friedrich Netto, Ostasiatische Kunst in Alt-Potsdam, Potsdam 1906 (Abb. 22).
6 Landesheimatmuseum im Schloß, Wolfenbüttel, Aufnahme: Wolfgang Lange.
9 Ludwig Grothe, Das Land Anhalt, Berlin 1929 (Abb. 137).
11 Historismus und Schloßbau, hrsg. von Renate Wagner-Rieger und Walter Krause, München 1976 (Abb. 21).
13 Beschreibung der Gartenanlagen zu Schwetzingen, hrsg. von Gartendirector Zeyher und G. Roemer, Mannheim o.J.
15 Hitzig, Bauten, Berlin 1866. (Mappe mit Bauzeichnungen etc. in der Bibliothek der Hochschule der Künste Berlin.)

Weiterführende Literatur

Deutsche Ansichten

China und Europa. Chinaverständnis und Chinamode im 17. und 18. Jahrhundert. Katalog zur Ausstellung. Berlin 1973.
Kramer, Fritz: Verkehrte Welten. Zur imaginären Ethnographie des 19. Jahrhunderts. Frankfurt/Main 1977.
Weltkulturen und Moderne Kunst. Katalog zur Ausstellung. München 1972.

Metropolen

Abu-Lughod, Janet L.: Cairo 1001. The City Victorians. Princeton 1971.
Bayad, Mohsen: Housing and Urban Development in Egypt. Kopenhagen 1979.
Bazant, Jan u.a.: Tipología de Vivienda Urbana. Editorial Diana, Mexiko 1978.
Bureau of Business Research: Atlas of Mexico. Austin 1975.
Central Agency for Mobilisation and Statistics: Arab Republic of Egypt, Population and Development. Kairo 1973.
El-Shaks, Salah: National Factors in the Development of Cairo, in: Town Planning Review, Quarterly Ed., Liverpool 1971. S. 233–249.
Garza, Gustavo/Schteingart, Martha: Mexico City: The Emerging Megalopolis, in: Latin American Urban Research, Beverly Hills 1978.
Hamra, Abdulmassih: Verkehrsplanung in Ägypten. Arbeitshefte des Instituts für Stadt- und Regionalplanung der Technischen Universität Berlin, Nr. 28. Diss., Berlin 1984.
Hennings, Gerd/Jensen, Bernd/Kunzmann, Klaus: Dezentralisierung von Metropolen in Entwicklungsländern. Institut für Raumplanung, Universität Dortmund. Dortmund 1978.
Matubout, Mohammed Maher: Lebensweise und Verkehrsbedarf der Einwohner Kairos. Aachen 1980.
Munoz, Humberto/de Oliviera, Orlando/Stern, Claudio: Selected Studies on the Dynamics, Patterns and Consequences of Migration. UNESCO, Paris 1982.
Ng, Ronald N.Y.: Recent Internal Migration Movement in Thailand, in: Annals of the Association of American Geographers, Nr. 59, Lancaster/Penn. 1969.
Prasartkal, Pramote: Patterns of Interprovincial Migration in Thailand, in: The Eastern Anthropologist, Vol. 34, Nr. 4, 1978.
Rom, Jeff: Urbanisation in Thailand. Ford Foundation, New York.
Scott, Ian: Urban and Spatial Development in Mexico. A World Bank Publication, London 1982.
Statistisches Bundesamt: Länderkurzberichte Ägypten (1976), Mexiko (1983), Thailand (1983). Wiesbaden.
Stern Feitler, Claudio: The Growth of Mexico City. Varying Sources of its Migrant Inflow 1900–1970. Washington 1977.
Sternstein, Larry: Migration and Development in Thailand, in: Geographic Review, Nr. 66, New York 1976.
– Portrait of Bangkok. Bangkok 1982.
Unikel, Luis: El desarrollo urbano de México. El Colegio de México, Mexiko-Stadt 1978.

United Nations: Global Review of Human Settlements. A Support Paper for Habitat, Statistical Annex. New York 1976.

Aleppo

David, Jean-Claude: Le waqf d'Ipšir Paša à Alep (1063/1653). Etude d'urbanisme historique. Damaskus 1982.
– Alep, dégradation et tentatives actuelles de réadaptation des structures urbaines traditionelles, in: Bulletin d'Etudes Orientales de l'Institut Français de Damas 28, 1975.
Gaube, Heinz/Wirth, Eugen: Aleppo. Historische und geographische Beiträge zur baulichen Gestaltung, zur sozialen Organisation und zur wirtschaftlichen Dynamik einer vorderasiatischen Fernhandelsmetropole. Wiesbaden 1984 (Beihefte zum Tübinger Atlas des Vorderen Orients. Reihe B, Nr. 58).
Hamidé, Abdul-Rahman: La ville d'Alep. Etude de Géographie Urbaine. Paris 1959.
Herzfeld, Ernst: Matériaux pour un corpus inscriptionum Arabicarum. 2e partie: Syrie du Nord. Inscriptions et monuments d'Alep. 2 Bde. Kairo 1955/56.
Russell, A.: The Natural History of Aleppo and Parts Adjacent. Containing a Description of the City and the Principal Natural Productions in its Neighbourhood. London 1856 (1756).
Sauvaget, J.: Alep. Essai sur le développement d'une grande ville Syrienne des origines au milieu du XIXe siècle. 2 Bde. Paris 1941.
Wirth, Eugen: Damaskus – Aleppo – Beirut. Ein geographischer Vergleich dreier nahöstlicher Städte im Spiegel ihrer sozial und wirtschaftlich tonangebenden Schichten. Erde 96 (1966). S. 96–137, 166–202.

Banjul

Archer, Francis B.: The Gambia, Colony and Protectorate. London (cass. repr. 1906) 1967.
Ki-Zerbo, Josef: Die Geschichte Schwarz-Afrikas. Wuppertal 1979.
Klein, M.A.: Social and economic factors in the Muslim revolution in Senegambia, in: Journal of African History XIII, 3, 1972. S. 419–441.
Land Resource Study 22. Agricultural Development in The Gambia, 1976.
Little, Kenneth L.: The organization of communal farms in The Gambia, in: Journal of African Administration I, No. 2, 1949. S. 76–82.
Monteil, Victor: L'Islam Noir. Paris 1964.
Papers of the „International Conference on Manding Studies". School of Oriental and African Studies, London 1972.
Report 1980 – Employment, Incomes & Production in the Informal Sector in The Gambia. International Labour Office (ASPA).
Republic of The Gambia: Five Year Plan for Economic and Social Development 1981/82 – 1985/86. Banjul 1983.

Salvador

Amado, Jorge: Leute aus Bahia. 2 Romane. Verlag Volk und Welt, Berlin 1966 (hierin Teil 2: Das Mietshaus). Die meisten Romane von Jorge Amado sind in Deutsch erschienen und spielen in Bahia.

Augel, Johannes (Hrsg.): Soziologie brasilianischer Elendsviertel: Überleben in Armut. Mettingen 1984.

Fichte, Hubert: Xango. Die afroamerikanischen Religionen, Bahia, Haiti, Trinidad. Frankfurt/Main 1984.

Freyre, Gilberto: Herrenhaus und Sklavenhütte: Ein Bild der brasilianischen Gesellschaft. Stuttgart 1982.

– Das Land in der Stadt: Die Entwicklung der urbanen Gesellschaft Brasiliens. Stuttgart 1982.

Furtado, Celso: Brasilien nach dem Wirtschaftswunder. Frankfurt/Main 1983.

Görgen, Hermann Matthias: Brasilien. Impressionen und Erlebnisse. Frankfurt und Innsbruck 1979.

Gogolok, Erwin: Slums im Nordosten Brasiliens. Favelas als stadtgeographisches Problem. Mettingen 1980.

Heydock, Edgar A.: Probleme der Stadterneuerung in Brasilien, in: Stadt. Monatshefte für Wohnungs- und Städtebau, Hamburg, 29 (12) 1982. S. 24–31.

Holtz, Uwe: Brasilien. Eine historisch-politische Landeskunde. Paderborn 1981.

IKA, Zeitschrift für Kulturaustausch und Internationale Solidarität, veröffentlichte im Sommer 1984 ein Heft über afro-brasilianische Traditionen.

Krüger, Hans-Jürgen: Industrialisierung und Stadtentwicklung in Salvador/Nordostbrasilien, in: Ibero-Amerikanisches Archiv, Neue Folge, Jg. 4, 1978, S. 185–216.

Landeskunde Bahia, in: Brasilien Dialog, Informationen 2, Mettingen 1981.

Müller, Jürg: Brasilien. Stuttgart 1984.

Schmarling, Paul: Stadtentwicklung in Salvador. Planung zwischen arm und reich. Darmstadt 1983.

Schreiner, Claus: Musica popular brasileira. Anthologisches Handbuch der populären und folkloristischen Musik Brasiliens. 2. Aufl., Darmstadt 1979.

Wöhlcke, Manfred: Brasilien 1983: Ambivalenzen seiner politischen und wirtschaftlichen Orientierung. Baden-Baden 1983.

Orientalisierende Architektur

Conner, Patrick: Oriental Architecture in the West. London 1979.

Güterich, Marlis: Der Orient König Ludwigs II. von Bayern, in: du 12, 1981.

Restle, Marcell: Türkische Elemente in der bayerischen Architektur des 18. und 19. Jahrhunderts, in: Die Türkei in Europa. Göttingen 1979.

Schulz, Elke v.: Die Wilhelma in Stuttgart. Diss., Tübingen 1976.

Autorenverzeichnis

Johannes Augel – Geb. 1939, Promotion in Sozial- und Wirtschaftsgeschichte an der Universität Bonn. Hauptarbeitsgebiete: Soziologie der Entwicklungsländer, insbesondere Lateinamerikas. Umfangreiche Feldforschungen, Studien- und Lehraufenthalte insbesondere an den brasilianischen Bundesuniversitäten Salvador und Recife. Veröffentlichungen über italienische Einwanderung in Deutschland (17. und 18. Jh.), Urbanisierung, Entwicklungsprobleme Brasiliens, Verteilungswirkungen öffentlicher Güter. Akademischer Rat an der Fakultät für Soziologie der Universität Bielefeld.

Moema Parente Augel – Geb. 1939, Studium der Romanistik und Sozialwissenschaften an der Bundesuniversität von Bahia in Salvador. Hauptarbeitsgebiete: Sprache und Literatur Brasiliens, Sozialgeschichte Brasiliens. Veröffentlichungen über ausländische Reisende in Bahia im 19. Jh., über Maximilian von Habsburg und Ludwig Riedel. Lehrbeauftragte für Portugiesisch/Brasilianisch an der Universität Bielefeld.

Rainer W. Ernst – Geb. 1943, Studium der Architektur in Stuttgart. Lehrtätigkeit am Institut für Raumplanung der Universität Dortmund. Beratung bei der Stadtplanung im Ruhrgebiet und bei Entwicklungshilfeprojekten u.a. in Brasilien, Bolivien, Marokko und Gambia. Planung und Durchführung von Wohnungsbauten im Rahmen der Stadterneuerung in Berlin. Professor an der Hochschule der Künste Berlin. Aufbau des Studienschwerpunktes „Planen und Bauen in anderen Kulturen". Verschiedene Feldforschungen in Afrika und Asien. Vizepräsident der HdK Berlin und Vorstand des Deutschen Werkbundes.

Christa Frosch-Asshauer – Geb. 1954, studiert Soziologie an der Universität Bielefeld, Schwerpunkt Entwicklungsplanung und Entwicklungspolitik. 1982/83 einjähriger Studienaufenthalt in Recife, Brasilien, 1984 zweimonatiger Studien- und Forschungsaufenthalt in Salvador de Bahia.

Gennaro Ghirardelli – Geb. 1944, Studium der Ethnologie an der Freien Universität Berlin. Teilnahme an den archäologischen Ausgrabungen der Deutschen Orient-Gesellschaft in Habuba Kabira, Syrien; Feldforschung im syrischen Euphrattal. Lebt in Berlin.

Bernd Multhaup – Geb. 1952, Studium der Architektur an der Technischen Universität Berlin. Längere Studienaufenthalte in Süd-Ost-Asien. Forschungstätigkeit über informelle Bauproduktion in den Kampungs von Jakarta. Gastdozent an der Hochschule der Künste Berlin am Studienschwerpunkt „Planen und Bauen in anderen Kulturen".

Annegret Nippa – Geb. 1948, Studium der Archäologie in Göttingen und der Ethnologie an der Freien Universität Berlin. Ausgrabungen und Feldforschungsaufenthalte im Nahen Osten. Promotion über städtische Gesellschaft im Nahen Osten. Weitere Themenschwerpunkte: Ethnographie des Nahen Ostens und Geschichte deutscher Orientbeziehung. Lebt in Berlin.

Jan Pieper – Geb. 1944, Studium der Architektur an der Technischen Universität Berlin und der Rheinisch-Westfälischen Technischen Hochschule Aachen. Aufbaustudium in London. Promotion in Aachen. Während mehrjähriger Aufenthalte in Großbritannien, Indien, Südostasien und Afrika Beschäftigung mit der Baugeschichte außereuropäischer Kulturen; Veröffentlichungen zu diesem Thema. Kontinuierliche künstlerische Arbeit u.a. mit Glas. Professor für Baugeschichte und Architekturtheorie an der Fachhochschule Aachen.

William Rauch – Geb. 1946, Studium der Architektur an der Hochschule der Künste Berlin. Koordination des Workshops „Geplante Verelendung contra kulturelle Selbstentfaltung". Mitarbeit an einem Stadtentwicklungsprojekt in Gambia. Lebt in Berlin.

Sujadi Santoso – Geb. 1948, Studium des Bauingenieurwesens an der Technischen Hochschule Darmstadt. Lehrtätigkeit an der Hochschule der Künste Berlin zum Problemkreis „Interkultureller Vergleich der Bau- und Stadtentwicklung" und wissenschaftlicher Mitarbeiter am Studienschwerpunkt „Planen und Bauen in anderen Kulturen". Dissertation über die Konzeption der vorkolonialen javanischen Stadt. Zur Zeit als Planer in Jakarta tätig.

Karlheinz Seibert – Geb. 1948, Studium der Ethnologie, Soziologie und Religionswissenschaften an der Freien Universität Berlin. Forschungsaufenthalte in Mali und Gambia. Lebt in Berlin.

Ursula Tripp-Seibert – Geb. 1944, Studium der Ethnologie, Rechtswissenschaften, Soziologie und Politologie an der Freien Universität Berlin. Forschungsaufenthalte in Mali und Gambia. Lebt in Berlin.

Schriftenreihe der Hochschule der Künste

Herausgeber: Der Präsident · Verantwortlich: Rainer E. Klemke, Pressestelle

Band 1
Franz-Schreker-Symposion
herausgegeben von Elmar Budde und Rudolf Stephan
Referenten: Reinhold Brinkmann · Elmar Budde · Károly Csipák · Hermann Danuser · Christopher Hailey · Friedrich C. Heller ·
Hellmut Kühn · Wolfgang Molkow · Rudolf Stephan

Band 2
Karl-Hofer-Symposion 1979: „Grenzüberschreitungen"
Referenten: Wolfgang F. Haug · Hans G. Helms · Benedetto Marzullo · Rune Mields · Anna Oppermann · Jozef Patkowski ·
Ulrich Roloff · Frederic Rzewski

Band 3
Karl-Hofer-Symposion 1980: „1984 – Überleben durch Kunst?"
Referenten: Josef Beuys · Hans-Jürgen Diehl · Alfred Hrdlicka · Hans-Jürgen Syberberg · Heinz Klaus Metzger

Band 4
Karl-Hofer-Symposion 1981: „Realität und Irrationalität"
Kulturelle Identität durch Kunst?
Diskussionsteilnehmer: Wolfgang Max Faust · Gerhard Hoehme · Tilo Medek · Diether de la Motte · Horst Eberhard Richter ·
Uwe Schneede

Band 5
Karl-Hofer-Symposion 1982: „Frau – Raum – Zeit"
Beiträge zur Aktionswoche „Frau – Raum – Zeit" · Podiumsdiskussion: Nischen für Frauen? · Vergabe des Karl-Hofer-Preises

Weitere HdK-Publikationen im Colloquium Verlag:
Stadterneuerung ohne Spekulanten
Renate Hirsch-Borst, Stefan Krätke und Fritz Schmoll vom Forschungsschwerpunkt Stadterneuerung im FB Architektur der
HdK (Leitung: Prof. Hardt-Waltherr Hämer) untersuchen Ansätze zu einer sozialen Stadterneuerungspolitik in England und
Holland und zeigen Alternativen zur Stadterneuerung in Berlin auf.

Karl-Hofer-Symposion 1982: „Frau – Raum – Zeit"
Programmkatalog einer von den Frauen aus allen Bereichen der Hochschule getragenen Aktionswoche mit Performances,
Ausstellungen, Filmen, Dias, Konzerten, Theater, Diskussionen.

Mikroelektronik: Die Folgen für die zwischenmenschliche Kommunikation
herausgegeben von Tasso Borbé
Referate von Tasso Borbé, Leonard Henny, Rainer Kabel, Klaus Lenk, Thomas Luckmann, Jürgen Müller, Stefan A. Musto und
Gernot Wersig. Geleitworte von Horst Trubach, Ulrich Roloff und Hermann Josef Schuster.

Colloquium Verlag Berlin